中华人民共和国
证券期货法规汇编

（2010·下）

中国证券监督管理委员会　编

编 辑 说 明

一、《中华人民共和国证券期货法规汇编》由中国证券监督管理委员会编辑，法律出版社出版发行。

二、《中华人民共和国证券期货法规汇编》1992 年、1993 年为合订本，1994 至 2002 年按年度编辑。从 2003 年起，改为每半年出版一辑，其中上卷本收录每年 1 至 6 月公布的法规，下卷本收录每年 7 至 12 月公布的法规。本辑为 2010 年下卷本。

三、本辑《中华人民共和国证券期货法规汇编》共收录 52 件法规。其中法律 3 件，行政法规、法规性文件 5 件，中国证券监督管理委员会发布的部门规章、规范性文件 21 件，司法解释 3 件，其他部委发布的相关部门规章、规范性文件 20 件。

四、本辑《中华人民共和国证券期货法规汇编》按下列顺序编排：1. 法律；2. 行政法规、法规性文件；3. 中国证券监督管理委员会发布的部门规章及规范性文件；4. 附录。其中，第 3 大类按照综合、证券、基金分类编排，证券篇中按照发行类、机构类、证券服务机构类、上市公司类、市场交易类编排，各类别依次按颁布时间顺序排列。

中国证券监督管理委员会
二〇一一年一月二十八日

目　　录

法　　律

行政法规　法规性文件

中国证监会发布的部门规章及规范性文件

综　　合

证　　券

发行类

基　金

附　录

法　律

中华人民共和国人民调解法

（2010年8月28日第十一届全国人民代表大会常务委员会第十六次会议通过 2010年8月28日中华人民共和国主席令第34号公布）

目录

第一章 总 则

第一条 为了完善人民调解制度，规范人民调解活动，及时解决民间纠纷，维护社会和谐稳定，根据宪法，制定本法。

第二条 本法所称人民调解，是指人民调解委员会通过说服、疏导等方法，促使当事人在平等协商基础上自愿达成调解协议，解决民间纠纷的活动。

第三条 人民调解委员会调解民间纠纷，应当遵循下列原则：

（一）在当事人自愿、平等的基础上进行调解；

（二）不违背法律、法规和国家政策；

（三）尊重当事人的权利，不得因调解而阻止当事人依法通过仲裁、行政、司法等途径维护自己的权利。

第四条 人民调解委员会调解民间纠纷，不收取任何费用。

第五条 国务院司法行政部门负责指导全国的人民调解工作，县级以上地方人民政府司法行政部门负责指导本行政区域的人民调解工作。

基层人民法院对人民调解委员会调解民间纠纷进行业务指导。

第 六 条 国家鼓励和支持人民调解工作。县级以上地方人民政府对人民调解工作所需经费应当给予必要的支持和保障,对有突出贡献的人民调解委员会和人民调解员按照国家规定给予表彰奖励。

第二章 人民调解委员会

第 七 条 人民调解委员会是依法设立的调解民间纠纷的群众性组织。

第 八 条 村民委员会、居民委员会设立人民调解委员会。企业事业单位根据需要设立人民调解委员会。

人民调解委员会由委员三至九人组成,设主任一人,必要时,可以设副主任若干人。

人民调解委员会应当有妇女成员,多民族居住的地区应当有人数较少民族的成员。

第 九 条 村民委员会、居民委员会的人民调解委员会委员由村民会议或者村民代表会议、居民会议推选产生;企业事业单位设立的人民调解委员会委员由职工大会、职工代表大会或者工会组织推选产生。

人民调解委员会委员每届任期三年,可以连选连任。

第 十 条 县级人民政府司法行政部门应当对本行政区域内人民调解委员会的设立情况进行统计,并且将人民调解委员会以及人员组成和调整情况及时通报所在地基层人民法院。

第十一条 人民调解委员会应当建立健全各项调解工作制度,听取群众意见,接受群众监督。

第十二条 村民委员会、居民委员会和企业事业单位应当为人民调解委员会开展工作提供办公条件和必要的工作经费。

第三章 人民调解员

第十三条 人民调解员由人民调解委员会委员和人民调解委员会聘任的人员担任。

第十四条 人民调解员应当由公道正派、热心人民调解工作,并具有一定文化水平、政策水平和法律知识的成年公民担任。

县级人民政府司法行政部门应当定期对人民调解员进行业务培训。

第十五条 人民调解员在调解工作中有下列行为之一的，由其所在的人民调解委员会给予批评教育、责令改正，情节严重的，由推选或者聘任单位予以罢免或者解聘：

（一）偏袒一方当事人的；

（二）侮辱当事人的；

（三）索取、收受财物或者牟取其他不正当利益的；

（四）泄露当事人的个人隐私、商业秘密的。

第十六条 人民调解员从事调解工作，应当给予适当的误工补贴；因从事调解工作致伤致残，生活发生困难的，当地人民政府应当提供必要的医疗、生活救助；在人民调解工作岗位上牺牲的人民调解员，其配偶、子女按照国家规定享受抚恤和优待。

第四章 调 解 程 序

第十七条 当事人可以向人民调解委员会申请调解；人民调解委员会也可以主动调解。当事人一方明确拒绝调解的，不得调解。

第十八条 基层人民法院、公安机关对适宜通过人民调解方式解决的纠纷，可以在受理前告知当事人向人民调解委员会申请调解。

第十九条 人民调解委员会根据调解纠纷的需要，可以指定一名或者数名人民调解员进行调解，也可以由当事人选择一名或者数名人民调解员进行调解。

第二十条 人民调解员根据调解纠纷的需要，在征得当事人的同意后，可以邀请当事人的亲属、邻里、同事等参与调解，也可以邀请具有专门知识、特定经验的人员或者有关社会组织的人员参与调解。

人民调解委员会支持当地公道正派、热心调解、群众认可的社会人士参与调解。

第二十一条 人民调解员调解民间纠纷，应当坚持原则，明法析理，主持公道。

调解民间纠纷，应当及时、就地进行，防止矛盾激化。

第二十二条 人民调解员根据纠纷的不同情况，可以采取多种方式调解民间纠纷，充分听取当事人的陈述，讲解有关法律、法规和国家政策，耐心疏导，在当事人平等协商、互谅互让的基础上提出纠纷解决方案，帮助当事人自愿达成调解协议。

第二十三条　当事人在人民调解活动中享有下列权利：

（一）选择或者接受人民调解员；

（二）接受调解、拒绝调解或者要求终止调解；

（三）要求调解公开进行或者不公开进行；

（四）自主表达意愿、自愿达成调解协议。

第二十四条　当事人在人民调解活动中履行下列义务：

（一）如实陈述纠纷事实；

（二）遵守调解现场秩序，尊重人民调解员；

（三）尊重对方当事人行使权利。

第二十五条　人民调解员在调解纠纷过程中，发现纠纷有可能激化的，应当采取有针对性的预防措施；对有可能引起治安案件、刑事案件的纠纷，应当及时向当地公安机关或者其他有关部门报告。

第二十六条　人民调解员调解纠纷，调解不成的，应当终止调解，并依据有关法律、法规的规定，告知当事人可以依法通过仲裁、行政、司法等途径维护自己的权利。

第二十七条　人民调解员应当记录调解情况。人民调解委员会应当建立调解工作档案，将调解登记、调解工作记录、调解协议书等材料立卷归档。

第五章　调 解 协 议

第二十八条　经人民调解委员会调解达成调解协议的，可以制作调解协议书。当事人认为无需制作调解协议书的，可以采取口头协议方式，人民调解员应当记录协议内容。

第二十九条　调解协议书可以载明下列事项：

（一）当事人的基本情况；

（二）纠纷的主要事实、争议事项以及各方当事人的责任；

（三）当事人达成调解协议的内容，履行的方式、期限。

调解协议书自各方当事人签名、盖章或者按指印，人民调解员签名并加盖人民调解委员会印章之日起生效。调解协议书由当事人各执一份，人民调解委员会留存一份。

第三十条　口头调解协议自各方当事人达成协议之日起生效。

第三十一条　经人民调解委员会调解达成的调解协议，具有法律约束力，当事人应当按照约定履行。

人民调解委员会应当对调解协议的履行情况进行监督，督促当事人履行约定的义务。

第三十二条 经人民调解委员会调解达成调解协议后，当事人之间就调解协议的履行或者调解协议的内容发生争议的，一方当事人可以向人民法院提起诉讼。

第三十三条 经人民调解委员会调解达成调解协议后，双方当事人认为有必要的，可以自调解协议生效之日起三十日内共同向人民法院申请司法确认，人民法院应当及时对调解协议进行审查，依法确认调解协议的效力。

人民法院依法确认调解协议有效，一方当事人拒绝履行或者未全部履行的，对方当事人可以向人民法院申请强制执行。

人民法院依法确认调解协议无效的，当事人可以通过人民调解方式变更原调解协议或者达成新的调解协议，也可以向人民法院提起诉讼。

第六章　附　　则

第三十四条 乡镇、街道以及社会团体或者其他组织根据需要可以参照本法有关规定设立人民调解委员会，调解民间纠纷。

第三十五条 本法自 2011 年 1 月 1 日起施行。

中华人民共和国社会保险法

（2010年10月28日第十一届全国人民代表大会
常务委员会第十七次会议通过　2010年10月28日
中华人民共和国主席令第36号公布）

目　　录

第一章　总　　则

第 一 条　为了规范社会保险关系，维护公民参加社会保险和享受社会保险待遇的合法权益，使公民共享发展成果，促进社会和谐稳定，根据宪法，制定本法。

第 二 条　国家建立基本养老保险、基本医疗保险、工伤保险、失业保险、生育保险等社会保险制度，保障公民在年老、疾病、工伤、失业、生育等情况下依法从国家和社会获得物质帮助的权利。

第 三 条　社会保险制度坚持广覆盖、保基本、多层次、可持续的方针，社会保险水平应当与经济社会发展水平相适应。

第四条 中华人民共和国境内的用人单位和个人依法缴纳社会保险费，有权查询缴费记录、个人权益记录，要求社会保险经办机构提供社会保险咨询等相关服务。

个人依法享受社会保险待遇，有权监督本单位为其缴费情况。

第五条 县级以上人民政府将社会保险事业纳入国民经济和社会发展规划。

国家多渠道筹集社会保险资金。县级以上人民政府对社会保险事业给予必要的经费支持。

国家通过税收优惠政策支持社会保险事业。

第六条 国家对社会保险基金实行严格监管。

国务院和省、自治区、直辖市人民政府建立健全社会保险基金监督管理制度，保障社会保险基金安全、有效运行。

县级以上人民政府采取措施，鼓励和支持社会各方面参与社会保险基金的监督。

第七条 国务院社会保险行政部门负责全国的社会保险管理工作，国务院其他有关部门在各自的职责范围内负责有关的社会保险工作。

县级以上地方人民政府社会保险行政部门负责本行政区域的社会保险管理工作，县级以上地方人民政府其他有关部门在各自的职责范围内负责有关的社会保险工作。

第八条 社会保险经办机构提供社会保险服务，负责社会保险登记、个人权益记录、社会保险待遇支付等工作。

第九条 工会依法维护职工的合法权益，有权参与社会保险重大事项的研究，参加社会保险监督委员会，对与职工社会保险权益有关的事项进行监督。

第二章　基本养老保险

第十条 职工应当参加基本养老保险，由用人单位和职工共同缴纳基本养老保险费。

无雇工的个体工商户、未在用人单位参加基本养老保险的非全日制从业人员以及其他灵活就业人员可以参加基本养老保险，由个人缴纳基本养老保险费。

公务员和参照公务员法管理的工作人员养老保险的办法由国务院

规定。

第十一条 基本养老保险实行社会统筹与个人账户相结合。

基本养老保险基金由用人单位和个人缴费以及政府补贴等组成。

第十二条 用人单位应当按照国家规定的本单位职工工资总额的比例缴纳基本养老保险费，记入基本养老保险统筹基金。

职工应当按照国家规定的本人工资的比例缴纳基本养老保险费，记入个人账户。

无雇工的个体工商户、未在用人单位参加基本养老保险的非全日制从业人员以及其他灵活就业人员参加基本养老保险的，应当按照国家规定缴纳基本养老保险费，分别记入基本养老保险统筹基金和个人账户。

第十三条 国有企业、事业单位职工参加基本养老保险前，视同缴费年限期间应当缴纳的基本养老保险费由政府承担。

基本养老保险基金出现支付不足时，政府给予补贴。

第十四条 个人账户不得提前支取，记账利率不得低于银行定期存款利率，免征利息税。个人死亡的，个人账户余额可以继承。

第十五条 基本养老金由统筹养老金和个人账户养老金组成。

基本养老金根据个人累计缴费年限、缴费工资、当地职工平均工资、个人账户金额、城镇人口平均预期寿命等因素确定。

第十六条 参加基本养老保险的个人，达到法定退休年龄时累计缴费满十五年的，按月领取基本养老金。

参加基本养老保险的个人，达到法定退休年龄时累计缴费不足十五年的，可以缴费至满十五年，按月领取基本养老金；也可以转入新型农村社会养老保险或者城镇居民社会养老保险，按照国务院规定享受相应的养老保险待遇。

第十七条 参加基本养老保险的个人，因病或者非因工死亡的，其遗属可以领取丧葬补助金和抚恤金；在未达到法定退休年龄时因病或者非因工致残完全丧失劳动能力的，可以领取病残津贴。所需资金从基本养老保险基金中支付。

第十八条 国家建立基本养老金正常调整机制。根据职工平均工资增长、物价上涨情况，适时提高基本养老保险待遇水平。

第十九条 个人跨统筹地区就业的，其基本养老保险关系随本人转移，缴费年限累计计算。个人达到法定退休年龄时，基本养老金分段计算、统一支付。具体办法由国务院规定。

第二十条 国家建立和完善新型农村社会养老保险制度。

新型农村社会养老保险实行个人缴费、集体补助和政府补贴相结合。

第二十一条 新型农村社会养老保险待遇由基础养老金和个人账户养老金组成。

参加新型农村社会养老保险的农村居民，符合国家规定条件的，按月领取新型农村社会养老保险待遇。

第二十二条 国家建立和完善城镇居民社会养老保险制度。

省、自治区、直辖市人民政府根据实际情况，可以将城镇居民社会养老保险和新型农村社会养老保险合并实施。

第三章 基本医疗保险

第二十三条 职工应当参加职工基本医疗保险，由用人单位和职工按照国家规定共同缴纳基本医疗保险费。

无雇工的个体工商户、未在用人单位参加职工基本医疗保险的非全日制从业人员以及其他灵活就业人员可以参加职工基本医疗保险，由个人按照国家规定缴纳基本医疗保险费。

第二十四条 国家建立和完善新型农村合作医疗制度。

新型农村合作医疗的管理办法，由国务院规定。

第二十五条 国家建立和完善城镇居民基本医疗保险制度。

城镇居民基本医疗保险实行个人缴费和政府补贴相结合。

享受最低生活保障的人、丧失劳动能力的残疾人、低收入家庭六十周岁以上的老年人和未成年人等所需个人缴费部分，由政府给予补贴。

第二十六条 职工基本医疗保险、新型农村合作医疗和城镇居民基本医疗保险的待遇标准按照国家规定执行。

第二十七条 参加职工基本医疗保险的个人，达到法定退休年龄时累计缴费达到国家规定年限的，退休后不再缴纳基本医疗保险费，按照国家规定享受基本医疗保险待遇；未达到国家规定年限的，可以缴费至国家规定年限。

第二十八条 符合基本医疗保险药品目录、诊疗项目、医疗服务设施标准以及急诊、抢救的医疗费用，按照国家规定从基本医疗保险基金中支付。

第二十九条 参保人员医疗费用中应当由基本医疗保险基金支付的部分，由社会保险经办机构与医疗机构、药品经营单位直接结算。

社会保险行政部门和卫生行政部门应当建立异地就医医疗费用结算

制度，方便参保人员享受基本医疗保险待遇。

第三十条　下列医疗费用不纳入基本医疗保险基金支付范围：

（一）应当从工伤保险基金中支付的；

（二）应当由第三人负担的；

（三）应当由公共卫生负担的；

（四）在境外就医的。

医疗费用依法应当由第三人负担，第三人不支付或者无法确定第三人的，由基本医疗保险基金先行支付。基本医疗保险基金先行支付后，有权向第三人追偿。

第三十一条　社会保险经办机构根据管理服务的需要，可以与医疗机构、药品经营单位签订服务协议，规范医疗服务行为。

医疗机构应当为参保人员提供合理、必要的医疗服务。

第三十二条　个人跨统筹地区就业的，其基本医疗保险关系随本人转移，缴费年限累计计算。

第四章　工伤保险

第三十三条　职工应当参加工伤保险，由用人单位缴纳工伤保险费，职工不缴纳工伤保险费。

第三十四条　国家根据不同行业的工伤风险程度确定行业的差别费率，并根据使用工伤保险基金、工伤发生率等情况在每个行业内确定费率档次。行业差别费率和行业内费率档次由国务院社会保险行政部门制定，报国务院批准后公布施行。

社会保险经办机构根据用人单位使用工伤保险基金、工伤发生率和所属行业费率档次等情况，确定用人单位缴费费率。

第三十五条　用人单位应当按照本单位职工工资总额，根据社会保险经办机构确定的费率缴纳工伤保险费。

第三十六条　职工因工作原因受到事故伤害或者患职业病，且经工伤认定的，享受工伤保险待遇；其中，经劳动能力鉴定丧失劳动能力的，享受伤残待遇。

工伤认定和劳动能力鉴定应当简捷、方便。

第三十七条　职工因下列情形之一导致本人在工作中伤亡的，不认定为工伤：

（一）故意犯罪；

（二）醉酒或者吸毒；
（三）自残或者自杀；
（四）法律、行政法规规定的其他情形。

第三十八条 因工伤发生的下列费用，按照国家规定从工伤保险基金中支付：

（一）治疗工伤的医疗费用和康复费用；
（二）住院伙食补助费；
（三）到统筹地区以外就医的交通食宿费；
（四）安装配置伤残辅助器具所需费用；
（五）生活不能自理的，经劳动能力鉴定委员会确认的生活护理费；
（六）一次性伤残补助金和一至四级伤残职工按月领取的伤残津贴；
（七）终止或者解除劳动合同时，应当享受的一次性医疗补助金；
（八）因工死亡的，其遗属领取的丧葬补助金、供养亲属抚恤金和因工死亡补助金；
（九）劳动能力鉴定费。

第三十九条 因工伤发生的下列费用，按照国家规定由用人单位支付：

（一）治疗工伤期间的工资福利；
（二）五级、六级伤残职工按月领取的伤残津贴；
（三）终止或者解除劳动合同时，应当享受的一次性伤残就业补助金。

第四十条 工伤职工符合领取基本养老金条件的，停发伤残津贴，享受基本养老保险待遇。基本养老保险待遇低于伤残津贴的，从工伤保险基金中补足差额。

第四十一条 职工所在用人单位未依法缴纳工伤保险费，发生工伤事故的，由用人单位支付工伤保险待遇。用人单位不支付的，从工伤保险基金中先行支付。

从工伤保险基金中先行支付的工伤保险待遇应当由用人单位偿还。用人单位不偿还的，社会保险经办机构可以依照本法第六十三条的规定追偿。

第四十二条 由于第三人的原因造成工伤，第三人不支付工伤医疗费用或者无法确定第三人的，由工伤保险基金先行支付。工伤保险基金先行支付后，有权向第三人追偿。

第四十三条 工伤职工有下列情形之一的，停止享受工伤保险待遇：

（一）丧失享受待遇条件的；
（二）拒不接受劳动能力鉴定的；
（三）拒绝治疗的。

第五章 失业保险

第四十四条 职工应当参加失业保险，由用人单位和职工按照国家规定共同缴纳失业保险费。

第四十五条 失业人员符合下列条件的，从失业保险基金中领取失业保险金：

（一）失业前用人单位和本人已经缴纳失业保险费满一年的；
（二）非因本人意愿中断就业的；
（三）已经进行失业登记，并有求职要求的。

第四十六条 失业人员失业前用人单位和本人累计缴费满一年不足五年的，领取失业保险金的期限最长为十二个月；累计缴费满五年不足十年的，领取失业保险金的期限最长为十八个月；累计缴费十年以上的，领取失业保险金的期限最长为二十四个月。重新就业后，再次失业的，缴费时间重新计算，领取失业保险金的期限与前次失业应当领取而尚未领取的失业保险金的期限合并计算，最长不超过二十四个月。

第四十七条 失业保险金的标准，由省、自治区、直辖市人民政府确定，不得低于城市居民最低生活保障标准。

第四十八条 失业人员在领取失业保险金期间，参加职工基本医疗保险，享受基本医疗保险待遇。

失业人员应当缴纳的基本医疗保险费从失业保险基金中支付，个人不缴纳基本医疗保险费。

第四十九条 失业人员在领取失业保险金期间死亡的，参照当地对在职职工死亡的规定，向其遗属发给一次性丧葬补助金和抚恤金。所需资金从失业保险基金中支付。

个人死亡同时符合领取基本养老保险丧葬补助金、工伤保险丧葬补助金和失业保险丧葬补助金条件的，其遗属只能选择领取其中的一项。

第五十条 用人单位应当及时为失业人员出具终止或者解除劳动关系的证明，并将失业人员的名单自终止或者解除劳动关系之日起十五日内告知社会保险经办机构。

失业人员应当持本单位为其出具的终止或者解除劳动关系的证明，

及时到指定的公共就业服务机构办理失业登记。

失业人员凭失业登记证明和个人身份证明，到社会保险经办机构办理领取失业保险金的手续。失业保险金领取期限自办理失业登记之日起计算。

第五十一条 失业人员在领取失业保险金期间有下列情形之一的，停止领取失业保险金，并同时停止享受其他失业保险待遇：

（一）重新就业的；

（二）应征服兵役的；

（三）移居境外的；

（四）享受基本养老保险待遇的；

（五）无正当理由，拒不接受当地人民政府指定部门或者机构介绍的适当工作或者提供的培训的。

第五十二条 职工跨统筹地区就业的，其失业保险关系随本人转移，缴费年限累计计算。

第六章 生育保险

第五十三条 职工应当参加生育保险，由用人单位按照国家规定缴纳生育保险费，职工不缴纳生育保险费。

第五十四条 用人单位已经缴纳生育保险费的，其职工享受生育保险待遇；职工未就业配偶按照国家规定享受生育医疗费用待遇。所需资金从生育保险基金中支付。

生育保险待遇包括生育医疗费用和生育津贴。

第五十五条 生育医疗费用包括下列各项：

（一）生育的医疗费用；

（二）计划生育的医疗费用；

（三）法律、法规规定的其他项目费用。

第五十六条 职工有下列情形之一的，可以按照国家规定享受生育津贴：

（一）女职工生育享受产假；

（二）享受计划生育手术休假；

（三）法律、法规规定的其他情形。

生育津贴按照职工所在用人单位上年度职工月平均工资计发。

第七章　社会保险费征缴

第五十七条　用人单位应当自成立之日起三十日内凭营业执照、登记证书或者单位印章，向当地社会保险经办机构申请办理社会保险登记。社会保险经办机构应当自收到申请之日起十五日内予以审核，发给社会保险登记证件。

用人单位的社会保险登记事项发生变更或者用人单位依法终止的，应当自变更或者终止之日起三十日内，到社会保险经办机构办理变更或者注销社会保险登记。

工商行政管理部门、民政部门和机构编制管理机关应当及时向社会保险经办机构通报用人单位的成立、终止情况，公安机关应当及时向社会保险经办机构通报个人的出生、死亡以及户口登记、迁移、注销等情况。

第五十八条　用人单位应当自用工之日起三十日内为其职工向社会保险经办机构申请办理社会保险登记。未办理社会保险登记的，由社会保险经办机构核定其应当缴纳的社会保险费。

自愿参加社会保险的无雇工的个体工商户、未在用人单位参加社会保险的非全日制从业人员以及其他灵活就业人员，应当向社会保险经办机构申请办理社会保险登记。

国家建立全国统一的个人社会保障号码。个人社会保障号码为公民身份号码。

第五十九条　县级以上人民政府加强社会保险费的征收工作。

社会保险费实行统一征收，实施步骤和具体办法由国务院规定。

第六十条　用人单位应当自行申报、按时足额缴纳社会保险费，非因不可抗力等法定事由不得缓缴、减免。职工应当缴纳的社会保险费由用人单位代扣代缴，用人单位应当按月将缴纳社会保险费的明细情况告知本人。

无雇工的个体工商户、未在用人单位参加社会保险的非全日制从业人员以及其他灵活就业人员，可以直接向社会保险费征收机构缴纳社会保险费。

第六十一条　社会保险费征收机构应当依法按时足额征收社会保险费，并将缴费情况定期告知用人单位和个人。

第六十二条　用人单位未按规定申报应当缴纳的社会保险费数额的，按照该单位上月缴费额的百分之一百一十确定应当缴纳数额；缴费单位补办申报手续后，由社会保险费征收机构按照规定结算。

第六十三条 用人单位未按时足额缴纳社会保险费的，由社会保险费征收机构责令其限期缴纳或者补足。

用人单位逾期仍未缴纳或者补足社会保险费的，社会保险费征收机构可以向银行和其他金融机构查询其存款账户；并可以申请县级以上有关行政部门作出划拨社会保险费的决定，书面通知其开户银行或者其他金融机构划拨社会保险费。用人单位账户余额少于应当缴纳的社会保险费的，社会保险费征收机构可以要求该用人单位提供担保，签订延期缴费协议。

用人单位未足额缴纳社会保险费且未提供担保的，社会保险费征收机构可以申请人民法院扣押、查封、拍卖其价值相当于应当缴纳社会保险费的财产，以拍卖所得抵缴社会保险费。

第八章 社会保险基金

第六十四条 社会保险基金包括基本养老保险基金、基本医疗保险基金、工伤保险基金、失业保险基金和生育保险基金。各项社会保险基金按照社会保险险种分别建账，分账核算，执行国家统一的会计制度。

社会保险基金专款专用，任何组织和个人不得侵占或者挪用。

基本养老保险基金逐步实行全国统筹，其他社会保险基金逐步实行省级统筹，具体时间、步骤由国务院规定。

第六十五条 社会保险基金通过预算实现收支平衡。

县级以上人民政府在社会保险基金出现支付不足时，给予补贴。

第六十六条 社会保险基金按照统筹层次设立预算。社会保险基金预算按照社会保险项目分别编制。

第六十七条 社会保险基金预算、决算草案的编制、审核和批准，依照法律和国务院规定执行。

第六十八条 社会保险基金存入财政专户，具体管理办法由国务院规定。

第六十九条 社会保险基金在保证安全的前提下，按照国务院规定投资运营实现保值增值。

社会保险基金不得违规投资运营，不得用于平衡其他政府预算，不得用于兴建、改建办公场所和支付人员经费、运行费用、管理费用，或者违反法律、行政法规规定挪作其他用途。

第七十条 社会保险经办机构应当定期向社会公布参加社会保险情况以及社会保险基金的收入、支出、结余和收益情况。

第七十一条 国家设立全国社会保障基金,由中央财政预算拨款以及国务院批准的其他方式筹集的资金构成,用于社会保障支出的补充、调剂。全国社会保障基金由全国社会保障基金管理运营机构负责管理运营,在保证安全的前提下实现保值增值。

全国社会保障基金应当定期向社会公布收支、管理和投资运营的情况。国务院财政部门、社会保险行政部门、审计机关对全国社会保障基金的收支、管理和投资运营情况实施监督。

第九章 社会保险经办

第七十二条 统筹地区设立社会保险经办机构。社会保险经办机构根据工作需要,经所在地的社会保险行政部门和机构编制管理机关批准,可以在本统筹地区设立分支机构和服务网点。

社会保险经办机构的人员经费和经办社会保险发生的基本运行费用、管理费用,由同级财政按照国家规定予以保障。

第七十三条 社会保险经办机构应当建立健全业务、财务、安全和风险管理制度。

社会保险经办机构应当按时足额支付社会保险待遇。

第七十四条 社会保险经办机构通过业务经办、统计、调查获取社会保险工作所需的数据,有关单位和个人应当及时、如实提供。

社会保险经办机构应当及时为用人单位建立档案,完整、准确地记录参加社会保险的人员、缴费等社会保险数据,妥善保管登记、申报的原始凭证和支付结算的会计凭证。

社会保险经办机构应当及时、完整、准确地记录参加社会保险的个人缴费和用人单位为其缴费,以及享受社会保险待遇等个人权益记录,定期将个人权益记录单免费寄送本人。

用人单位和个人可以免费向社会保险经办机构查询、核对其缴费和享受社会保险待遇记录,要求社会保险经办机构提供社会保险咨询等相关服务。

第七十五条 全国社会保险信息系统按照国家统一规划,由县级以上人民政府按照分级负责的原则共同建设。

第十章　社会保险监督

第七十六条　各级人民代表大会常务委员会听取和审议本级人民政府对社会保险基金的收支、管理、投资运营以及监督检查情况的专项工作报告，组织对本法实施情况的执法检查等，依法行使监督职权。

第七十七条　县级以上人民政府社会保险行政部门应当加强对用人单位和个人遵守社会保险法律、法规情况的监督检查。

社会保险行政部门实施监督检查时，被检查的用人单位和个人应当如实提供与社会保险有关的资料，不得拒绝检查或者谎报、瞒报。

第七十八条　财政部门、审计机关按照各自职责，对社会保险基金的收支、管理和投资运营情况实施监督。

第七十九条　社会保险行政部门对社会保险基金的收支、管理和投资运营情况进行监督检查，发现存在问题的，应当提出整改建议，依法作出处理决定或者向有关行政部门提出处理建议。社会保险基金检查结果应当定期向社会公布。

社会保险行政部门对社会保险基金实施监督检查，有权采取下列措施：

（一）查阅、记录、复制与社会保险基金收支、管理和投资运营相关的资料，对可能被转移、隐匿或者灭失的资料予以封存；

（二）询问与调查事项有关的单位和个人，要求其对与调查事项有关的问题作出说明、提供有关证明材料；

（三）对隐匿、转移、侵占、挪用社会保险基金的行为予以制止并责令改正。

第八十条　统筹地区人民政府成立由用人单位代表、参保人员代表，以及工会代表、专家等组成的社会保险监督委员会，掌握、分析社会保险基金的收支、管理和投资运营情况，对社会保险工作提出咨询意见和建议，实施社会监督。

社会保险经办机构应当定期向社会保险监督委员会汇报社会保险基金的收支、管理和投资运营情况。社会保险监督委员会可以聘请会计师事务所对社会保险基金的收支、管理和投资运营情况进行年度审计和专项审计。审计结果应当向社会公开。

社会保险监督委员会发现社会保险基金收支、管理和投资运营中存在问题的，有权提出改正建议；对社会保险经办机构及其工作人员的违法行为，有权向有关部门提出依法处理建议。

第八十一条 社会保险行政部门和其他有关行政部门、社会保险经办机构、社会保险费征收机构及其工作人员，应当依法为用人单位和个人的信息保密，不得以任何形式泄露。

第八十二条 任何组织或者个人有权对违反社会保险法律、法规的行为进行举报、投诉。

社会保险行政部门、卫生行政部门、社会保险经办机构、社会保险费征收机构和财政部门、审计机关对属于本部门、本机构职责范围的举报、投诉，应当依法处理；对不属于本部门、本机构职责范围的，应当书面通知并移交有权处理的部门、机构处理。有权处理的部门、机构应当及时处理，不得推诿。

第八十三条 用人单位或者个人认为社会保险费征收机构的行为侵害自己合法权益的，可以依法申请行政复议或者提起行政诉讼。

用人单位或者个人对社会保险经办机构不依法办理社会保险登记、核定社会保险费、支付社会保险待遇、办理社会保险转移接续手续或者侵害其他社会保险权益的行为，可以依法申请行政复议或者提起行政诉讼。

个人与所在用人单位发生社会保险争议的，可以依法申请调解、仲裁，提起诉讼。用人单位侵害个人社会保险权益的，个人也可以要求社会保险行政部门或者社会保险费征收机构依法处理。

第十一章 法律责任

第八十四条 用人单位不办理社会保险登记的，由社会保险行政部门责令限期改正；逾期不改正的，对用人单位处应缴社会保险费数额一倍以上三倍以下的罚款，对其直接负责的主管人员和其他直接责任人员处五百元以上三千元以下的罚款。

第八十五条 用人单位拒不出具终止或者解除劳动关系证明的，依照《中华人民共和国劳动合同法》的规定处理。

第八十六条 用人单位未按时足额缴纳社会保险费的，由社会保险费征收机构责令限期缴纳或者补足，并自欠缴之日起，按日加收万分之五的滞纳金；逾期仍不缴纳的，由有关行政部门处欠缴数额一倍以上三倍以下的罚款。

第八十七条 社会保险经办机构以及医疗机构、药品经营单位等社会保险服务机构以欺诈、伪造证明材料或者其他手段骗取社会保险基金支出的，由社会保险行政部门责令退回骗取的社会保险金，处骗取金额二倍以上五倍以下的罚款；属于社会保险服务机构的，解除服务协议；直接负责的主管人员和其他直接责任人员有执业资格的，依法吊销其执业资格。

第八十八条 以欺诈、伪造证明材料或者其他手段骗取社会保险待遇的，由社会保险行政部门责令退回骗取的社会保险金，处骗取金额二倍以上五倍以下的罚款。

第八十九条 社会保险经办机构及其工作人员有下列行为之一的，由社会保险行政部门责令改正；给社会保险基金、用人单位或者个人造成损失的，依法承担赔偿责任；对直接负责的主管人员和其他直接责任人员依法给予处分：

（一）未履行社会保险法定职责的；

（二）未将社会保险基金存入财政专户的；

（三）克扣或者拒不按时支付社会保险待遇的；

（四）丢失或者篡改缴费记录、享受社会保险待遇记录等社会保险数据、个人权益记录的；

（五）有违反社会保险法律、法规的其他行为的。

第九十条 社会保险费征收机构擅自更改社会保险费缴费基数、费率，导致少收或者多收社会保险费的，由有关行政部门责令其追缴应当缴纳的社会保险费或者退还不应当缴纳的社会保险费；对直接负责的主管人员和其他直接责任人员依法给予处分。

第九十一条 违反本法规定，隐匿、转移、侵占、挪用社会保险基金或者违规投资运营的，由社会保险行政部门、财政部门、审计机关责令追回；有违法所得的，没收违法所得；对直接负责的主管人员和其他直接责任人员依法给予处分。

第九十二条 社会保险行政部门和其他有关行政部门、社会保险经办机构、社会保险费征收机构及其工作人员泄露用人单位和个人信息的，对直接负责的主管人员和其他直接责任人员依法给予处分；给用人单位或者个人造成损失的，应当承担赔偿责任。

第九十三条 国家工作人员在社会保险管理、监督工作中滥用职权、玩忽职守、徇私舞弊的，依法给予处分。

第九十四条 违反本法规定，构成犯罪的，依法追究刑事责任。

第十二章　附　　则

第九十五条　进城务工的农村居民依照本法规定参加社会保险。

第九十六条　征收农村集体所有的土地,应当足额安排被征地农民的社会保险费,按照国务院规定将被征地农民纳入相应的社会保险制度。

第九十七条　外国人在中国境内就业的,参照本法规定参加社会保险。

第九十八条　本法自2011年7月1日起施行。

中华人民共和国涉外民事关系法律适用法

（2010年10月28日第十一届全国人民代表大会常务委员会第十七次会议通过　2010年10月28日中华人民共和国主席令第36号公布）

目　　录

第一章　一般规定

第一条　为了明确涉外民事关系的法律适用，合理解决涉外民事争议，维护当事人的合法权益，制定本法。

第二条　涉外民事关系适用的法律，依照本法确定。其他法律对涉外民事关系法律适用另有特别规定的，依照其规定。

本法和其他法律对涉外民事关系法律适用没有规定的，适用与该涉外民事关系有最密切联系的法律。

第三条　当事人依照法律规定可以明示选择涉外民事关系适用的法律。

第四条　中华人民共和国法律对涉外民事关系有强制性规定的，直接适用该强制性规定。

第 五 条 外国法律的适用将损害中华人民共和国社会公共利益的,适用中华人民共和国法律。

第 六 条 涉外民事关系适用外国法律,该国不同区域实施不同法律的,适用与该涉外民事关系有最密切联系区域的法律。

第 七 条 诉讼时效,适用相关涉外民事关系应当适用的法律。

第 八 条 涉外民事关系的定性,适用法院地法律。

第 九 条 涉外民事关系适用的外国法律,不包括该国的法律适用法。

第 十 条 涉外民事关系适用的外国法律,由人民法院、仲裁机构或者行政机关查明。当事人选择适用外国法律的,应当提供该国法律。

不能查明外国法律或者该国法律没有规定的,适用中华人民共和国法律。

第二章 民 事 主 体

第十一条 自然人的民事权利能力,适用经常居所地法律。

第十二条 自然人的民事行为能力,适用经常居所地法律。

自然人从事民事活动,依照经常居所地法律为无民事行为能力,依照行为地法律为有民事行为能力的,适用行为地法律,但涉及婚姻家庭、继承的除外。

第十三条 宣告失踪或者宣告死亡,适用自然人经常居所地法律。

第十四条 法人及其分支机构的民事权利能力、民事行为能力、组织机构、股东权利义务等事项,适用登记地法律。

法人的主营业地与登记地不一致的,可以适用主营业地法律。法人的经常居所地,为其主营业地。

第十五条 人格权的内容,适用权利人经常居所地法律。

第十六条 代理适用代理行为地法律,但被代理人与代理人的民事关系,适用代理关系发生地法律。

当事人可以协议选择委托代理适用的法律。

第十七条 当事人可以协议选择信托适用的法律。当事人没有选择的,适用信托财产所在地法律或者信托关系发生地法律。

第十八条 当事人可以协议选择仲裁协议适用的法律。当事人没有选择的,适用仲裁机构所在地法律或者仲裁地法律。

第十九条 依照本法适用国籍国法律,自然人具有两个以上国籍的,适用有经常居所的国籍国法律；在所有国籍国均无经常居所的，适用与其有最密切联系的国籍国法律。自然人无国籍或者国籍不明的，适用其经常居所地法律。

第二十条 依照本法适用经常居所地法律，自然人经常居所地不明的，适用其现在居所地法律。

第三章 婚姻家庭

第二十一条 结婚条件，适用当事人共同经常居所地法律；没有共同经常居所地的，适用共同国籍国法律；没有共同国籍，在一方当事人经常居所地或者国籍国缔结婚姻的，适用婚姻缔结地法律。

第二十二条 结婚手续，符合婚姻缔结地法律、一方当事人经常居所地法律或者国籍国法律的，均为有效。

第二十三条 夫妻人身关系，适用共同经常居所地法律；没有共同经常居所地的，适用共同国籍国法律。

第二十四条 夫妻财产关系，当事人可以协议选择适用一方当事人经常居所地法律、国籍国法律或者主要财产所在地法律。当事人没有选择的，适用共同经常居所地法律；没有共同经常居所地的，适用共同国籍国法律。

第二十五条 父母子女人身、财产关系，适用共同经常居所地法律；没有共同经常居所地的，适用一方当事人经常居所地法律或者国籍国法律中有利于保护弱者权益的法律。

第二十六条 协议离婚，当事人可以协议选择适用一方当事人经常居所地法律或者国籍国法律。当事人没有选择的，适用共同经常居所地法律；没有共同经常居所地的，适用共同国籍国法律；没有共同国籍的，适用办理离婚手续机构所在地法律。

第二十七条 诉讼离婚，适用法院地法律。

第二十八条 收养的条件和手续，适用收养人和被收养人经常居所地法律。收养的效力，适用收养时收养人经常居所地法律。收养关系的解除，适用收养时被收养人经常居所地法律或者法院地法律。

第二十九条 扶养，适用一方当事人经常居所地法律、国籍国法律或者主要财产所在地法律中有利于保护被扶养人权益的法律。

第三十条 监护，适用一方当事人经常居所地法律或者国籍国法律中有利于保护被监护人权益的法律。

第四章 继　　承

第三十一条 法定继承,适用被继承人死亡时经常居所地法律,但不动产法定继承,适用不动产所在地法律。

第三十二条 遗嘱方式,符合遗嘱人立遗嘱时或者死亡时经常居所地法律、国籍国法律或者遗嘱行为地法律的,遗嘱均为成立。

第三十三条 遗嘱效力,适用遗嘱人立遗嘱时或者死亡时经常居所地法律或者国籍国法律。

第三十四条 遗产管理等事项,适用遗产所在地法律。

第三十五条 无人继承遗产的归属,适用被继承人死亡时遗产所在地法律。

第五章 物　　权

第三十六条 不动产物权,适用不动产所在地法律。

第三十七条 当事人可以协议选择动产物权适用的法律。当事人没有选择的,适用法律事实发生时动产所在地法律。

第三十八条 当事人可以协议选择运输中动产物权发生变更适用的法律。当事人没有选择的,适用运输目的地法律。

第三十九条 有价证券,适用有价证券权利实现地法律或者其他与该有价证券有最密切联系的法律。

第四十条 权利质权,适用质权设立地法律。

第六章 债　　权

第四十一条 当事人可以协议选择合同适用的法律。当事人没有选择的,适用履行义务最能体现该合同特征的一方当事人经常居所地法律或者其他与该合同有最密切联系的法律。

第四十二条 消费者合同,适用消费者经常居所地法律;消费者选择适用商品、服务提供地法律或者经营者在消费者经常居所地没有从事相关经营活动的,适用商品、服务提供地法律。

第四十三条 劳动合同,适用劳动者工作地法律;难以确定劳动者工作地的,适用用人单位主营业地法律。劳务派遣,可以适用劳务派出地法律。

第四十四条 侵权责任,适用侵权行为地法律,但当事人有共同经常居所地的,适用共同经常居所地法律。侵权行为发生后,当事人协议选择适用法律的,按照其协议。

第四十五条 产品责任,适用被侵权人经常居所地法律;被侵权人选择适用侵权人主营业地法律、损害发生地法律的,或者侵权人在被侵权人经常居所地没有从事相关经营活动的,适用侵权人主营业地法律或者损害发生地法律。

第四十六条 通过网络或者采用其他方式侵害姓名权、肖像权、名誉权、隐私权等人格权的,适用被侵权人经常居所地法律。

第四十七条 不当得利、无因管理,适用当事人协议选择适用的法律。当事人没有选择的,适用当事人共同经常居所地法律;没有共同经常居所地的,适用不当得利、无因管理发生地法律。

第七章 知 识 产 权

第四十八条 知识产权的归属和内容,适用被请求保护地法律。

第四十九条 当事人可以协议选择知识产权转让和许可使用适用的法律。当事人没有选择的,适用本法对合同的有关规定。

第五十条 知识产权的侵权责任,适用被请求保护地法律,当事人也可以在侵权行为发生后协议选择适用法院地法律。

第八章 附 则

第五十一条 《中华人民共和国民法通则》第一百四十六条、第一百四十七条,《中华人民共和国继承法》第三十六条,与本法的规定不一致的,适用本法。

第五十二条 本法自 2011 年 4 月 1 日起施行。

行政法规　法规性文件

国务院关于第五批取消和下放管理层级行政审批项目的决定

（2010年7月4日　国发〔2010〕21号）

各省、自治区、直辖市人民政府，国务院各部委、各直属机构：

2009年以来，按照国务院的统一部署和行政审批制度改革的要求，行政审批制度改革工作部际联席会议依据行政许可法等法律法规的规定，组织对国务院部门的行政审批项目进行了新一轮集中清理。经严格审核论证，国务院决定第五批取消和下放管理层级行政审批项目184项。其中，取消的行政审批项目113项，下放管理层级的行政审批项目71项。

各地区、各部门要认真做好取消和下放管理层级行政审批项目的落实和衔接工作，切实加强后续监管。要按照深化行政管理体制改革、转变政府职能的要求，继续深化行政审批制度改革，进一步减少行政审批项目，规范审批流程，创新审批方式，健全行政审批制约监督机制，加强对行政审批权运行的监督。

附件：1. 国务院决定取消的行政审批项目目录（113项）

2. 国务院决定下放管理层级的行政审批项目目录（71项）

附件1：

国务院决定取消的行政审批项目目录（113项）

部门	序号	项目名称	设定依据
国家发展改革委	1	电力建设基金投资项目审批	《国务院对确需保留的行政审批项目设定行政许可的决定》（国务院令第412号）
	2	总投资5000万元以上及中央企业国家鼓励的内资项目进口设备免税审批	《国务院关于调整进口设备税收政策的通知》（国发〔1997〕37号）
科技部	3	国家大学科技园符合税收减免条件审核确认	《财政部、国家税务总局关于国家大学科技园有关税收政策问题的通知》（财税〔2007〕120号）
	4	科技企业孵化器符合税收减免条件审核确认	《财政部、国家税务总局关于科技企业孵化器有关税收政策问题的通知》（财税〔2007〕121号）
工业和信息化部	5	采购通信系统设备（自动进口许可类产品）国际招标审核	《国务院对确需保留的行政审批项目设定行政许可的决定》（国务院令第412号）
	6	退出电信业务市场审批	《中华人民共和国电信条例》（国务院令第291号）
	7	互联网电子公告服务专项审批（备案）	《互联网信息服务管理办法》（国务院令第292号）
国家民委	8	国家民委所属高校设立硕士学位授予点资格审批	《国务院办公厅关于保留部分非行政许可审批项目的通知》（国办发〔2004〕62号）
	9	国家民委所属高校设立博士学位授予点资格审批	《国务院关于发布〈高等教育管理职责暂行规定〉的通知》（国发〔1986〕32号）
	10	国家民委所属高校年度招生、成人高等教育年度招生计划审核	《国务院办公厅关于保留部分非行政许可审批项目的通知》（国办发〔2004〕62号）

续表

部门	序号	项目名称	设定依据
国家民委	11	中央民族大学附属中学面向全国招生计划审批	《国务院办公厅关于保留部分非行政许可审批项目的通知》(国办发〔2004〕62号)
	12	河北大厂高级实验中学面向西部民族地区招生计划审批	《教育部办公厅关于同意河北省大厂回族自治县高级实验中学西部民族班学生在河北参加高考和录取的函》(教民厅函〔2007〕1号)
	13	全国少数民族传统体育运动会竞赛项目立项审批	《国务院办公厅关于保留部分非行政许可审批项目的通知》(国办发〔2004〕62号)
	14	少数民族创制和改进文字方案审批	《国务院办公厅关于保留部分非行政许可审批项目的通知》(国办发〔2004〕62号)
公安部	15	剧毒化学品准购证核发	《危险化学品安全管理条例》(国务院令第344号)
	16	邮政局(所)安全防范设施设计审核及工程验收	《国务院对确需保留的行政审批项目设定行政许可的决定》(国务院令第412号)
	17	机动车延缓报废审批	《国务院对确需保留的行政审批项目设定行政许可的决定》(国务院令第412号)
	18	设立临时停车场审批	《国务院对确需保留的行政审批项目设定行政许可的决定》(国务院令第412号)
民政部	19	利用外资建设殡葬设施审批	《殡葬管理条例》(国务院令第225号)
	20	与境外合资、合作举办社会福利机构审批	《国务院对确需保留的行政审批项目设定行政许可的决定》(国务院令第412号)
人力资源社会保障部	21	社会保障卡专用COS(卡内操作系统)核准	《国务院对确需保留的行政审批项目设定行政许可的决定》(国务院令第412号)
	22	劳动就业服务企业设立审批	《劳动就业服务企业管理规定》(国务院令第66号)

续表

部门	序号	项目名称	设定依据
国土资源部	23	国有划拨土地使用权抵押审批	《中华人民共和国城镇国有土地使用权出让和转让暂行条例》(国务院令第55号)
环境保护部	24	环境影响评价工程师职业资格登记	《国务院对确需保留的行政审批项目设定行政许可的决定》(国务院令第412号)
住房城乡建设部	25	风景名胜区建设项目选址审批	《国务院对确需保留的行政审批项目设定行政许可的决定》(国务院令第412号)
	26	影响古树名木的建设工程避让和保护措施审批	《国务院办公厅关于保留部分非行政许可审批项目的通知》(国办发〔2004〕62号)
铁道部	27	铁路专用计量器具新产品技术认证	《国务院对确需保留的行政审批项目设定行政许可的决定》(国务院令第412号)
水利部	28	护堤护岸林木采伐许可	《中华人民共和国防洪法》(中华人民共和国主席令〔1997〕第88号)
农业部	29	农民养殖、种植转基因动植物审批	《农业转基因生物安全管理条例》(国务院令第304号)
	30	部级质检机构认可	《中华人民共和国标准化法实施条例》(国务院令第53号)
商务部	31	无专项规定要求的外商投资企业设立境内分公司审批	《中华人民共和国中外合资经营企业法实施条例》(国务院令第311号) 《国务院关于〈中华人民共和国中外合作经营企业法实施细则〉的批复》(国函〔1995〕76号) 《中华人民共和国中外合作经营企业法实施细则》(对外贸易经济合作部令1995年第6号) 《中华人民共和国外资企业法实施细则》(国务院令第301号)

续表

部门	序号	项目名称	设定依据
商务部	32	外商投资企业进口作为出资的设备清单审批	《中华人民共和国中外合资经营企业法实施条例》(国务院令第311号) 《中华人民共和国外资企业法实施细则》(国务院令第301号)
	33	外商投资企业名称变更审批	《中华人民共和国中外合资经营企业法实施条例》(国务院令第311号) 《国务院关于〈中华人民共和国中外合作经营企业法实施细则〉的批复》(国函〔1995〕76号) 《中华人民共和国中外合作经营企业法实施细则》(对外贸易经济合作部令1995年第6号) 《中华人民共和国外资企业法实施细则》(国务院令第301号)
	34	外商投资企业投资者名称变更审批	《中华人民共和国中外合资经营企业法实施条例》(国务院令第311号) 《国务院关于〈中华人民共和国中外合作经营企业法实施细则〉的批复》(国函〔1995〕76号) 《中华人民共和国中外合作经营企业法实施细则》(对外贸易经济合作部令1995年第6号) 《中华人民共和国外资企业法实施细则》(国务院令第301号)
	35	外商投资企业法定地址变更审批	《中华人民共和国中外合资经营企业法实施条例》(国务院令第311号) 《国务院关于〈中华人民共和国中外合作经营企业法实施细则〉的批复》(国函〔1995〕76号) 《中华人民共和国中外合作经营企业法实施细则》(对外贸易经济合作部令1995年第6号) 《中华人民共和国外资企业法实施细则》(国务院令第301号)

续表

部门	序号	项目名称	设定依据
文化部	36	香港、澳门演出经纪机构在内地设立分支机构审批	《营业性演出管理条例》(国务院令第528号)
卫生部	37	设立骨髓移植医院审批	《国务院对确需保留的行政审批项目设定行政许可的决定》(国务院令第412号)
国家人口计生委	38	涉及计划生育技术的广告审查	《计划生育技术服务管理条例》(国务院令第428号)
海关总署	39	高新技术企业适用海关便捷通关措施审批	《国务院对确需保留的行政审批项目设定行政许可的决定》(国务院令第412号)
	40	海关派员驻厂监管的保税工厂资格审批	《国务院对确需保留的行政审批项目设定行政许可的决定》(国务院令第412号)
	41	制造、改装、维修集装箱、集装箱式货车车厢的工厂核准	《国务院对确需保留的行政审批项目设定行政许可的决定》(国务院令第412号)
税务总局	42	纳税人按规定支付给总机构的与生产、经营有关的管理费税前扣除审批	《国务院办公厅关于保留部分非行政许可审批项目的通知》(国办发〔2004〕62号)
	43	外商投资企业在优惠期内因不可抗力提前解散免予补税审批	《国务院办公厅关于保留部分非行政许可审批项目的通知》(国办发〔2004〕62号)
工商总局	44	商品展销会登记	《国务院对确需保留的行政审批项目设定行政许可的决定》(国务院令第412号)
	45	无烟草广告城市认定	《卫生部、工商总局关于印发全国无烟草广告城市认定实施办法的通知》(卫基妇发〔2003〕45号)
质检总局	46	进出口化妆品生产、加工单位卫生注册登记	《国务院对确需保留的行政审批项目设定行政许可的决定》(国务院令第412号)

续表

部门	序号	项目名称	设定依据
质检总局	47	农业转基因生物过境转移审批	《农业转基因生物安全管理条例》(国务院令第304号)
	48	建筑外窗生产许可证核发	《中华人民共和国工业产品生产许可证管理条例》(国务院令第440号)
	49	工业用香精香料生产许可证核发	《中华人民共和国工业产品生产许可证管理条例》(国务院令第440号)
	50	场(厂)内机动车辆安装许可	《国务院对确需保留的行政审批项目设定行政许可的决定》(国务院令第412号)
广电总局	51	国产电视剧题材规划立项审查	《国务院对确需保留的行政审批项目设定行政许可的决定》(国务院令第412号)
新闻出版总署	52	音像制品出租单位变更名称审批	《音像制品管理条例》(国务院令第341号)
	53	音像制品出租单位变更业务范围审批	《音像制品管理条例》(国务院令第341号)
	54	音像制品出租单位兼并审批	《音像制品管理条例》(国务院令第341号)
	55	音像制品出租单位合并审批	《音像制品管理条例》(国务院令第341号)
	56	音像制品出租单位分立审批	《音像制品管理条例》(国务院令第341号)
	57	从事音像制品出租业务审批	《音像制品管理条例》(国务院令第341号)
	58	全国性音像制品连锁经营单位设立审批	《音像制品管理条例》(国务院令第341号)
	59	音像非卖品复制审批	《音像制品管理条例》(国务院令第341号)

续表

部门	序号	项目名称	设定依据
体育总局	60	开办武术学校审批	《国务院对确需保留的行政审批项目设定行政许可的决定》(国务院令第412号)
	61	开办少年儿童体育学校审批	《国务院对确需保留的行政审批项目设定行政许可的决定》(国务院令第412号)
国家林业局	62	在林业系统国家级自然保护区实验区开展生态旅游方案审批	《中华人民共和国自然保护区条例》(国务院令第167号)
	63	在林业系统地方级自然保护区实验区开展生态旅游方案审批	《中华人民共和国自然保护区条例》(国务院令第167号)
	64	科研、教学单位对国家一级保护陆生野生动物进行野外考察、科学研究审批	《国务院关于〈中华人民共和国陆生野生动物保护实施条例〉的批复》(国函〔1992〕13号) 《林业部关于发布〈中华人民共和国陆生野生动物保护实施条例〉的通知》(林策通字〔1992〕29号)
	65	科研、教学单位对国家二级保护陆生野生动物进行野外考察、科学研究审批	《国务院关于〈中华人民共和国陆生野生动物保护实施条例〉的批复》(国函〔1992〕13号) 《林业部关于发布〈中华人民共和国陆生野生动物保护实施条例〉的通知》(林策通字〔1992〕29号)
	66	非国家重点保护陆生野生动物或其产品年度经营利用限额核准	《国务院关于〈中华人民共和国陆生野生动物保护实施条例〉的批复》(国函〔1992〕13号) 《林业部关于发布〈中华人民共和国陆生野生动物保护实施条例〉的通知》(林策通字〔1992〕29号)

续表

部门	序号	项目名称	设定依据
国家林业局	67	森林采伐更新验收合格证核发	《中华人民共和国森林法实施条例》(国务院令第278号) 《国务院关于〈森林采伐更新管理办法〉的批复》(国函〔1987〕151号) 《林业部关于发布〈森林采伐更新管理办法〉的通知》(林工字〔1987〕338号)
	68	林业行业标准项目年度计划审批	《林业标准化管理办法》(国家林业局令第9号)
	69	陆生野生动物资源普查方案审批	《国务院关于〈中华人民共和国陆生野生动物保护实施条例〉的批复》(国函〔1992〕13号) 《林业部关于发布〈中华人民共和国陆生野生动物保护实施条例〉的通知》(林策通字〔1992〕29号)
	70	建立鸟类环志站审批	《国家林业局关于印发〈鸟类环志管理办法(试行)〉和〈鸟类环志技术规程(试行)〉的通知》(林护发〔2002〕33号)
国家知识产权局	71	专利代理人执业证核发	《专利代理条例》(国务院令第76号) 《专利代理管理办法》(国家知识产权局令第30号)
	72	专利代理人执业证变更审批	《专利代理条例》(国务院令第76号) 《专利代理管理办法》(国家知识产权局令第30号)
	73	专利代理人执业证注销审批	《专利代理条例》(国务院令第76号) 《专利代理管理办法》(国家知识产权局令第30号)

续表

部门	序号	项目名称	设定依据
国家旅游局	74	外国旅行社在中国设立常驻机构审批	《国务院关于发布〈中华人民共和国国务院关于管理外国企业常驻代表机构的暂行规定〉的通知》（国发〔1980〕272号）
国家宗教局	75	在宗教活动场所内设立商业服务网点审批	《宗教事务条例》（国务院令第426号）
	76	在宗教活动场所内举办陈列展览审批	《宗教事务条例》（国务院令第426号）
	77	在宗教活动场所内拍摄电影电视片审批	《宗教事务条例》（国务院令第426号）
中国气象局	78	人工影响天气作业单位之间转让作业设备审批	《人工影响天气管理条例》（国务院令第348号）
银监会	79	境外非银行金融机构驻华代表处设立审批	《中华人民共和国银行业监督管理法》（中华人民共和国主席令〔2006〕第58号）
	80	境外非银行金融机构驻华代表处变更审批	《中华人民共和国银行业监督管理法》（中华人民共和国主席令〔2006〕第58号）
	81	境外非银行金融机构驻华代表处终止审批	《中华人民共和国银行业监督管理法》（中华人民共和国主席令〔2006〕第58号）
	82	境外非银行金融机构驻华代表处首席代表任职资格核准	《中华人民共和国银行业监督管理法》（中华人民共和国主席令〔2006〕第58号）
证监会	83	证券公司证券业务资格审批	《中华人民共和国证券法》（中华人民共和国主席令〔2005〕第43号）
	84	外国证券类机构驻华代表机构地址变更审批	《国务院关于发布〈中华人民共和国国务院关于管理外国企业常驻代表机构的暂行规定〉的通知》（国发〔1980〕272号）

续表

部门	序号	项目名称	设定依据
保监会	85	保险代理机构重大事项变更审批	《国务院对确需保留的行政审批项目设定行政许可的决定》(国务院令第412号)
	86	保险公估机构重大事项变更审批	《国务院对确需保留的行政审批项目设定行政许可的决定》(国务院令第412号)
	87	保险经纪公司重大事项变更审批	《国务院对确需保留的行政审批项目设定行政许可的决定》(国务院令第412号)
	88	保险公司制定地方保险费率核准	《国务院对确需保留的行政审批项目设定行政许可的决定》(国务院令第412号)
	89	保险公司分支机构重大事项变更审批	《国务院对确需保留的行政审批项目设定行政许可的决定》(国务院令第412号)
电监会	90	供用电监督资格证核发	《电力供应与使用条例》(国务院令第196号) 《国务院关于第三批取消和调整行政审批项目的决定》(国发〔2004〕16号)
国家档案局	91	政府部门或单位与外国团体和组织签订含有利用档案内容的协定备案	《国务院办公厅关于保留部分非行政许可审批项目的通知》(国办发〔2004〕62号)
	92	中央专业主管部门成立档案馆审批	《国务院办公厅关于保留部分非行政许可审批项目的通知》(国办发〔2004〕62号)
国家粮食局	93	陈化粮购买资格认定	《粮食流通管理条例》(国务院令第407号)
	94	陈化粮销售计划审批	《国务院办公厅关于保留部分非行政许可审批项目的通知》(国办发〔2004〕62号)

续表

部门	序号	项目名称	设定依据
国防科工局	95	军工电子产品出口立项审批	《国务院对确需保留的行政审批项目设定行政许可的决定》(国务院令第412号)
	96	军工电子装备科研生产许可	《国务院对确需保留的行政审批项目设定行政许可的决定》(国务院令第412号)
国家烟草局	97	烟草专用机械大修理许可证核发	《国务院对确需保留的行政审批项目设定行政许可的决定》(国务院令第412号)
	98	烟草系统企业多元化经营投资项目审批	《国务院办公厅关于保留部分非行政许可审批项目的通知》(国办发〔2004〕62号)
国家海洋局	99	海洋工程污染物排放种类核定	《防治海洋工程建设项目污染损害海洋环境管理条例》(国务院令第475号)
	100	海洋工程污染物排放数量核定	《防治海洋工程建设项目污染损害海洋环境管理条例》(国务院令第475号)
中国民航局	101	民用机场专用设备使用许可	《国务院对确需保留的行政审批项目设定行政许可的决定》(国务院令第412号)
国家邮政局	102	邮政企业及其分支机构的设置审批	《中华人民共和国邮政法实施细则》(国务院令第65号)
国家文物局	103	拍摄易损的一般文物审批	《国务院对确需保留的行政审批项目设定行政许可的决定》(国务院令第412号)
	104	拓印内容涉及我国疆域、外交、民族关系的古代石刻审批	《国务院关于第三批取消和调整行政审批项目的决定》(国发〔2004〕16号

续表

部门	序号	项目名称	设定依据
国家食品药品监管局	105	药品招标代理机构资格认定	《国务院办公厅转发国务院体改办等部门关于城镇医药卫生体制改革指导意见的通知》(国办发〔2000〕16号)
国家中医药局	106	医疗机构开展医疗气功活动审批和从事医疗气功人员资格认定	《国务院对确需保留的行政审批项目设定行政许可的决定》(国务院令第412号)
国家外汇局	107	出口单位出口收汇差额核销、核销备查核准	《国务院对确需保留的行政审批项目设定行政许可的决定》(国务院令第412号)
	108	企业租赁期不满一年、租赁贸易、租赁(照章征税)购付汇核准	《国务院对确需保留的行政审批项目设定行政许可的决定》(国务院令第412号)
	109	出口单位收汇分类核销核准	《国务院对确需保留的行政审批项目设定行政许可的决定》(国务院令第412号)
	110	金融机构大额结汇、售汇交易入市安排审批	《国务院对确需保留的行政审批项目设定行政许可的决定》(国务院令第412号)
	111	出口单位补办出口收汇核销专用联和出口收汇核销单退税专用联审批	《国务院对确需保留的行政审批项目设定行政许可的决定》(国务院令第412号)
	112	出口单位远期出口收汇备案	《国务院办公厅关于保留部分非行政许可审批项目的通知》(国办发〔2004〕62号)
	113	外商投资企业或中资企业适用跨国公司非贸易售付汇管理政策审核	《国务院对确需保留的行政审批项目设定行政许可的决定》(国务院令第412号)

附件 2：

国务院决定下放管理层级的行政审批项目目录（71 项）

部门	序号	项目名称	设定依据	下放管理实施机关
商务部	1	对外劳务合作经营资格核准	《国务院对确需保留的行政审批项目设定行政许可的决定》（国务院令第 412 号）	省级商务主管部门
	2	境外就业职业介绍机构资格认定	《国务院对确需保留的行政审批项目设定行政许可的决定》（国务院令第 412 号）	省级商务主管部门
	3	外国非企业经济组织在华设立常驻代表机构审批	《国务院对确需保留的行政审批项目设定行政许可的决定》（国务院令第 412 号）	省级商务主管部门（含广州市、沈阳市）
	4	外商投资非融资租赁的租赁业企业设立及变更审批	《中华人民共和国中外合资经营企业法实施条例》（国务院令第 311 号） 《国务院关于〈中华人民共和国中外合作经营企业法实施细则〉的批复》（国函〔1995〕76 号） 《中华人民共和国中外合作经营企业法实施细则》（对外贸易经济合作部令 1995 年第 6 号） 《中华人民共和国外资企业法实施细则》（国务院令第 301 号）	省级商务主管部门
	5	原国务院有关部门批准设立的外商投资企业的变更事项审批	《中华人民共和国中外合资经营企业法实施条例》（国务院令第 311 号） 《国务院关于〈中华人民共和国中外合作经营企业法实施细则〉的批复》（国函〔1995〕76 号） 《中华人民共和国中外合作经营企业法实施细则》（对外贸易经济合作部令 1995 年第 6 号） 《中华人民共和国外资企业法实施细则》（国务院令第 301 号）	省级商务主管部门

续表

部门	序号	项目名称	设定依据	下放管理实施机关
商务部	6	外商投资国际货物运输代理企业（不含涉及国际快递业务的外商投资国际货物运输代理企业）设立及变更审批	《中华人民共和国中外合资经营企业法实施条例》（国务院令第311号） 《国务院关于〈中华人民共和国中外合作经营企业法实施细则〉的批复》（国函〔1995〕76号） 《中华人民共和国中外合作经营企业法实施细则》（对外贸易经济合作部令1995年第6号） 《中华人民共和国外资企业法实施细则》（国务院令第301号）	省级商务主管部门
	7	直销企业产品说明重大变更审批	《直销管理条例》（国务院令第443号）	省级商务主管部门
	8	外商投资股份公司（不包括上市公司）的变更事项（不包括公司为上市进行的变更）审批	《中华人民共和国中外合资经营企业法实施条例》（国务院令第311号） 《国务院关于〈中华人民共和国中外合作经营企业法实施细则〉的批复》（国函〔1995〕76号） 《中华人民共和国中外合作经营企业法实施细则》（对外贸易经济合作部令1995年第6号） 《中华人民共和国外资企业法实施细则》（国务院令第301号）	省级及省级以下商务主管部门
	9	外商投资企业（专项规定的除外）不涉及批准证书记载变化的变更事项审批	《中华人民共和国中外合资经营企业法实施条例》（国务院令第311号） 《国务院关于〈中华人民共和国中外合作经营企业法实施细则〉的批复》（国函〔1995〕76号） 《中华人民共和国中外合作经营企业法实施细则》（对外贸易经济合作部令1995年第6号） 《中华人民共和国外资企业法实施细则》（国务院令第301号）	省级商务主管部门

续表

部门	序号	项目名称	设定依据	下放管理实施机关
商务部	10	商务部批准设立的限额以下外商投资企业(专项规定的除外)的变更事项审批	《中华人民共和国中外合资经营企业法实施条例》(国务院令第311号) 《国务院关于〈中华人民共和国中外合作经营企业法实施细则〉的批复》(国函〔1995〕76号) 《中华人民共和国中外合作经营企业法实施细则》(对外贸易经济合作部令1995年第6号) 《中华人民共和国外资企业法实施细则》(国务院令第301号)	省级商务主管部门
	11	外商投资企业(专项规定的除外)的非实质性变更事项审批	《中华人民共和国中外合资经营企业法实施条例》(国务院令第311号) 《国务院关于〈中华人民共和国中外合作经营企业法实施细则〉的批复》(国函〔1995〕76号) 《中华人民共和国中外合作经营企业法实施细则》(对外贸易经济合作部令1995年第6号) 《中华人民共和国外资企业法实施细则》(国务院令第301号)	省级商务主管部门
	12	限额以上外商投资企业(专项规定的除外)不超过限额的增资事项审批	《中华人民共和国中外合资经营企业法实施条例》(国务院令第311号) 《国务院关于〈中华人民共和国中外合作经营企业法实施细则〉的批复》(国函〔1995〕76号) 《中华人民共和国中外合作经营企业法实施细则》(对外贸易经济合作部令1995年第6号) 《中华人民共和国外资企业法实施细则》(国务院令第301号)	省级商务主管部门

续表

部门	序号	项目名称	设定依据	下放管理实施机关
商务部	13	限额以下外商投资股份公司的设立及变更事项审批	《中华人民共和国中外合资经营企业法实施条例》(国务院令第311号) 《国务院关于〈中华人民共和国中外合作经营企业法实施细则〉的批复》(国函〔1995〕76号) 《中华人民共和国中外合作经营企业法实施细则》(对外贸易经济合作部令1995年第6号) 《中华人民共和国外资企业法实施细则》(国务院令第301号)	省级商务主管部门,副省级城市商务主管部门
	14	限额以下外商投资城市规划服务企业设立及变更审批	《中华人民共和国中外合资经营企业法实施条例》(国务院令第311号) 《国务院关于〈中华人民共和国中外合作经营企业法实施细则〉的批复》(国函〔1995〕76号) 《中华人民共和国中外合作经营企业法实施细则》(对外贸易经济合作部令1995年第6号) 《中华人民共和国外资企业法实施细则》(国务院令第301号)	省级商务主管部门
	15	限额以下外商投资进出口商品检验鉴定机构设立及变更审批	《中华人民共和国中外合资经营企业法实施条例》(国务院令第311号) 《国务院关于〈中华人民共和国中外合作经营企业法实施细则〉的批复》(国函〔1995〕76号) 《中华人民共和国中外合作经营企业法实施细则》(对外贸易经济合作部令1995年第6号) 《中华人民共和国外资企业法实施细则》(国务院令第301号)	省级商务主管部门

续表

部门	序号	项目名称	设定依据	下放管理实施机关
商务部	16	限额以下外商投资国际船舶运输企业设立及变更审批	《中华人民共和国中外合资经营企业法实施条例》(国务院令第311号) 《国务院关于〈中华人民共和国中外合作经营企业法实施细则〉的批复》(国函〔1995〕76号) 《中华人民共和国中外合作经营企业法实施细则》(对外贸易经济合作部令1995年第6号) 《中华人民共和国外资企业法实施细则》(国务院令第301号)	省级商务主管部门
	17	限额以下外商投资国际船舶代理企业设立及变更审批	《中华人民共和国中外合资经营企业法实施条例》(国务院令第311号) 《国务院关于〈中华人民共和国中外合作经营企业法实施细则〉的批复》(国函〔1995〕76号) 《中华人民共和国中外合作经营企业法实施细则》(对外贸易经济合作部令1995年第6号) 《中华人民共和国外资企业法实施细则》(国务院令第301号)	省级商务主管部门
	18	限额以下外商投资光盘复制生产企业设立及变更审批	《中华人民共和国中外合资经营企业法实施条例》(国务院令第311号) 《国务院关于〈中华人民共和国中外合作经营企业法实施细则〉的批复》(国函〔1995〕76号) 《中华人民共和国中外合作经营企业法实施细则》(对外贸易经济合作部令1995年第6号) 《中华人民共和国外资企业法实施细则》(国务院令第301号)	省级商务主管部门

续表

部门	序号	项目名称	设定依据	下放管理实施机关
商务部	19	限额以下外商投资认证培训和认证咨询企业设立及变更审批	《中华人民共和国中外合资经营企业法实施条例》（国务院令第311号） 《国务院关于〈中华人民共和国中外合作经营企业法实施细则〉的批复》（国函〔1995〕76号） 《中华人民共和国中外合作经营企业法实施细则》（对外贸易经济合作部令1995年第6号） 《中华人民共和国外资企业法实施细则》（国务院令第301号）	省级商务主管部门
	20	限额以下涉及国际快递业务的外商投资国际货物运输代理企业设立及变更审批	《中华人民共和国中外合资经营企业法实施条例》（国务院令第311号） 《国务院关于〈中华人民共和国中外合作经营企业法实施细则〉的批复》（国函〔1995〕76号） 《中华人民共和国中外合作经营企业法实施细则》（对外贸易经济合作部令1995年第6号） 《中华人民共和国外资企业法实施细则》（国务院令第301号）	省级商务主管部门
	21	限额以下外商投资融资租赁企业设立及变更审批	《中华人民共和国中外合资经营企业法实施条例》（国务院令第311号） 《国务院关于〈中华人民共和国中外合作经营企业法实施细则〉的批复》（国函〔1995〕76号） 《中华人民共和国中外合作经营企业法实施细则》（对外贸易经济合作部令1995年第6号） 《中华人民共和国外资企业法实施细则》（国务院令第301号）	省级商务主管部门

续表

部门	序号	项目名称	设定依据	下放管理实施机关
商务部	22	限额以下外商投资营业性演出经纪企业设立及变更审批	《中华人民共和国中外合资经营企业法实施条例》(国务院令第311号) 《国务院关于〈中华人民共和国中外合作经营企业法实施细则〉的批复》(国函〔1995〕76号) 《中华人民共和国中外合作经营企业法实施细则》(对外贸易经济合作部令1995年第6号) 《中华人民共和国外资企业法实施细则》(国务院令第301号)	省级商务主管部门
	23	限额以下外商投资保险经纪企业设立及变更审批	《中华人民共和国中外合资经营企业法实施条例》(国务院令第311号) 《国务院关于〈中华人民共和国中外合作经营企业法实施细则〉的批复》(国函〔1995〕76号) 《中华人民共和国中外合作经营企业法实施细则》(对外贸易经济合作部令1995年第6号) 《中华人民共和国外资企业法实施细则》(国务院令第301号)	省级商务主管部门
	24	限额以下外商独资船务公司设立及变更审批	《中华人民共和国外资企业法实施细则》(国务院令第301号)	省级商务主管部门
	25	原在商务部审核权限内的鼓励类产业且不需要国家综合平衡的外商投资企业(专项规定的除外)设立及变更事项审批	《中华人民共和国中外合资经营企业法实施条例》(国务院令第311号) 《国务院关于〈中华人民共和国中外合作经营企业法实施细则〉的批复》(国函〔1995〕76号) 《中华人民共和国中外合作经营企业法实施细则》(对外贸易经济合作部令1995年第6号) 《中华人民共和国外资企业法实施细则》(国务院令第301号)	省级商务主管部门,副省级城市商务主管部门

续表

部门	序号	项目名称	设定依据	下放管理实施机关
商务部	26	外商投资企业(专项规定的除外)的重大变更事项(国家发展改革委核准的限额以上增资事项和控股权向外方转移的转股事项除外)审批	《中华人民共和国中外合资经营企业法实施条例》(国务院令第311号) 《国务院关于〈中华人民共和国中外合作经营企业法实施细则〉的批复》(国函〔1995〕76号) 《中华人民共和国中外合作经营企业法实施细则》(对外贸易经济合作部令1995年第6号) 《中华人民共和国外资企业法实施细则》(国务院令第301号)	省级商务主管部门
	27	外商投资企业设立境外分支机构审批	《中华人民共和国中外合资经营企业法实施条例》(国务院令第311号) 《国务院关于〈中华人民共和国中外合作经营企业法实施细则〉的批复》(国函〔1995〕76号) 《中华人民共和国中外合作经营企业法实施细则》(对外贸易经济合作部令1995年第6号) 《中华人民共和国外资企业法实施细则》(国务院令第301号)	省级及省级以下商务主管部门
	28	交易额在限额以下的外资并购事项审批(专项规定的外商投资企业除外)	《中华人民共和国中外合资经营企业法实施条例》(国务院令第311号) 《国务院关于〈中华人民共和国中外合作经营企业法实施细则〉的批复》(国函〔1995〕76号) 《中华人民共和国中外合作经营企业法实施细则》(对外贸易经济合作部令1995年第6号) 《中华人民共和国外资企业法实施细则》(国务院令第301号)	省级商务主管部门

续表

部门	序号	项目名称	设定依据	下放管理实施机关
商务部	29	限额以下外商投资创业投资和创业投资管理企业设立及变更审批	《中华人民共和国中外合资经营企业法实施条例》(国务院令第311号) 《国务院关于〈中华人民共和国中外合作经营企业法实施细则〉的批复》(国函〔1995〕76号) 《中华人民共和国中外合作经营企业法实施细则》(对外贸易经济合作部令1995年第6号) 《中华人民共和国外资企业法实施细则》(国务院令第301号)	省级商务主管部门
	30	外商投资注册资本1亿美元及以下投资性公司的设立及变更事项(含原商务部批准设立的投资性公司后续变更事项)审批(单次增资超过1亿美元除外)	《中华人民共和国中外合资经营企业法实施条例》(国务院令第311号) 《国务院关于〈中华人民共和国中外合作经营企业法实施细则〉的批复》(国函〔1995〕76号) 《中华人民共和国中外合作经营企业法实施细则》(对外贸易经济合作部令1995年第6号) 《中华人民共和国外资企业法实施细则》(国务院令第301号)	省级商务主管部门
	31	限额以下中外合资、合作医疗机构设立及变更审批	《中华人民共和国中外合资经营企业法实施条例》(国务院令第311号) 《国务院关于〈中华人民共和国中外合作经营企业法实施细则〉的批复》(国函〔1995〕76号) 《中华人民共和国中外合作经营企业法实施细则》(对外贸易经济合作部令1995年第6号)	省级商务主管部门

续表

部门	序号	项目名称	设定依据	下放管理实施机关
商务部	32	限额以下外商投资拍卖企业设立及变更审批	《中华人民共和国中外合资经营企业法实施条例》(国务院令第311号) 《国务院关于〈中华人民共和国中外合作经营企业法实施细则〉的批复》(国函〔1995〕76号) 《中华人民共和国中外合作经营企业法实施细则》(对外贸易经济合作部令1995年第6号) 《中华人民共和国外资企业法实施细则》(国务院令第301号)	省级商务主管部门
	33	限额以下外商投资图书、报纸、期刊分销企业设立及变更审批	《中华人民共和国中外合资经营企业法实施条例》(国务院令第311号) 《国务院关于〈中华人民共和国中外合作经营企业法实施细则〉的批复》(国函〔1995〕76号) 《中华人民共和国中外合作经营企业法实施细则》(对外贸易经济合作部令1995年第6号) 《中华人民共和国外资企业法实施细则》(国务院令第301号)	省级商务主管部门
	34	限额以下中外合作音像制品批发企业设立及变更审批	《国务院关于〈中华人民共和国中外合作经营企业法实施细则〉的批复》(国函〔1995〕76号) 《中华人民共和国中外合作经营企业法实施细则》(对外贸易经济合作部令1995年第6号)	省级商务主管部门
	35	限额以下外商投资非油气矿产勘查企业设立及变更审批	《中华人民共和国中外合资经营企业法实施条例》(国务院令第311号) 《国务院关于〈中华人民共和国中外合作经营企业法实施细则〉的批复》(国函〔1995〕76号) 《中华人民共和国中外合作经营企业法实施细则》(对外贸易经济合作部令1995年第6号) 《中华人民共和国外资企业法实施细则》(国务院令第301号)	省级商务主管部门

续表

部门	序号	项目名称	设定依据	下放管理实施机关
商务部	36	限额以下外商投资非油气采矿企业设立及变更审批	《中华人民共和国中外合资经营企业法实施条例》(国务院令第311号) 《国务院关于〈中华人民共和国中外合作经营企业法实施细则〉的批复》(国函〔1995〕76号) 《中华人民共和国中外合作经营企业法实施细则》(对外贸易经济合作部令1995年第6号) 《中华人民共和国外资企业法实施细则》(国务院令第301号)	省级商务主管部门
文化部	37	设立经营性互联网文化单位审批	《国务院对确需保留的行政审批项目设定行政许可的决定》(国务院令第412号)	省级人民政府文化行政主管部门
	38	设置社会艺术水平考级机构审批	《国务院对确需保留的行政审批项目设定行政许可的决定》(国务院令第412号)	省级人民政府文化行政主管部门
质检总局	39	电线电缆生产许可证核发	《中华人民共和国工业产品生产许可证管理条例》(国务院令第440号)	省级质量技术监督部门
	40	危险化学品包装物、容器生产许可证核发	《中华人民共和国工业产品生产许可证管理条例》(国务院令第440号)	省级质量技术监督部门
	41	泵生产许可证核发	《中华人民共和国工业产品生产许可证管理条例》(国务院令第440号)	省级质量技术监督部门
	42	电焊条生产许可证核发	《中华人民共和国工业产品生产许可证管理条例》(国务院令第440号)	省级质量技术监督部门
	43	建筑钢管脚手架扣件生产许可证核发	《中华人民共和国工业产品生产许可证管理条例》(国务院令第440号)	省级质量技术监督部门

续表

部门	序号	项目名称	设定依据	下放管理实施机关
质检总局	44	建筑防水卷材生产许可证核发	《中华人民共和国工业产品生产许可证管理条例》(国务院令第440号)	省级质量技术监督部门
	45	汽车制动液生产许可证核发	《中华人民共和国工业产品生产许可证管理条例》(国务院令第440号)	省级质量技术监督部门
	46	电热毯生产许可证核发	《中华人民共和国工业产品生产许可证管理条例》(国务院令第440号)	省级质量技术监督部门
	47	化肥生产许可证核发	《中华人民共和国工业产品生产许可证管理条例》(国务院令第440号)	省级质量技术监督部门
	48	人造板生产许可证核发	《中华人民共和国工业产品生产许可证管理条例》(国务院令第440号)	省级质量技术监督部门
	49	特种劳动防护产品生产许可证核发	《中华人民共和国工业产品生产许可证管理条例》(国务院令第440号)	省级质量技术监督部门
	50	危险化学品生产许可证核发	《中华人民共和国工业产品生产许可证管理条例》(国务院令第440号)	省级质量技术监督部门
	51	冶炼用耐火材料生产许可证核发	《中华人民共和国工业产品生产许可证管理条例》(国务院令第440号)	省级质量技术监督部门
	52	橡胶制品生产许可证核发	《中华人民共和国工业产品生产许可证管理条例》(国务院令第440号)	省级质量技术监督部门
	53	助力车生产许可证核发	《中华人民共和国工业产品生产许可证管理条例》(国务院令第440号)	省级质量技术监督部门
	54	摩托车头盔生产许可证核发	《中华人民共和国工业产品生产许可证管理条例》(国务院令第440号)	省级质量技术监督部门
	55	混凝土输水管生产许可证核发	《中华人民共和国工业产品生产许可证管理条例》(国务院令第440号)	省级质量技术监督部门

续表

部门	序号	项目名称	设定依据	下放管理实施机关
质检总局	56	水文仪器生产许可证核发	《中华人民共和国工业产品生产许可证管理条例》(国务院令第440号)	省级质量技术监督部门
	57	岩土工程仪器生产许可证核发	《中华人民共和国工业产品生产许可证管理条例》(国务院令第440号)	省级质量技术监督部门
	58	机动车安全技术检验机构资格审批	《中华人民共和国道路交通安全法实施条例》(国务院令第405号)	省级质量技术监督部门
	59	设立认证咨询机构审批	《国务院对确需保留的行政审批项目设定行政许可的决定》(国务院令第412号)	省级质量技术监督部门
新闻出版部署	60	期刊出版增刊审批	《国务院对确需保留的行政审批项目设定行政许可的决定》(国务院令第412号)	省级人民政府出版行政主管部门
	61	改变连续型电子出版物刊期审批	《出版管理条例》(国务院令第343号)	省级人民政府出版行政主管部门
体育总局	62	设立健身气功活动站点审批	《国务院对确需保留的行政审批项目设定行政许可的决定》(国务院令第412号)	县级人民政府体育行政主管部门
安全监管总局	63	三级矿山救护队资质认定	《国务院对确需保留的行政审批项目设定行政许可的决定》(国务院令第412号)	省级安全监管部门和省级煤矿安全监察机构
	64	四级矿山救护队资质认定	《国务院对确需保留的行政审批项目设定行政许可的决定》(国务院令第412号)	省级安全监管部门和省级煤矿安全监察机构
国家外专局	65	国务院履行出资人职责企业以外的企业聘请外国专家资格认可	《国务院对确需保留的行政审批项目设定行政许可的决定》(国务院令第412号)	省级人民政府外国专家归口管理部门
	66	中等以下教育机构聘请外国专家资格认可	《国务院对确需保留的行政审批项目设定行政许可的决定》(国务院令第412号)	省级人民政府外国专家归口管理部门

续表

部门	序号	项目名称	设定依据	下放管理实施机关
国家文物局	67	拍摄市级文物保护单位审批	《国务院对确需保留的行政审批项目设定行政许可的决定》(国务院令第 412 号)	设区的市级人民政府文物行政主管部门
	68	拍摄县级文物保护单位审批	《国务院对确需保留的行政审批项目设定行政许可的决定》(国务院令第 412 号)	县级人民政府文物行政主管部门
国家食品药品监管局	69	医疗用毒性药品收购企业批准	《医疗用毒性药品管理办法》(国务院令第 23 号)	省级人民政府食品药品监督管理部门
	70	医疗用毒性药品批发企业批准	《医疗用毒性药品管理办法》(国务院令第 23 号)	省级人民政府食品药品监督管理部门
	71	医疗用毒性药品零售企业批准	《医疗用毒性药品管理办法》(国务院令第 23 号)	设区的市级人民政府食品药品监督管理部门

国务院关于加快培育和发展战略性新兴产业的决定

（2010 年 10 月 10 日　国发〔2010〕32 号）

各省、自治区、直辖市人民政府，国务院各部委、各直属机构：

战略性新兴产业是引导未来经济社会发展的重要力量。发展战略性新兴产业已成为世界主要国家抢占新一轮经济和科技发展制高点的重大战略。我国正处在全面建设小康社会的关键时期，必须按照科学发展观的要求，抓住机遇，明确方向，突出重点，加快培育和发展战略性新兴产业。现作出如下决定：

一、抓住机遇，加快培育和发展战略性新兴产业

战略性新兴产业是以重大技术突破和重大发展需求为基础，对经济社会全局和长远发展具有重大引领带动作用，知识技术密集、物质资源消耗少、成长潜力大、综合效益好的产业。加快培育和发展战略性新兴产业对推进我国现代化建设具有重要战略意义。

（一）加快培育和发展战略性新兴产业是全面建设小康社会、实现可持续发展的必然选择。我国人口众多、人均资源少、生态环境脆弱，又处在工业化、城镇化快速发展时期，面临改善民生的艰巨任务和资源环境的巨大压力。要全面建设小康社会、实现可持续发展，必须大力发展战略性新兴产业，加快形成新的经济增长点，创造更多的就业岗位，更好地满足人民群众日益增长的物质文化需求，促进资源节约型和环境友好型社会建设。

（二）加快培育和发展战略性新兴产业是推进产业结构升级、加快经济发展方式转变的重大举措。战略性新兴产业以创新为主要驱动力，辐射带动力强，加快培育和发展战略性新兴产业，有利于加快经济发展方式转变，有利于提升产业层次、推动传统产业升级、高起点建设现代产业体系，体现了调整优化产业结构的根本要求。

（三）加快培育和发展战略性新兴产业是构建国际竞争新优势、掌握发展主动权的迫切需要。当前，全球经济竞争格局正在发生深刻变革，科技发展正孕育着新的革命性突破,世界主要国家纷纷加快部署,推动节能环保、新能源、信息、生物等新兴产业快速发展。我国要在未来国际竞争中占据有利地位,必须加快培育和发展战略性新兴产业,掌握关键核心技术及相关知识产权,增强自主发展能力。

加快培育和发展战略性新兴产业具备诸多有利条件,也面临严峻挑战。经过改革开放30多年的快速发展,我国综合国力明显增强,科技水平不断提高,建立了较为完备的产业体系,特别是高技术产业快速发展,规模跻身世界前列,为战略性新兴产业加快发展奠定了较好的基础。同时,也面临着企业技术创新能力不强,掌握的关键核心技术少,有利于新技术新产品进入市场的政策法规体系不健全,支持创新创业的投融资和财税政策、体制机制不完善等突出问题。必须充分认识加快培育和发展战略性新兴产业的重大意义,进一步增强紧迫感和责任感,抓住历史机遇,加大工作力度,加快培育和发展战略性新兴产业。

二、坚持创新发展,将战略性新兴产业加快培育成为先导产业和支柱产业

根据战略性新兴产业的特征,立足我国国情和科技、产业基础,现阶段重点培育和发展节能环保、新一代信息技术、生物、高端装备制造、新能源、新材料、新能源汽车等产业。

(一)指导思想。

以邓小平理论和"三个代表"重要思想为指导,深入贯彻落实科学发展观,把握世界新科技革命和产业革命的历史机遇,面向经济社会发展的重大需求,把加快培育和发展战略性新兴产业放在推进产业结构升级和经济发展方式转变的突出位置。积极探索战略性新兴产业发展规律,发挥企业主体作用,加大政策扶持力度,深化体制机制改革,着力营造良好环境,强化科技创新成果产业化,抢占经济和科技竞争制高点,推动战略性新兴产业快速健康发展,为促进经济社会可持续发展作出贡献。

(二)基本原则。

坚持充分发挥市场的基础性作用与政府引导推动相结合。要充分发挥我国市场需求巨大的优势,创新和转变消费模式,营造良好的市场环境,调动企业主体的积极性,推进产学研用结合。同时,对关系经济社会发展全局的重要领域和关键环节,要发挥政府的规划引导、政策激励和组织协调作用。

坚持科技创新与实现产业化相结合。要切实完善体制机制,大幅度提升自主创新能力,着力推进原始创新,大力增强集成创新和联合攻关,积极参与国际分工合作，加强引进消化吸收再创新，充分利用全球创新资源，突破一批关键核心技术，掌握相关知识产权。同时，要加大政策支持和协调指导力度，造就并充分发挥高素质人才队伍的作用，加速创新成果转化，促进产业化进程。

坚持整体推进与重点领域跨越发展相结合。要对发展战略性新兴产业进行统筹规划、系统布局，明确发展时序，促进协调发展。同时，要选择最有基础和条件的领域作为突破口，重点推进。大力培育产业集群，促进优势区域率先发展。

坚持提升国民经济长远竞争力与支撑当前发展相结合。要着眼长远，把握科技和产业发展新方向，对重大前沿性领域及早部署，积极培育先导产业。同时，要立足当前，推进对缓解经济社会发展瓶颈制约具有重大作用的相关产业较快发展，推动高技术产业健康发展，带动传统产业转型升级，加快形成支柱产业。

（三）发展目标。

到 2015 年，战略性新兴产业形成健康发展、协调推进的基本格局，对产业结构升级的推动作用显著增强，增加值占国内生产总值的比重力争达到 8% 左右。

到 2020 年，战略性新兴产业增加值占国内生产总值的比重力争达到 15% 左右，吸纳、带动就业能力显著提高。节能环保、新一代信息技术、生物、高端装备制造产业成为国民经济的支柱产业，新能源、新材料、新能源汽车产业成为国民经济的先导产业；创新能力大幅提升，掌握一批关键核心技术，在局部领域达到世界领先水平；形成一批具有国际影响力的大企业和一批创新活力旺盛的中小企业；建成一批产业链完善、创新能力强、特色鲜明的战略性新兴产业集聚区。

再经过十年左右的努力，战略性新兴产业的整体创新能力和产业发展水平达到世界先进水平，为经济社会可持续发展提供强有力的支撑。

三、立足国情，努力实现重点领域快速健康发展

根据战略性新兴产业的发展阶段和特点，要进一步明确发展的重点方向和主要任务，统筹部署，集中力量，加快推进。

（一）节能环保产业。重点开发推广高效节能技术装备及产品，实现重点领域关键技术突破，带动能效整体水平的提高。加快资源循环利用关键共性技术研发和产业化示范，提高资源综合利用水平和再制造产业化水平。示范推广先进环保技术装备及产品，提升污染防治水平。推进市场化节能环保服务体系建设。加快建立以先进技术为支撑的废旧商品回收利用体系,积极推进煤炭清洁利用、海水综合利用。

（二）新一代信息技术产业。加快建设宽带、泛在、融合、安全的信息网络基础设施,推动新一代移动通信、下一代互联网核心设备和智能终端的研发及产业化,加快推进三网融合,促进物联网、云计算的研发和示范应用。着力发展集成电路、新型显示、高端软件、高端服务器等核心基础产业。提升软件服务、网络增值服务等信息服务能力,加快重要基础设施智能化改造。大力发展数字虚拟等技术,促进文化创意产业发展。

（三）生物产业。大力发展用于重大疾病防治的生物技术药物、新型疫苗和诊断试剂、化学药物、现代中药等创新药物大品种,提升生物医药产业水平。加快先进医疗设备、医用材料等生物医学工程产品的研发和产业化,促进规模化发展。着力培育生物育种产业,积极推广绿色农用生物产品,促进生物农业加快发展。推进生物制造关键技术开发、示范与应用。加快海洋生物技术及产品的研发和产业化。

（四）高端装备制造产业。重点发展以干支线飞机和通用飞机为主的航空装备,做大做强航空产业。积极推进空间基础设施建设,促进卫星及其应用产业发展。依托客运专线和城市轨道交通等重点工程建设,大力发展轨道交通装备。面向海洋资源开发,大力发展海洋工程装备。强化基础配套能力,积极发展以数字化、柔性化及系统集成技术为核心的智能制造装备。

（五）新能源产业。积极研发新一代核能技术和先进反应堆,发展核能产业。加快太阳能热利用技术推广应用,开拓多元化的太阳能光伏光热发电市场。提高风电技术装备水平,有序推进风电规模化发展,加快适应新能源发展的智能电网及运行体系建设。因地制宜开发利用生物质能。

（六）新材料产业。大力发展稀土功能材料、高性能膜材料、特种玻璃、功能陶瓷、半导体照明材料等新型功能材料。积极发展高品质特殊钢、新型合金材料、工程塑料等先进结构材料。提升碳纤维、芳纶、超高分子量聚乙烯纤维等高性能纤维及其复合材料发展水平。开展纳米、超导、智能等共性基础材料研究。

（七）新能源汽车产业。着力突破动力电池、驱动电机和电子控制领域关键核心技术,推进插电式混合动力汽车、纯电动汽车推广应用和产业化。同时,开展燃料电池汽车相关前沿技术研发,大力推进高能效、低排放节能汽车发展。

四、强化科技创新,提升产业核心竞争力

增强自主创新能力是培育和发展战略性新兴产业的中心环节,必须完善以企业为主体、市场为导向、产学研相结合的技术创新体系，发挥国家科技重大专项的核心引领作用，结合实施产业发展规划，突破关键核心技术，加强创新成果产业化，提升产业核心竞争力。

（一）加强产业关键核心技术和前沿技术研究。围绕经济社会发展重大需求，结合国家科技计划、知识创新工程和自然科学基金项目等的实施，集中力量突破一批支撑战略性新兴产业发展的关键共性技术。在生物、信息、空天、海洋、地球深部等基础性、前沿性技术领域超前部署，加强交叉领域的技术和产品研发，提高基础技术研究水平。

（二）强化企业技术创新能力建设。加大企业研究开发的投入力度，对面向应用、具有明确市场前景的政府科技计划项目，建立由骨干企业牵头组织、科研机构和高校共同参与实施的有效机制。依托骨干企业，围绕关键核心技术的研发和系统集成，支持建设若干具有世界先进水平的工程化平台，结合技术创新工程的实施，发展一批由企业主导，科研机构、高校积极参与的产业技术创新联盟。加强财税政策引导，激励企业增加研发投入。加强产业集聚区公共技术服务平台建设，促进中小企业创新发展。

（三）加快落实人才强国战略和知识产权战略。建立科研机构、高校创新人才向企业流动的机制，加大高技能人才队伍建设力度。加快完善期权、技术入股、股权、分红权等多种形式的激励机制，鼓励科研机构和高校科技人员积极从事职务发明创造。加大工作力度，吸引全球优秀人才来华创新创业。发挥研究型大学的支撑和引领作用，加强战略性新兴产业相关专业学科建设，增加急需的专业学位类别。改革人才培养模式，制定鼓励企业参与人才培养的政策，建立企校联合培养人才的新机制，促进创新型、应用型、复合型和技能型人才的培养。支持知识产权的创造和运用，强化知识产权的保护和管理，鼓励企业建立专利联盟。完善高校和科研机构知识产权转移转化的利益保障和实现机制，建立高效的知识产权评估交易机制。加大对具有重大社会效益创新成果的奖励力度。

（四）实施重大产业创新发展工程。以加速产业规模化发展为目标，选择具有引领带动作用，并能够实现突破的重点方向，依托优势企业，统筹技术开发、工程化、标准制定、市场应用等环节，组织实施若干重大产业创新发展工程，推动要素整合和技术集成，努力实现重大突破。

（五）建设产业创新支撑体系。发挥知识密集型服务业支撑作用，大力发展研发服务、信息服务、创业服务、技术交易、知识产权和科技成果转化等高技术服务业，着力培育新业态。积极发展人力资源服务、投资和管理咨询等商务服务业，加快发展现代物流和环境服务业。

（六）推进重大科技成果产业化和产业集聚发展。完善科技成果产业化机制，加大实施产业化示范工程力度，积极推进重大装备应用，建立健全科研机构、高校的创新成果发布制度和技术转移机构，促进技术转移和扩散，加速科技成果转化为现实生产力。依托具有优势的产业集聚区，培育一批创新能力强、创业环境好、特色突出、集聚发展的战略性新兴产业示范基地，形成增长极，辐射带动区域经济发展。

五、积极培育市场，营造良好市场环境

要充分发挥市场的基础性作用，充分调动企业积极性，加强基础设施建设，积极培育市场，规范市场秩序，为各类企业健康发展创造公平、良好的环境。

（一）组织实施重大应用示范工程。坚持以应用促发展，围绕提高人民群众健康水平、缓解环境资源制约等紧迫需求，选择处于产业化初期、社会效益显著、市场机制难以有效发挥作用的重大技术和产品，统筹衔接现有试验示范工程，组织实施全民健康、绿色发展、智能制造、材料换代、信息惠民等重大应用示范工程，引导消费模式转变，培育市场，拉动产业发展。

（二）支持市场拓展和商业模式创新。鼓励绿色消费、循环消费、信息消费，创新消费模式，促进消费结构升级。扩大终端用能产品能效标识实施范围。加强新能源并网及储能、支线航空与通用航空、新能源汽车等领域的市场配套基础设施建设。在物联网、节能环保服务、新能源应用、信息服务、新能源汽车推广等领域，支持企业大力发展有利于扩大市场需求的专业服务、增值服务等新业态。积极推行合同能源管理、现代废旧商品回收利用等新型商业模式。

（三）完善标准体系和市场准入制度。加快建立有利于战略性新兴产业发展的行业标准和重要产品技术标准体系，优化市场准入的审批管理程序。进一步健全药品注册管理的体制机制，完善药品集中采购制度，支持临床必需、疗效确切、安全性高、价格合理的创新药物优先进入医保目录。完善新能源汽车的项目和产品准入标准。改善转基因农产品的管理。完善并严格执行节能环保法规标准。

六、深化国际合作，提高国际化发展水平

要通过深化国际合作，尽快掌握关键核心技术，提升我国自主发展能力与核心竞争力。把握经济全球化的新特点，深度开展国际合作与交流，积极探索合作新模式，在更高层次上参与国际合作。

（一）大力推进国际科技合作与交流。发挥各种合作机制的作用，多层次、多渠道、多方式推进国际科技合作与交流。鼓励境外企业和科研机构在我国设立研发机构，支持符合条件的外商投资企业与内资企业、研究机构合作申请国家科研项目。支持我国企业和研发机构积极开展全球研发服务外包，在境外开展联合研发和设立研发机构，在国外申请专利。鼓励我国企业和研发机构参与国际标准的制定，鼓励外商投资企业参与我国技术示范应用项目，共同形成国际标准。

（二）切实提高国际投融资合作的质量和水平。完善外商投资产业指导目录，鼓励外商设立创业投资企业，引导外资投向战略性新兴产业。支持有条件的企业开展境外投资，在境外以发行股票和债券等多种方式融资。扩大企业境外投资自主权，改进审批程序，进一步加大对企业境外投资的外汇支持。积极探索在海外建设科技和产业园区。制定国别产业导向目录，为企业开展跨国投资提供指导。

（三）大力支持企业跨国经营。完善出口信贷、保险等政策，结合对外援助等积极支持战略性新兴产业领域的重点产品、技术和服务开拓国际市场，以及自主知识产权技术标准在海外推广应用。支持企业通过境外注册商标、境外收购等方式，培育国际化品牌。加强企业和产品国际认证合作。

七、加大财税金融政策扶持力度，引导和鼓励社会投入

加快培育和发展战略性新兴产业，必须健全财税金融政策支持体系，加大扶持力度，引导和鼓励社会资金投入。

（一）加大财政支持力度。在整合现有政策资源和资金渠道的基础上，设立战略性新兴产业发展专项资金，建立稳定的财政投入增长机制，增加中央财政投入，创新支持方式，着力支持重大关键技术研发、重大产业创新发展工程、重大创新成果产业化、重大应用示范工程、创新能力建设等。加大政府引导和支持力度，加快高效节能产品、环境标志产品和资源循环利用产品等推广应用。加强财政政策绩效考评，创新财政资金管理机制，提高资金使用效率。

（二）完善税收激励政策。在全面落实现行各项促进科技投入和科技成果转化、支持高技术产业发展等方面的税收政策的基础上，结合税制改革方向和税种特征，针对战略性新兴产业的特点，研究完善鼓励创新、引导投资和消费的税收支持政策。

（三）鼓励金融机构加大信贷支持。引导金融机构建立适应战略性新兴产业特点的信贷管理和贷款评审制度。积极推进知识产权质押融资、产业链融资等金融产品创新。加快建立包括财政出资和社会资金投入在内的多层次担保体系。积极发展中小金融机构和新型金融服务。综合运用风险补偿等财政优惠政策,促进金融机构加大支持战略性新兴产业发展的力度。

(四)积极发挥多层次资本市场的融资功能。进一步完善创业板市场制度,支持符合条件的企业上市融资。推进场外证券交易市场的建设,满足处于不同发展阶段创业企业的需求。完善不同层次市场之间的转板机制,逐步实现各层次市场间有机衔接。大力发展债券市场,扩大中小企业集合债券和集合票据发行规模,积极探索开发低信用等级高收益债券和私募可转债等金融产品,稳步推进企业债券、公司债券、短期融资券和中期票据发展,拓宽企业债务融资渠道。

(五)大力发展创业投资和股权投资基金。建立和完善促进创业投资和股权投资行业健康发展的配套政策体系与监管体系。在风险可控的范围内为保险公司、社保基金、企业年金管理机构和其他机构投资者参与新兴产业创业投资和股权投资基金创造条件。发挥政府新兴产业创业投资资金的引导作用,扩大政府新兴产业创业投资规模,充分运用市场机制,带动社会资金投向战略性新兴产业中处于创业早中期阶段的创新型企业。鼓励民间资本投资战略性新兴产业。

八、推进体制机制创新,加强组织领导

加快培育和发展战略性新兴产业是我国新时期经济社会发展的重大战略任务,必须大力推进改革创新,加强组织领导和统筹协调,为战略性新兴产业发展提供动力和条件。

(一)深化重点领域改革。建立健全创新药物、新能源、资源性产品价格形成机制和税费调节机制。实施新能源配额制,落实新能源发电全额保障性收购制度。加快建立生产者责任延伸制度,建立和完善主要污染物和碳排放交易制度。建立促进三网融合高效有序开展的政策和机制,深化电力体制改革,加快推进空域管理体制改革。

(二)加强宏观规划引导。组织编制国家战略性新兴产业发展规划和相关专项规划,制定战略性新兴产业发展指导目录,开展战略性新兴产业统计监测调查,加强与相关规划和政策的衔接。加强对各地发展战略性新兴产业的引导,优化区域布局、发挥比较优势,形成各具特色、优势互补、结构合理的战略性新兴产业协调发展格局。各地区要根据国家总体部署,从当地实际出发,突出发展重点,避免盲目发展和重复建设。

(三)加强组织协调。成立由发展改革委牵头的战略性新兴产业发展部际协调机制，形成合力，统筹推进。

国务院各有关部门、各省（区、市）人民政府要根据本决定的要求，抓紧制定实施方案和具体落实措施，加大支持力度，加快将战略性新兴产业培育成为先导产业和支柱产业，为我国现代化建设作出新的贡献。

国务院关于加强法治政府建设的意见

（2010年10月10日　国发〔2010〕33号）

各省、自治区、直辖市人民政府，国务院各部委、各直属机构：

2004年3月，国务院发布《全面推进依法行政实施纲要》（以下简称《纲要》），明确提出建设法治政府的奋斗目标。为在新形势下深入贯彻落实依法治国基本方略，全面推进依法行政，进一步加强法治政府建设，现提出以下意见。

一、加强法治政府建设的重要性紧迫性和总体要求

1. 加强法治政府建设的重要性紧迫性。贯彻依法治国基本方略，推进依法行政，建设法治政府，是我们党治国理政从理念到方式的革命性变化，具有划时代的重要意义。《纲要》实施6年来，各级人民政府对依法行政工作高度重视，加强领导、狠抓落实，法治政府建设取得了重要进展。当前，我国经济社会发展进入新阶段，国内外环境更为复杂，挑战增多。转变经济发展方式和调整经济结构的任务更加紧迫和艰巨，城乡之间、地区之间发展不平衡，收入分配不公平和差距扩大，社会结构和利益格局深刻调整，部分地区和一些领域社会矛盾有所增加，群体性事件时有发生，一些领域腐败现象仍然易发多发，执法不公、行政不作为乱作为等问题比较突出。解决这些突出问题，要求进一步深化改革，加强制度建设，强化对行政权力运行的监督和制约，推进依法行政，建设法治政府。各级行政机关及其领导干部一定要正确看待我国经济社会环境的新变化，准确把握改革发展稳定的新形势，及时回应人民群众的新期待，切实增强建设法治政府的使命感、紧迫感和责任感。

2. 加强法治政府建设的总体要求。当前和今后一个时期，要深入贯彻科学发展观，认真落实依法治国基本方略，进一步加大《纲要》实施力度，以建设法治政府为奋斗目标，以事关依法行政全局的体制机制创新为突破口，以增强领导干部依法行政的意识和能力、提高制度建设质量、规范行政权力运行、保证法律法规严格执行为着力点，全面推进依法行政，不断提高政府公信力和执行力，为保障经济又好又快发展和社会和谐稳定发挥更大的作用。

二、提高行政机关工作人员特别是领导干部依法行政的意识和能力

3. 高度重视行政机关工作人员依法行政意识与能力的培养。行政机关工作人员特别是领导干部要带头学法、尊法、守法、用法，牢固树立以依法治国、执法为民、公平正义、服务大局、党的领导为基本内容的社会主义法治理念，自觉养成依法办事的习惯，切实提高运用法治思维和法律手段解决经济社会发展中突出矛盾和问题的能力。要重视提拔使用依法行政意识强，善于用法律手段解决问题、推动发展的优秀干部。

4. 推行依法行政情况考察和法律知识测试制度。拟任地方人民政府及其部门领导职务的干部，任职前要考察其掌握相关法律知识和依法行政情况。公务员录用考试要注重对法律知识的测试，对拟从事行政执法、政府法制等工作的人员，还要组织专门的法律知识考试。

5. 建立法律知识学习培训长效机制。完善各级行政机关领导干部学法制度。要通过政府常务会议会前学法、法制讲座等形式，组织学习宪法、通用法律知识和与履行职责相关的专门法律知识。县级以上地方各级人民政府每年至少要举办 2 期领导干部依法行政专题研讨班。各级行政学院和公务员培训机构举办的行政机关公务员培训班，要把依法行政知识纳入教学内容。定期组织行政执法人员参加通用法律知识培训、专门法律知识轮训和新法律法规专题培训，并把培训情况、学习成绩作为考核内容和任职晋升的依据之一。

三、加强和改进制度建设

6. 突出政府立法重点。要按照有利于调动人民群众积极性和创造性、激发社会活力和竞争力、解放和发展生产力、维护公平正义、规范权力运行的要求，加强和改进政府立法与制度建设。重点加强有关完善经济体制、改善民生和发展社会事业以及政府自身建设方面的立法。对社会高度关注、实践急需、条件相对成熟的立法项目，要作为重中之重，集中力量攻关，尽早出台。

7. 提高制度建设质量。政府立法要符合经济社会发展规律，充分反映人民意愿，着力解决经济社会发展中的普遍性问题和深层次矛盾，切实增强法律制度的科学性和可操作性。严格遵守法定权限和程序，完善公众参与政府立法的制度和机制，保证人民群众的意见得到充分表达、合理诉求和合法利益得到充分体现。除依法需要保密的外，行政法规和规章草案要向社会公开征求意见，并以适当方式反馈意见采纳情况。建立健全专家咨询论证制度，充分发挥专家学者在政府立法中的作用。法律法规规章草案涉及其他部门职责的，要充分听取相关部门的意见；相关部门要认真研究，按要求及时回复意见。加强政府法制机构在政府立法中的主导和协调作用，涉及重大意见分歧、达不成一致意见的，要及时报请本级人民政府决定。坚决克服政府立法过程中的部门利益和地方保护倾向。积极探索开展政府立法成本效益分析、社会风险评估、实施情况后评估工作。加强行政法规、规章解释工作。

8. 加强对行政法规、规章和规范性文件的清理。坚持立“新法”与改“旧法”并重。对不符合经济社会发展要求，与上位法相抵触、不一致，或者相互之间不协调的行政法规、规章和规范性文件，要及时修改或者废止。建立规章和规范性文件定期清理制度，对规章一般每隔 5 年、规范性文件一般每隔 2 年清理一次，清理结果要向社会公布。

9. 健全规范性文件制定程序。地方各级行政机关和国务院各部门要严格依法制定规范性文件。各类规范性文件不得设定行政许可、行政处罚、行政强制等事项，不得违法增加公民、法人和其他组织的义务。制定对公民、法人或者其他组织的权利义务产生直接影响的规范性文件，要公开征求意见，由法制机构进行合法性审查，并经政府常务会议或者部门领导班子会议集体讨论决定；未经公开征求意见、合法性审查、集体讨论的，不得发布施行。县级以上地方人民政府对本级政府及其部门的规范性文件，要逐步实行统一登记、统一编号、统一发布。探索建立规范性文件有效期制度。

10. 强化规章和规范性文件备案审查。严格执行法规规章备案条例和有关规范性文件备案的规定，加强备案审查工作，做到有件必备、有错必纠，切实维护法制统一和政令畅通。要重点加强对违法增加公民、法人和其他组织义务或者影响其合法权益，搞地方或行业保护等内容的规章和规范性文件的备案审查工作。建立规范性文件备案登记、公布、情况通报和监督检查制度，加强备案工作信息化建设。对公民、法人和其他组织提出的审查建议，要按照有关规定认真研究办理。对违法的规章和规范性文件，要及时报请有权机关依法予以撤销并向社会公布。备案监督机构要定期向社会公布通过备案审查的规章和规范性文件目录。

四、坚持依法科学民主决策

11. 规范行政决策程序。加强行政决策程序建设，健全重大行政决策规则，推进行政决策的科学化、民主化、法治化。要坚持一切从实际出发，系统全面地掌握实际情况，深入分析决策对各方面的影响，认真权衡利弊得失。要把公众参与、专家论证、风险评估、合法性审查和集体讨论决定作为重大决策的必经程序。作出重大决策前，要广泛听取、充分吸收各方面意见，意见采纳情况及其理由要以适当形式反馈或者公布。完善重大决策听证制度，扩大听证范围，规范听证程序，听证参加人要有广泛的代表性，听证意见要作为决策的重要参考。重大决策要经政府常务会议或者部门领导班子会议集体讨论决定。重大决策事项应当在会前交由法制机构进行合法性审查，未经合法性审查或者经审查不合法的，不能提交会议讨论、作出决策。

12. 完善行政决策风险评估机制。凡是有关经济社会发展和人民群众切身利益的重大政策、重大项目等决策事项，都要进行合法性、合理性、可行性和可控性评估，重点是进行社会稳定、环境、经济等方面的风险评估。建立完善部门论证、专家咨询、公众参与、专业机构测评相结合的风险评估工作机制，通过舆情跟踪、抽样调查、重点走访、会商分析等方式，对决策可能引发的各种风险进行科学预测、综合研判，确定风险等级并制定相应的化解处置预案。要把风险评估结果作为决策的重要依据，未经风险评估的，一律不得作出决策。

13. 加强重大决策跟踪反馈和责任追究。在重大决策执行过程中，决策机关要跟踪决策的实施情况，通过多种途径了解利益相关方和社会公众对决策实施的意见和建议，全面评估决策执行效果，并根据评估结果决定是否对决策予以调整或者停止执行。对违反决策规定、出现重大决策失误、造成重大损失的，要按照谁决策、谁负责的原则严格追究责任。

五、严格规范公正文明执法

14. 严格依法履行职责。各级行政机关要自觉在宪法和法律范围内活动，严格依照法定权限和程序行使权力、履行职责。要全面履行政府职能，更加重视社会管理和公共服务，着力保障和改善民生，切实解决就业、教育、医疗、社会保障、保障性住房等方面人民群众最关心的问题。加大行政执法力度，严厉查处危害安全生产、食品药品安全、自然资源和环境保护、社会治安等方面的违法案件，维护公共利益和经济社会秩序。认真执行行政许可法，深化行政审批制度改革，进一步规范和减少行政审批，推进政府职能转变和管理方式创新。着力提高政府公信力，没有法律、法规、规章依据，行政机关不得作出影响公民、法人和其他组织权益或者增加其义务的决定；行政机关参与民事活动，要依法行使权利、履行义务、承担责任。

15. 完善行政执法体制和机制。继续推进行政执法体制改革，合理界定执法权限，明确执法责任，推进综合执法，减少执法层级，提高基层执法能力，切实解决多头执法、多层执法和不执法、乱执法问题。改进和创新执法方式，坚持管理与服务并重、处置与疏导结合，实现法律效果与社会效果的统一。加强行政执法信息化建设，推行执法流程网上管理，提高执法效率和规范化水平。县级以上人民政府要建立相关机制，促进行政执法部门信息交流和资源共享。完善执法经费由财政保障的机制，切实解决执法经费与罚没收入挂钩问题。

16. 规范行政执法行为。各级行政机关都要强化程序意识，严格按程序执法。加强程序制度建设，细化执法流程，明确执法环节和步骤，保障程序公正。要平等对待行政相对人，同样情形同等处理。行政执法机关处理违法行为的手段和措施要适当适度，尽力避免或者减少对当事人权益的损害。建立行政裁量权基准制度，科学合理细化、量化行政裁量权，完善适用规则，严格规范裁量权行使，避免执法的随意性。健全行政执法调查规则，规范取证活动。坚持文明执法，不得粗暴对待当事人，不得侵害执法对象的人格尊严。加强行政执法队伍建设，严格执法人员持证上岗和资格管理制度，狠抓执法纪律和职业道德教育，全面提高执法人员素质。根据法律法规规章立、改、废情况及时调整、梳理行政执法依据，明确执法职权、机构、岗位、人员和责任，并向社会公布。充分利用信息化手段开展执法案卷评查、质量考核、满意度测评等工作，加强执法评议考核，评议考核结果要作为执法人员奖励惩处、晋职晋级的重要依据。严格落实行政执法责任制。

六、全面推进政务公开

17. 加大政府信息公开力度。认真贯彻实施政府信息公开条例，坚持以公开为原则、不公开为例外，凡是不涉及国家秘密、商业秘密和个人隐私的政府信息，都要向社会公开。加大主动公开力度，重点推进财政预算、公共资源配置、重大建设项目批准和实施、社会公益事业建设等领域的政府信息公开。政府全部收支都要纳入预算管理，所有公共支出、基本建设支出、行政经费支出的预算和执行情况，以及政府性基金收支预算和中央国有资本经营预算等情况都要公开透明。政府信息公开要及时、准确、具体。对人民群众申请公开政府信息的，要依法在规定时限内予以答复，并做好相应服务工作。建立健全政府信息公开的监督和保障机制，定期对政府信息公开工作进行评议考核。依法妥善处理好信息公开与保守秘密的关系，对依法应当保密的，要切实做好保密工作。

18. 推进办事公开。要把公开透明作为政府工作的基本制度，拓宽办事公开领域。所有面向社会服务的政府部门都要全面推进办事公开制度,依法公开办事依据、条件、要求、过程和结果,充分告知办事项目有关信息。要规范和监督医院、学校、公交、公用等公共企事业单位的办事公开工作,重点公开岗位职责、服务承诺、收费项目、工作规范、办事纪律、监督渠道等内容,为人民群众生产生活提供优质、高效、便利的服务。

19. 创新政务公开方式。进一步加强电子政务建设,充分利用现代信息技术,建设好互联网信息服务平台和便民服务网络平台,方便人民群众通过互联网办事。要把政务公开与行政审批制度改革结合起来,推行网上电子审批、“一个窗口对外”和“一站式”服务。规范和发展各级各类行政服务中心,对与企业和人民群众密切相关的行政管理事项,要尽可能纳入行政服务中心办理,改善服务质量,提高服务效率,降低行政成本。

七、强化行政监督和问责

20. 自觉接受监督。各级人民政府和政府部门要自觉接受人大及其常委会的监督、政协的民主监督和人民法院依法实施的监督。对事关改革发展稳定大局、人民群众切身利益和社会普遍关心的热点问题,县级以上人民政府要主动向同级人大常委会专题报告。拓宽群众监督渠道,依法保障人民群众监督政府的权利。完善群众举报投诉制度。高度重视舆论监督,支持新闻媒体对违法或者不当的行政行为进行曝光。对群众举报投诉、新闻媒体反映的问题,有关行政机关要认真调查核实,及时依法作出处理,并将处理结果向社会公布。

21. 加强政府内部层级监督和专门监督。上级行政机关要切实加强对下级行政机关的监督,及时纠正违法或者不当的行政行为。保障和支持审计、监察等部门依法独立行使监督权。审计部门要着力加强财政专项资金和预算执行审计、重大投资项目审计、金融审计、国有企业领导人员经济责任审计等工作,加强社会保障基金、住房公积金、扶贫救灾资金等公共资金的专项审计。监察部门要全面履行法定职责,积极推进行政问责和政府绩效管理监察,严肃追究违法违纪人员的责任,促进行政机关廉政勤政建设。

22. 严格行政问责。严格执行行政监察法、公务员法、行政机关公务员处分条例和关于实行党政领导干部问责的暂行规定,坚持有错必纠、有责必问。对因有令不行、有禁不止、行政不作为、失职渎职、违法行政等行为,导致一个地区、一个部门发生重大责任事故、事件或者严重违法行政案件的,要依法依纪严肃追究有关领导直至行政首长的责任,督促和约束行政机关及其工作人员严格依法行使权力、履行职责。

八、依法化解社会矛盾纠纷

23. 健全社会矛盾纠纷调解机制。要把行政调解作为地方各级人民政府和有关部门的重要职责，建立由地方各级人民政府负总责、政府法制机构牵头、各职能部门为主体的行政调解工作体制，充分发挥行政机关在化解行政争议和民事纠纷中的作用。完善行政调解制度，科学界定调解范围，规范调解程序。对资源开发、环境污染、公共安全事故等方面的民事纠纷，以及涉及人数较多、影响较大、可能影响社会稳定的纠纷，要主动进行调解。认真实施人民调解法，积极指导、支持和保障居民委员会、村民委员会等基层组织开展人民调解工作。推动建立行政调解与人民调解、司法调解相衔接的大调解联动机制，实现各类调解主体的有效互动，形成调解工作合力。

24. 加强行政复议工作。充分发挥行政复议在解决矛盾纠纷中的作用，努力将行政争议化解在初发阶段和行政程序中。畅通复议申请渠道，简化申请手续，方便当事人提出申请。对依法不属于复议范围的事项，要认真做好解释、告知工作。加强对复议受理活动的监督，坚决纠正无正当理由不受理复议申请的行为。办理复议案件要深入调查，充分听取各方意见，查明事实、分清是非。注重运用调解、和解方式解决纠纷，调解、和解达不成协议的，要及时依法公正作出复议决定，对违法或者不当的行政行为，该撤销的撤销，该变更的变更，该确认违法的确认违法。行政机关要严格履行行政复议决定，对拒不履行或者无正当理由拖延履行复议决定的，要依法严肃追究有关人员的责任。探索开展相对集中行政复议审理工作，进行行政复议委员会试点。健全行政复议机构，确保复议案件依法由 2 名以上复议人员办理。建立健全适应复议工作特点的激励机制和经费装备保障机制。完善行政复议与信访的衔接机制。

25. 做好行政应诉工作。完善行政应诉制度，积极配合人民法院的行政审判活动，支持人民法院依法独立行使审判权。对人民法院受理的行政案件，行政机关要依法积极应诉，按规定向人民法院提交作出具体行政行为的依据、证据和其他相关材料。对重大行政诉讼案件，行政机关负责人要主动出庭应诉。尊重并自觉履行人民法院的生效判决、裁定，认真对待人民法院的司法建议。

九、加强组织领导和督促检查

26. 健全推进依法行政的领导体制和机制。地方各级人民政府和政府部门都要建立由主要负责人牵头的依法行政领导协调机制，统一领导本地区、本部门推进依法行政工作。县级以上地方人民政府常务会议每年至少听取2次依法行政工作汇报，及时解决本地区依法行政中存在的突出问题，研究部署全面推进依法行政、加强法治政府建设的具体任务和措施。加强对推进依法行政工作的督促指导、监督检查和舆论宣传，对成绩突出的单位和个人按照国家有关规定给予表彰奖励，对工作不力的予以通报批评。加强依法行政工作考核，科学设定考核指标并纳入地方各级人民政府目标考核、绩效考核评价体系，将考核结果作为对政府领导班子和领导干部综合考核评价的重要内容。

27. 强化行政首长作为推进依法行政第一责任人的责任。各级人民政府及其部门要把全面推进依法行政、加强法治政府建设摆在更加突出的位置。行政首长要对本地区、本部门依法行政工作负总责，切实承担起领导责任，将依法行政任务与改革发展稳定任务一起部署、一起落实、一起考核。县级以上地方人民政府每年要向同级党委、人大常委会和上一级人民政府报告推进依法行政情况，政府部门每年要向本级人民政府和上一级人民政府有关部门报告推进依法行政情况。

28. 加强法制机构和队伍建设。县级以上各级人民政府及其部门要充分发挥法制机构在推进依法行政、建设法治政府方面的组织协调和督促指导作用。进一步加强法制机构建设，使法制机构的规格、编制与其承担的职责和任务相适应。要加大对法制干部的培养、使用和交流力度，重视提拔政治素质高、法律素养好、工作能力强的法制干部。政府法制机构及其工作人员要努力提高新形势下做好政府法制工作的能力和水平，努力当好政府或者部门领导在依法行政方面的参谋、助手和顾问。

29. 营造学法尊法守法的良好社会氛围。各级人民政府及其部门要采取各种有效形式深入开展法治宣传教育，精心组织实施普法活动，特别要加强与人民群众生产生活密切相关的法律法规宣传，大力弘扬社会主义法治精神，切实增强公民依法维护权利、自觉履行义务的意识，努力推进法治社会建设。

各地区、各部门要把贯彻落实本意见与深入贯彻《纲要》和《国务院关于加强市县政府依法行政的决定》（国发〔2008〕17号）紧密结合起来，根据实际情况制定今后一个时期加强法治政府建设的工作规划，明确工作任务、具体措施、完成时限和责任主体，确定年度工作重点，扎扎实实地推进依法行政工作，务求法治政府建设不断取得新成效，实现新突破。

国务院关于促进企业兼并重组的意见

（2010 年 8 月 28 日　国发〔2010〕27 号）

各省、自治区、直辖市人民政府，国务院各部委、各直属机构：

为深入贯彻落实科学发展观，切实加快经济发展方式转变和结构调整，提高发展质量和效益，现就加快调整优化产业结构、促进企业兼并重组提出以下意见：

一、充分认识企业兼并重组的重要意义

近年来，各行业、各领域企业通过合并和股权、资产收购等多种形式积极进行整合，兼并重组步伐加快，产业组织结构不断优化，取得了明显成效。但一些行业重复建设严重、产业集中度低、自主创新能力不强、市场竞争力较弱的问题仍很突出。在资源环境约束日益严重、国际间产业竞争更加激烈、贸易保护主义明显抬头的新形势下，必须切实推进企业兼并重组，深化企业改革，促进产业结构优化升级，加快转变发展方式，提高发展质量和效益，增强抵御国际市场风险能力，实现可持续发展。各地区、各有关部门要把促进企业兼并重组作为贯彻落实科学发展观，保持经济平稳较快发展的重要任务，进一步统一思想，正确处理局部与整体、当前与长远的关系，切实抓好促进企业兼并重组各项工作部署的贯彻落实。

二、主要目标和基本原则

（一）主要目标。

通过促进企业兼并重组，深化体制机制改革，完善以公有制为主体、多种所有制经济共同发展的基本经济制度。加快国有经济布局和结构的战略性调整，健全国有资本有进有退的合理流动机制，鼓励和支持民营企业参与竞争性领域国有企业改革、改制和改组，促进非公有制经济和中小企业发展。兼并重组企业要转换经营机制，完善公司治理结构，建立现代企业制度，加强和改善内部管理，加强技术改造，推进技术进步和自主创新，淘汰落后产能，压缩过剩产能，促进节能减排，提高市场竞争力。

进一步贯彻落实重点产业调整和振兴规划，做强做大优势企业。以汽车、钢铁、水泥、机械制造、电解铝、稀土等行业为重点，推动优势企业实施强强联合、跨地区兼并重组、境外并购和投资合作，提高产业集中度，促进规模化、集约化经营，加快发展具有自主知识产权和知名品牌的骨干企业，培养一批具有国际竞争力的大型企业集团，推动产业结构优化升级。

（二）基本原则。

1. 发挥企业的主体作用。充分尊重企业意愿，充分调动企业积极性，通过完善相关行业规划和政策措施，引导和激励企业自愿、自主参与兼并重组。

2. 坚持市场化运作。遵循市场经济规则，充分发挥市场机制的基础性作用，规范行政行为，由企业通过平等协商、依法合规开展兼并重组，防止“拉郎配”。

3. 促进市场有效竞争。统筹协调，分类指导，促进提高产业集中度，促进大中小企业协调发展，促进各种所有制企业公平竞争和优胜劣汰，形成结构合理、竞争有效、规范有序的市场格局。

4. 维护企业与社会和谐稳定。严格执行相关法律法规和规章制度，妥善解决企业兼并重组中资产债务处置、职工安置等问题，依法维护债权人、债务人以及企业职工等利益主体的合法权益，促进企业、社会的和谐稳定。

三、消除企业兼并重组的制度障碍

（一）清理限制跨地区兼并重组的规定。为优化产业布局、进一步破除市场分割和地区封锁，要认真清理废止各种不利于企业兼并重组和妨碍公平竞争的规定，尤其要坚决取消各地区自行出台的限制外地企业对本地企业实施兼并重组的规定。

（二）理顺地区间利益分配关系。在不违背国家有关政策规定的前提下，地区间可根据企业资产规模和盈利能力，签订企业兼并重组后的财税利益分成协议，妥善解决企业兼并重组后工业增加值等统计数据的归属问题，实现企业兼并重组成果共享。

（三）放宽民营资本的市场准入。切实向民营资本开放法律法规未禁入的行业和领域，并放宽在股权比例等方面的限制。加快垄断行业改革，鼓励民营资本通过兼并重组等方式进入垄断行业的竞争性业务领域，支持民营资本进入基础设施、公共事业、金融服务和社会事业相关领域。

四、加强对企业兼并重组的引导和政策扶持

（一）落实税收优惠政策。研究完善支持企业兼并重组的财税政策。对企业兼并重组涉及的资产评估增值、债务重组收益、土地房屋权属转移等给予税收优惠，具体按照财政部、税务总局《关于企业兼并重组业务企业所得税处理若干问题的通知》（财税〔2009〕59 号）、《关于企业改制重组若干契税政策的通知》（财税〔2008〕175 号）等规定执行。

（二）加强财政资金投入。在中央国有资本经营预算中设立专项资金，通过技改贴息、职工安置补助等方式，支持中央企业兼并重组。鼓励地方人民政府通过财政贴息、信贷奖励补助等方式，激励商业银行加大对企业兼并重组的信贷支持力度。有条件的地方可设立企业兼并重组专项资金，支持本地区企业兼并重组，财政资金投入要优先支持重点产业调整和振兴规划确定的企业兼并重组。

（三）加大金融支持力度。商业银行要积极稳妥开展并购贷款业务，扩大贷款规模，合理确定贷款期限。鼓励商业银行对兼并重组后的企业实行综合授信。鼓励证券公司、资产管理公司、股权投资基金以及产业投资基金等参与企业兼并重组，并向企业提供直接投资、委托贷款、过桥贷款等融资支持。积极探索设立专门的并购基金等兼并重组融资新模式，完善股权投资退出机制，吸引社会资金参与企业兼并重组。通过并购贷款、境内外银团贷款、贷款贴息等方式支持企业跨国并购。

（四）支持企业自主创新和技术进步。支持有条件的企业建立企业技术中心，提高研发水平和自主创新能力，加快科技成果向现实生产力转化。大力支持兼并重组企业技术改造和产品结构调整，优先安排技术改造资金，对符合国家产业政策的技术改造项目优先立项。鼓励和引导企业通过兼并重组淘汰落后产能，切实防止以兼并重组为名盲目扩张产能和低水平重复建设。

（五）充分发挥资本市场推动企业重组的作用。进一步推进资本市场企业并购重组的市场化改革，健全市场化定价机制，完善相关规章及配套政策，支持企业利用资本市场开展兼并重组，促进行业整合和产业升级。支持符合条件的企业通过发行股票、债券、可转换债等方式为兼并重组融资。鼓励上市公司以股权、现金及其他金融创新方式作为兼并重组的支付手段，拓宽兼并重组融资渠道，提高资本市场兼并重组效率。

（六）完善相关土地管理政策。兼并重组涉及的划拨土地符合划拨用地条件的，经所在地县级以上人民政府批准可继续以划拨方式使用；不符合划拨用地条件的，依法实行有偿使用，划拨土地使用权价格可依法作为土地使用权人的权益。重点产业调整和振兴规划确定的企业兼并重组项目涉及的原生产经营性划拨土地，经省级以上人民政府国土资源部门批准，可以国家作价出资（入股）方式处置。

（七）妥善解决债权债务和职工安置问题。兼并重组要严格依照有关法律规定和政策妥善分类处置债权债务关系，落实清偿责任，确保债权人、债务人的合法利益。研究债务重组政策措施，支持资产管理公司、创业投资企业、股权投资基金、产业投资基金等机构参与被兼并企业的债务处置。切实落实相关政策规定，积极稳妥解决职工劳动关系、社会保险关系接续、拖欠职工工资等问题。制定完善相关政策措施，继续支持国有企业实施主辅分离、辅业改制和分流安置富余人员。认真落实积极的就业政策，促进下岗失业人员再就业，所需资金从就业专项资金中列支。

（八）深化企业体制改革和管理创新。鼓励兼并重组企业进行公司制、股份制改革，建立健全规范的法人治理结构，转换企业经营机制，创新管理理念、管理机制和管理手段，加强和改善生产经营管理，促进自主创新，提高企业市场竞争力。

五、改进对兼并重组的管理和服务

（一）做好信息咨询服务。加快引进和培养熟悉企业并购业务特别是跨国并购业务的专门人才，建立促进境内外并购活动的公共服务平台，拓宽企业兼并重组信息交流渠道，加强市场信息、战略咨询、法律顾问、财务顾问、资产评估、产权交易、融资中介、独立审计和企业管理等咨询服务，推动企业兼并重组中介服务加快专业化、规范化发展。

（二）加强风险监控。督促企业严格执行兼并重组的有关法律法规和政策，规范操作程序，加强信息披露，防范道德风险，确保兼并重组操作规范、公开、透明。深入研究企业兼并重组中可能出现的各种矛盾和问题，加强风险评估，妥善制定相应的应对预案和措施，切实维护企业、社会和谐稳定。有效防范和打击内幕交易和市场操纵行为，防止恶意收购，防止以企业兼并重组之名甩包袱、偷逃税款、逃废债务，防止国有资产流失。充分发挥境内银行、证券公司等金融机构在跨国并购中的咨询服务作用，指导和帮助企业制定境外并购风险防范和应对方案，保护企业利益。

（三）维护公平竞争和国家安全。完善相关管理办法，加强和完善对重大的企业兼并重组交易的管理，对达到经营者集中法定申报标准的企业兼并重组，依法进行经营者集中审查。进一步完善外资并购管理规定，建立健全外资并购国内企业国家安全审查制度，鼓励和规范外资以参股、并购方式参与国内企业改组改造和兼并重组，维护国家安全。

六、加强对企业兼并重组工作的领导

建立健全组织协调机制，加强对企业兼并重组工作的领导。由工业和信息化部牵头，发展改革委、财政部、人力资源社会保障部、国土资源部、商务部、人民银行、国资委、税务总局、工商总局、银监会、证监会等部门参加,成立企业兼并重组工作协调小组,统筹协调企业兼并重组工作,研究解决推进企业兼并重组工作中的重大问题,细化有关政策和配套措施,落实重点产业调整和振兴规划的相关要求,协调有关地区和企业做好组织实施。各地区要努力营造企业跨地区、跨行业、跨所有制兼并重组的良好环境,指导督促企业切实做好兼并重组有关工作。

附件:促进企业兼并重组任务分工表

附件：

促进企业兼并重组任务分工表

序号	工作任务	牵头单位	参加单位
1	清理取消阻碍企业兼并重组的规定	工业和信息化部	各省、自治区、直辖市人民政府
2	放宽民营资本的市场准入	工业和信息化部	发展改革委、国土资源部、工商总局、银监会等
3	完善和落实企业兼并重组的税收优惠政策	财政部	税务总局
4	鼓励商业银行开展并购贷款业务，扩大贷款规模。鼓励商业银行对兼并重组后的企业实行综合授信。通过并购贷款、境内外银团贷款、贷款贴息等方式支持企业跨国并购。	银监会、人民银行	发展改革委、工业和信息化部、财政部
5	积极探索设立专门并购基金等兼并重组融资新模式，完善股权投资退出机制。支持符合条件的企业通过发行股票、债券、可转换债等为兼并重组融资。	证监会、发展改革委	工业和信息化部、财政部
6	在中央国有资本经营预算中设立专项资金，支持中央企业兼并重组。	财政部	国资委、发展改革委、工业和信息部、商务部
7	鼓励地方人民政府通过财政贴息、信贷奖励补助等方式，激励商业银行加大对企业兼并重组的信贷支持力度。有条件的地方可设立企业兼并重组专项资金。	各省、自治区、直辖市人民政府	

续表

序号	工作任务	牵头单位	参加单位
8	进一步推进资本市场企业并购重组的市场化改革,健全市场化定价机制,完善相关规章及配套政策,支持企业利用资本市场开展兼并重组。鼓励上市公司以股权、现金及其他金融创新方式作为兼并重组的支付手段。	证监会	发展改革委、财政部、商务部、人民银行、银监会
9	完善土地使用优惠政策。	国土资源部	财政部
10	加大对兼并重组企业技术改造支持力度。支持有条件的企业建立企业技术中心。鼓励和引导企业通过兼并重组淘汰落后产能,切实防止以兼并重组为名盲目扩张产能和低水平重复建设。	发展改革委、工业和信息化部	财政部
11	研究债务重组政策措施,支持资产管理公司、创业投资企业、股权投资基金、产业投资基金等机构参与被兼并企业的债务处置。	财政部	发展改革委、人民银行、国资委、银监会
12	制订完善相关政策措施,继续支持国有企业实施主辅分离、辅业改制和分流安置富余人员。	财政部、国资委	人力资源社会保障部
13	落实积极的就业政策,促进下岗失业人员再就业。	人力资源社会保障部、财政部,各省、自治区、直辖市人民政府	国资委
14	建立促进境内外并购活动的公共服务平台	工业和信息化部	发展改革委、商务部、证监会
15	发挥境内银行、证券公司等金融机构在跨国并购中的咨询服务作用,指导和帮助企业制定境外并购风险防范和应对方案。	商务部	银监会、证监会、工业和信息化部、发展改革委等

续表

序号	工作任务	牵头单位	参加单位
16	督促企业严格执行有关法律法规和政策，规范操作程序，加强信息披露。有效防范和打击内幕交易和市场操纵行为，防止恶意收购，防止以企业兼并重组之名甩包袱、偷逃税款、逃废债务，防止国有资产流失。	工业和信息化部	发展改革委、财政部、商务部、国资委、人民银行、税务总局、工商总局、银监会、证监会
17	深入研究企业兼并重组中可能出现的各种矛盾和问题，加强风险评估，制定相应的应对预案。	工业和信息化部	发展改革委、财政部、人力资源社会保障部、商务部、人民银行、国资委、银监会、证监会
18	对达到经营者集中法定申报标准的企业兼并重组，依法进行经营者集中审查。	商务部	发展改革委、工业和信息化部、国资委等
19	完善相关管理办法，加强和完善对重大的企业兼并重组交易的管理。	工业和信息化部	发展改革委、财政部、商务部、国资委、证监会
20	建立企业兼并重组工作部际协调机制。	工业和信息化部	发展改革委、财政部、人力资源社会保障部、国土资源部、商务部、人民银行、国资委、税务总局、工商总局、银监会、证监会等

国务院办公厅转发证监会等部门关于依法打击和防控资本市场内幕交易意见的通知

(2010年11月16日　国办发〔2010〕55号)

各省、自治区、直辖市人民政府,国务院各部委、各直属机构:

证监会、公安部、监察部、国资委、预防腐败局《关于依法打击和防控资本市场内幕交易的意见》已经国务院同意,现转发给你们,请认真贯彻执行。

关于依法打击和防控资本市场内幕交易的意见

(证监会、公安部、监察部、国资委、预防腐败局)

为维护市场秩序,保护投资者合法权益,促进我国资本市场稳定健康发展,现就依法打击和防控资本市场内幕交易提出以下意见:

一、统一思想,提高认识

内幕交易,是指上市公司高管人员、控股股东、实际控制人和行政审批部门等方面的知情人员,利用工作之便,在公司并购、业绩增长等重大信息公布之前,泄露信息或者利用内幕信息买卖证券谋取私利的行为。这种行为严重违反了法律法规,损害投资者和上市公司合法权益。证券法第五条规定,“禁止欺诈、内幕交易和操纵证券市场的行为”,第七十三条规定,“禁止证券交易内幕信息的知情人和非法获取内幕信息的人利用内幕信息从事证券交易活动”。刑法第一百八十条、第一百八十二条对内幕交易、利用信息优势操纵证券交易价格等行为的量刑和处罚作出了明确规定。

当前,打击和防控资本市场内幕交易面临的形势较为严峻。一些案件参与主体复杂,交易方式多样,操作手段隐蔽,查处工作难度很大。随着股指期货的推出，内幕交易更具隐蔽性、复杂性。各地区、各相关部门要充分认识内幕交易的危害性，统一思想，高度重视，根据刑法和证券法等法律法规规定，按照齐抓共管、打防结合、综合防治的原则，采取针对性措施，切实做好有关工作。

打击和防控资本市场内幕交易工作涉及面广，社会关注度高，需要动员各方面力量，促进全社会参与。要通过法制宣传、教育培训等多种形式，普及刑法、证券法等法律知识，帮助相关人员和社会公众提高对内幕交易危害性的认识，增强遵纪守法意识。要坚持正确的舆论导向，增强舆论引导的针对性和实效性，充分发挥社会舆论监督作用，形成依法打击和防控资本市场内幕交易的社会氛围。

二、完善制度，有效防控

内幕信息，是指上市公司经营、财务、分配、投融资、并购重组、重要人事变动等对证券价格有重大影响但尚未正式公开的信息。加强内幕信息管理是防控内幕交易的重要环节，对从源头上遏制内幕交易具有重要意义。各地区、各相关部门要建立完善内幕信息登记管理制度，提高防控工作的制度化、规范化水平。

一是抓紧制定涉及上市公司内幕信息的保密制度，包括国家工作人员接触内幕信息管理办法，明确内幕信息范围、流转程序、保密措施和责任追究要求，并指定负责内幕信息管理的机构和人员。二是尽快建立内幕信息知情人登记制度，要求内幕信息知情人按规定实施登记，落实相关人员的保密责任和义务。三是完善上市公司信息披露和停复牌等相关制度，督促上市公司等信息披露义务人严格依照法律法规，真实、准确、完整、及时地披露信息。四是健全考核评价制度，将内幕交易防控工作纳入企业业绩考核评价体系，明确考核的原则、内容、标准、程序和方式。五是细化、充实依法打击和防控内幕交易的规定，完善内幕交易行为认定和举证规则，积极探索内幕交易举报奖励制度。

所有涉及上市公司重大事项的决策程序，都要符合保密制度要求，简化决策流程，缩短决策时限，尽可能缩小内幕信息知情人范围。研究论证上市公司重大事项，原则上应在相关证券停牌后或非交易时间进行。

三、明确职责，重点打击

证券监督管理部门要切实负起监管责任，对涉嫌内幕交易的行为，要及时立案稽查，从快作出行政处罚；对涉嫌犯罪的，要移送司法机关依法追究刑事责任，做到有法必依，执法必严，违法必究；对已立案稽查的上市公司，要暂停其再融资、并购重组等行政许可；对负有直接责任的中介机构及相关人员，要依法依规采取行政措施，暂停或取消其业务资格。公安机关在接到依法移送的案件后，要及时立案侦查。各级监察机关、各国有资产监督管理部门要依据职责分工，对泄露内幕信息或从事内幕交易的国家工作人员、国有（控股）企业工作人员进行严肃处理。

各地区要按照依法打击和防控资本市场内幕交易工作的部署和要求，加强组织领导，落实责任主体，进一步细化和落实各项制度，完善配套措施和办法，强化监督，严格问责，积极支持和配合有关方面做好相关工作。

各地区、各相关部门要认真按照法律法规规定，各司其职，协同配合，建立和完善案件移送、执法合作、信息管理、情况沟通等工作机制，形成上下联动、部门联动、地区联动的综合防治体系和强大打击合力。证监会要会同公安部、监察部、国资委、预防腐败局等部门抓紧开展一次依法打击和防控内幕交易专项检查，查办一批典型案件并公开曝光，震慑犯罪分子。

中国证监会发布的部门规章及规范性文件

综　　合

关于印发《关于建立和完善执行联动机制若干问题的意见》的通知

（2010年7月7日　中纪委、中组委、中宣部、中央社会治安综合治理委员会办公室、最高法、最高检、发改委、公安部、监察部、民政部、司法部、国土资源部、住房和城乡建设部、人民银行、税务总局、工商总局、法制办、银监会、证监会　法发〔2010〕15号）

各省、自治区、直辖市纪律检查委员会、党委组织部、党委宣传部、社会治安综合治理委员会办公室、高级人民法院、人民检察院、发展和改革委员会、公安厅（局）、监察厅（局）、民政厅（局）、司法厅（局）、国土资源厅（国土环境资源局、国土资源局、国土资源和房屋管理局、规划和国土资源局）、建设厅（委）及有关部门、国家税务局、地方税务局、工商行政管理局、人民政府法制办、银监局、证监局，计划单列市国家税务局、地方税务局、证监局，中国人民银行上海总部、各分行、营业管理部、各省会（首府）城市中心支行、大连、青岛、宁波、厦门、深圳中心支行，新疆生产建设兵团各相关单位：

现将《关于建立和完善执行联动机制若干问题的意见》予以印发，请认真贯彻执行。

关于建立和完善执行联动机制若干问题的意见

为深入贯彻落实中央关于解决执行难问题的指示精神，形成党委领导、人大监督、政府支持、社会各界协作配合的执行工作新格局，建立健全解决执行难问题长效机制，确保生效法律文书得到有效执行，切实维护公民、法人和其他组织的合法权益，维护法律权威和尊严，推进社会诚信体系建设，依据有关法律、政策规定，现就建立和完善执行联动机制提出以下意见。

第 一 条 纪检监察机关对人民法院移送的在执行工作中发现的党员、行政监察对象妨碍人民法院执行工作和违反规定干预人民法院执行工作的违法违纪线索，应当及时组织核查；必要时，应当立案调查。对于党员、行政监察对象妨碍人民法院执行工作或者违反规定干预人民法院执行工作，以及拒不履行生效法律文书确定义务的，应当依法依纪追究党纪政纪责任。

第 二 条 组织人事部门应当通过群众信访举报、干部考察考核等多种途径，及时了解和掌握党员、公务员拒不履行生效法律文书以及非法干预、妨害执行等情况，对有上述问题的党员、公务员，通过诫勉谈话、函询等形式，督促其及时改正。对拒不履行生效法律文书、非法干预或妨碍执行的党员、公务员，按照《中国共产党纪律处分条例》和《行政机关公务员处分条例》等有关规定处理。

第 三 条 新闻宣传部门应当加强对人民法院执行工作的宣传，教育引导社会各界树立诚信意识，形成自觉履行生效法律文书确定的义务、依法协助人民法院执行的良好风尚；把握正确的舆论导向，增强市场主体的风险意识。配合人民法院建立被执行人公示制度，及时将人民法院委托公布的被执行人名单以及其他干扰、阻碍执行的行为予以曝光。

第 四 条 综合治理部门应当将当地党委、人大、政府、政协重视和支持人民法院执行工作情况、被执行人特别是特殊主体履行债务情况、有关部门依法协助执行的情况、执行救助基金的落实情况等，纳入社会治安综合治理目标责任考核范围。建立健全基层协助执行网络，充分发挥基层组织的作用，配合人民法院做好执行工作。

第 五 条 检察机关应当对拒不执行法院判决、裁定以及其他妨害执行构成犯罪的人员，及时依法从严进行追诉；依法查处执行工作中出现的渎职侵权、贪污受贿等职务犯罪案件。

第 六 条 公安机关应当依法严厉打击拒不执行法院判决、裁定和其他妨害执行的违法犯罪行为；对以暴力、威胁方法妨害或者抗拒执行的行为，在接到人民法院通报后立即出警，依法处置。协助人民法院查询被执行人户籍信息、下落，在履行职责过程中发现人民法院需要拘留、拘传的被执行人的，及时向人民法院通报情况；对人民法院在执行中决定拘留的人员，及时予以收押。协助限制被执行人出境；协助人民法院办理车辆查封、扣押和转移登记等手续；发现被执行人车辆等财产时，及时将有关信息通知负责执行的人民法院。

第 七 条 政府法制部门应当依法履行备案审查监督职责，加强备案审查工作，对报送备案的规章和有关政府机关发布的具有普遍约束力的行政决定、命令，发现有超越权限、违反上位法规定、违反法定程序、规定不适当等情形，不利于人民法院开展执行工作的，应当依照《法规规章备案条例》等规定予以处理。

第 八 条 民政部门应当对生活特别困难的申请执行人，按照有关规定及时做好救助工作。

第 九 条 发展和改革部门应当协助人民法院依法查询被执行人有关工程项目的立项情况及相关资料；对被执行人正在申请办理的投资项目审批、核准和备案手续，协调有关部门和地方，依法协助人民法院停止办理相关手续。

第 十 条 司法行政部门应当加强法制宣传教育，提高人民群众的法律意识，提高债务人主动履行生效法律文书的自觉性。对各级领导干部加强依法支持人民法院执行工作的观念教育，克服地方和部门保护主义思想。对监狱、劳教单位作为被执行人的案件，督促被执行人及时履行。指导律师、公证人员和基层法律服务工作者做好当事人工作，积极履行生效法律文书确定的义务。监狱、劳教所、强制隔离戒毒所对服刑、劳教人员和强制隔离戒毒人员作为被执行人的案件，积极协助人民法院依法执行。

第十一条 国土资源管理部门应当协助人民法院及时查询有关土地使用权、探矿权、采矿权及相关权属等登记情况，协助人民法院及时办理土地使用权、探矿权、采矿权等的查封、预查封和轮候查封登记，并将有关情况及时告知人民法院。被执行人正在办理土地使用权、采矿权、探矿权等权属变更登记手续的，根据人民法院协助执行通知书的要求，停止办理相关手续。债权人持生效法律文书申请办理土地使用权变更登记的，依法予以办理。

第十二条 住房和城乡建设管理部门应当协助人民法院及时查询有关房屋权属登记、变更、抵押等情况，协助人民法院及时办理房屋查封、预查封和轮候查封及转移登记手续，并将有关情况及时告知人民法院。被执行人正在办理房屋所有权转移登记等手续的，根据人民法院协助执行通知书的要求，停止办理相关手续。轮候查封的人民法院违法要求协助办理房屋登记手续的，依法不予办理。债权人持生效法律文书申请办理房屋转移登记手续的，依法予以办理。协助人民法院查询有关工程项目的规划审批情况，向人民法院提供必要的经批准的规划文件和规划图纸等资料。被执行人正在申请办理涉案项目规划审批手续的，根据人民法院协助执行通知书的要求，停止办理相关手续。将房地产、建筑企业不依法履行生效法律文书义务的情况，记入房地产和建筑市场信用档案，向社会披露有关信息。对拖欠房屋拆迁补偿安置资金的被执行人，依法采取制裁措施。

第十三条 人民银行应当协助人民法院查询人民币银行结算账户管理系统中被执行人的账户信息；将人民法院提供的被执行人不履行法律文书确定义务的情况纳入企业和个人信用信息基础数据库。

第十四条 银行业监管部门应当监督银行业金融机构积极协助人民法院查询被执行人的开户、存款情况，依法及时办理存款的冻结、轮候冻结和扣划等事宜。对金融机构拒不履行生效法律文书、拒不协助人民法院执行的行为，依法追究有关人员的责任。制定金融机构对被执行人申请贷款进行必要限制的规定，要求金融机构发放贷款时应当查询企业和个人信用信息基础数据库，并将被执行人履行生效法律文书确定义务的情况作为审批贷款时的考量因素。对拒不履行生效法律文书义务的被执行人，涉及金融债权的，可以采取不开新户、不发放新贷款、不办理对外支付等制裁措施。

第十五条 证券监管部门应当监督证券登记结算机构、证券、期货经营机构依法协助人民法院查询、冻结、扣划证券和证券交易结算资金。督促作为被执行人的证券公司自觉履行生效裁判文书确定的义务；对证券登记结算机构、证券公司拒不履行生效法律文书确定义务、拒不协助人民法院执行的行为，督促有关部门依法追究有关负责人和直接责任人员的责任。

第十六条 税务机关应当依法协助人民法院调查被执行人的财产情况，提供被执行人的纳税情况等相关信息；根据人民法院协助执行通知书的要求，提供被执行人的退税账户、退税金额及退税时间等情况。被执行人不缴、少缴税款的，请求法院依照法定清偿顺序追缴税款，并按照税款预算级次上缴国库。

第十七条 工商行政管理部门应当协助人民法院查询有关企业的设立、变更、注销登记等情况；依照有关规定，协助人民法院办理被执行人持有的有限责任公司股权的冻结、转让登记手续。对申请注销登记的企业，严格执行清算制度，防止被执行人转移财产，逃避执行。逐步将不依法履行生效法律文书确定义务的被执行人录入企业信用分类监管系统。

第十八条 人民法院应当将执行案件的有关信息及时、全面、准确地录入执行案件信息管理系统，并与有关部门的信息系统实现链接，为执行联动机制的顺利运行提供基础数据信息。

第十九条 人民法院认为有必要对被执行人采取执行联动措施的，应当制作协助执行通知书或司法建议函等法律文书，并送达有关部门。

第二十条 有关部门收到协助执行通知书或司法建议函后，应当在法定职责范围内协助采取执行联动措施。有关协助执行部门不应对生效法律文书和协助执行通知书、司法建议函等进行实体审查。对人民法院请求采取的执行联动措施有异议的，可以向人民法院提出审查建议，但不应当拒绝采取相应措施。

第二十一条 被执行人依法履行了生效法律文书确定的义务或者申请执行人同意解除执行联动措施的，人民法院经审查，认为符合有关规定的，应当解除相应措施。被执行人提供担保请求解除执行联动措施的，由人民法院审查决定。

第二十二条 为保障执行联动机制的建立和有效运行，成立执行联动机制工作领导小组，成员单位有中央纪律检查委员会、中央组织部、中央宣传部、中央政法委员会、中央社会治安综合治理委员会办公室、最高人民法院、最高人民检察院、国家发展和改革委员会、公安部、监察部、民政部、司法部、国土资源部、住房和城乡建设部、中国人民银行、国家税务总局、国家工商行政管理总局、国务院法制办公室、中国银监会、中国证监会等有关部门。领导小组下设办公室，具体负责执行联动机制建立和运行中的组织、协调、督促、指导等工作。

各成员单位确定一名联络员，负责执行联动机制运行中的联络工作。

各地应成立相应的执行联动机制工作领导小组及办公室。

第二十三条 执行联动机制工作领导小组由各级政法委员会牵头，定期、不定期召开会议，通报情况，研究解决执行联动机制运行中出现的问题，确保执行联动机制顺利运行。

第二十四条 有关单位不依照本意见履行职责的，人民法院可以向监察机关或其他有关机关提出相应的司法建议，或者报请执行联动机制领导小组协调解决，或者依照《中华人民共和国民事诉讼法》第一百零三条的规定处理。

第二十五条 为确保本意见贯彻执行，必要时，人民法院可以会同有关部门制定具体的实施细则。

关于促进黄金市场发展的若干意见

（2010 年 7 月 22 日　人民银行、发改委、工业和信息化部、财政部、税务总局、证监会　银发〔2010〕211 号）

中国人民银行上海总部；各分行、营业管理部；各省会（首府）城市中心支行，各副省级城市中心支行；各省、自治区、直辖市、计划单列市发展改革委、工业和信息化主管部门、财政厅（局）、国家税务局、证监局；上海黄金交易所，上海期货交易所；各国有商业银行、股份制商业银行：

为促进黄金市场健康发展，进一步完善金融市场体系，发挥黄金市场在促进黄金产业发展中的重要作用，现提出如下意见：

一、充分认识促进黄金市场健康发展的重要意义

黄金市场是金融市场的重要组成部分。黄金兼具金融和商品两种属性，大力发展黄金市场，有利于发挥黄金不同于其他金融资产的独特作用，形成与其他金融市场互补协调发展的局面，进一步完善我国金融市场体系，扩大金融市场的深度和广度，深化金融市场功能，提高金融市场的竞争力和应对危机的能力，维护金融稳定和安全。

黄金产业的发展，既有利于提高我国黄金产业竞争力，也有利于带动其他矿产资源的发展。改革开放以来，我国黄金产业稳步发展，形成了黄金勘探、开采、选冶、交易、投资、加工和零售完整的产业链条，黄金生产能力、加工能力和消费水平不断提高。功能完善的黄金市场能够满足产业的融资需求和规避风险的需要，降低企业生产成本，向企业提供市场信息，有利于企业制定合理的生产经营计划，促进产业结构调整和升级，提高产业竞争力。

我国居民有消费和投资黄金的文化传统，随着国民经济健康快速的发展和人民生活水平的提高，居民对黄金首饰、金币和投资性黄金的需求稳步增长。品种丰富的黄金市场，有利于拓宽投资渠道，满足投资者多样化的投资需求，帮助投资者合理配置资产，提高投资收益，保障资产安全。

二、进一步明确黄金市场发展定位

统购统配政策取消后，我国黄金市场发展迅速，初步形成了上海黄金交易所黄金业务、商业银行黄金业务和上海期货交易所黄金期货业务共同发展的市场格局,形成了与黄金产业协同发展的良好局面。未来黄金市场的发展,要服务于我国黄金产业发展大局,立足于提高我国金融市场竞争力,着力发挥黄金市场在完善金融市场中的重要作用。要加大沟通协调力度,建立上海黄金交易所和上海期货交易所合作协调机制。要切实加大创新力度,积极开发人民币报价的黄金衍生产品,丰富交易品种,完善黄金市场体系,进一步深化市场功能,提高市场的规范性和开放性,促进形成多层次的市场体系。

上海黄金交易所要尽快明确未来发展方向和市场定位,改善和加强服务体系建设,完善各项制度,保障市场规范运行。要围绕市场需求开发新的产品,丰富交易品种。按法规规章和市场需要调整会员结构,扩大参与主体范围。要认真听取会员的意见和建议,切实做好对会员的相关服务工作。要加强和改善交易、黄金和资金清算、合格金锭认证、黄金仓储及运输服务。要深入研究国内国际黄金产业和黄金市场的发展变化规律,切实发挥上海黄金交易所在促进产业发展,完善黄金市场体系建设中的重要作用。

上海期货交易所要充分利用期货市场价格发现和管理风险的功能,不断加强市场基础性制度建设,稳步推进我国黄金风险管理市场健康发展。要围绕着市场功能发挥,不断完善黄金期货合约与业务规则,做深做细黄金期货,提升服务国民经济发展的能力。要不断提高市场风险控制能力,加强对会员的自律管理,有效防范和化解市场风险。优化黄金市场投资者结构。支持黄金企业积极参与和利用期货市场进行套期保值,积极引导金融机构运用黄金期货管理风险。

商业银行要围绕黄金开采、生产加工和销售等整个产业链条,切实创新金融产品,着力改善金融服务,努力提高服务成效,向黄金产业提供多方位的金融服务。结合产业和市场发展需要,加大产品创新力度,开展实物金销售、黄金租赁、黄金远期和黄金期权等业务,丰富市场品种,满足企业融资需求和规避风险的需要。鼓励和引导商业银行开展人民币报价的黄金衍生品交易。引导更多的金融机构参与黄金市场,扩大黄金市场的广度和深度。

三、切实加强黄金市场服务体系建设

加强黄金市场系统建设。上海黄金交易所要进一步加强交易系统建设,加大创新力度,完善黄金市场体系。丰富市场交易模式,引入做市商制度,提高黄金市场流动性。要加快灾备系统建设,完善备份系统。要进一步完善资金管理系统,保障客户资金安全。

健全完善黄金市场标准认定体系。结合我国黄金产业和市场发展实际,借鉴国际主要黄金市场经验,进一步完善我国黄金市场合格金锭申请、认定、鉴定和检查制度,提高我国黄金市场认定体系的影响力,推动建立我国黄金市场标准认证体系。综合考虑国家资源战略,结合黄金产业特点,合理确定合格金锭金条入库企业。

完善黄金市场仓储运输体系。综合考虑我国黄金生产和消费实际及黄金市场发展等因素,合理布局黄金交割库。统筹考虑商业银行和会员的经营成本,合理设定出入库费用和仓储费用。完善黄金运输服务体系,向市场提供快速低成本的运输服务。

完善黄金市场清算服务体系。根据黄金市场发展需要,切实加强黄金账户服务体系建设,向市场提供更便捷的黄金账户和黄金实物清算服务,进一步完善黄金实物清算服务体系。借鉴国际经验,研究推动多种黄金账户服务。完善黄金市场资金清算服务。

四、完善黄金市场法律法规和相关政策支持体系

加快黄金市场法律法规制度建设。推动出台《黄金市场管理条例》。制定出台黄金及其制品进出口管理办法。加强对金融机构黄金业务的管理,引导并推动金融机构黄金业务稳步规范发展。

落实黄金市场相关税收政策。对上海黄金交易所和上海期货交易所黄金的税收政策继续按现行规定执行。研究推动完善投资性黄金和商业银行黄金业务税收政策。

研究扩大黄金市场实物供给渠道。结合我国黄金市场发展实际,根据市场需求状况,扩大有进出口黄金资格的商业银行数量,推动市场创新,提高市场流动性。在市场化原则基础上,进一步发展黄金租借市场。

切实做好黄金市场融资服务。对符合黄金行业规划和产业政策要求的大型企业,商业银行要按照信贷原则扩大授信额度。要重点支持大型黄金集团的发展和实施“走出去”战略,切实做好支持大型黄金集团“走出去”的相关金融服务工作。支持大型企业集团发行企业债券、公司债券、中期票据和短期融资券,拓宽企业融资渠道,降低企业融资成本。为具备条件的企业发放并购贷款,促进产业整合,实现集约化经营。结合黄金加工企业和零售企业的产业特点、生产加工周期,形成从流动资金贷款到货物销售等一系列的金融服务体系。通过应收账款质押和存货抵押等方式,创新信贷产品,改善服务。鼓励金融机构开展黄金质押融资服务。对黄金加工企业和零售企业遇到的信贷问题,银行要结合实际情况,认真研究,提出具体的解决办法。

完善外汇政策。进一步完善当前黄金市场外汇管理政策。为鼓励引导商业银行开展人民币报价的黄金衍生品交易，结合上海黄金交易所询价系统建设，允许开展黄金衍生品人民币报价的商业银行，在没有真实贸易背景下，在境外对冲境内黄金交易头寸，并研究将开展黄金衍生品人民币报价交易所涉汇率敞口头寸纳入结售汇综合头寸进行境内平补的可行性。

推动黄金市场对外开放。稳步增加上海黄金交易所外资类会员数量。研究推动允许境外合格金锭提供商向上海黄金交易所提供合格金锭。研究推动境外机构参与上海黄金交易所进行交易。

五、切实防范黄金市场风险

加大黄金市场监管力度。各相关部门应认真履行监督管理黄金市场相关职责，加大沟通协调力度，形成合力，切实维护市场主体利益，促进市场规范协调发展。

商业银行要加大风险控制力度。要制订相关业务规划，保证合规开展业务。要加强相关系统建设，切实保障交易安全。要根据各种业务特点和风险特点，采取相应措施，防范风险。

中介机构要加强自律性管理。上海黄金交易所和上海期货交易所要结合产品上线和系统建设等情况，完善交易、交割、清算和黄金账户服务等制度，保证各项服务的安全性。规范会员行为，维护市场秩序。要根据市场变化情况，及时采取应对措施，防范市场风险。

六、切实保护投资者利益

采取多种形式，切实加强对投资者的教育，培育成熟的黄金市场投资群体。加大对黄金市场从业人员的培训力度，提高从业人员素质。切实加强黄金市场的风险教育，提高市场参与主体的风险意识。市场主体要从维护投资者利益和维护黄金市场健康发展的大局出发，发现问题及时报告。规范黄金市场参与者行为，严禁参与地下炒金活动。对参与地下炒金活动的市场主体，相关部门应予以严惩，并将相关信息录入征信系统。

证券期货业反洗钱工作实施办法

(2010年9月1日　证监会令第68号)

《证券期货业反洗钱工作实施办法》已经2010年2月11日中国证券监督管理委员会第269次主席办公会审议通过，现予公布，自2010年10月1日起施行。

第一章　总　　则

第 一 条　为进一步配合国务院反洗钱行政主管部门加强证券期货业反洗钱工作，有效防范证券期货业洗钱和恐怖融资风险，规范行业反洗钱监管行为，推动证券期货经营机构认真落实反洗钱工作，维护证券期货市场秩序，根据《中华人民共和国反洗钱法》(以下简称《反洗钱法》)、《中华人民共和国证券法》、《中华人民共和国证券投资基金法》及《期货交易管理条例》等法律法规，制定本办法。

第 二 条　本办法适用于中华人民共和国境内的证券期货业反洗钱工作。

从事基金销售业务的机构在基金销售业务中履行反洗钱责任适用本办法。

第 三 条　中国证券监督管理委员会(以下简称证监会)依法配合国务院反洗钱行政主管部门履行证券期货业反洗钱监管职责，制定证券期货业反洗钱工作的规章制度，组织、协调、指导证券公司、期货公司和基金管理公司(以下简称证券期货经营机构)的反洗钱工作。

证监会派出机构按照本办法的规定，履行辖区内证券期货业反洗钱监管职责。

第 四 条　中国证券业协会和中国期货业协会依照本办法的规定，履行证券期货业反洗钱自律管理职责。

第 五 条　证券期货经营机构应当依法建立健全反洗钱工作制度，按照本办法规定向当地证监会派出机构报送相关信息。证券期货经营机构发现证券期货业内涉嫌洗钱活动线索，应当依法向反洗钱行政主管部门、侦查机关举报。

第二章 监管机构及行业协会职责

第 六 条 证监会负责组织、协调、指导证券期货业的反洗钱工作，履行以下反洗钱工作职责：

（一）配合国务院反洗钱行政主管部门研究制定证券期货业反洗钱工作的政策、规划，研究解决证券期货业反洗钱工作重大和疑难问题，及时向国务院反洗钱行政主管部门通报反洗钱工作信息；

（二）参与制定证券期货经营机构反洗钱有关规章，对证券期货经营机构提出建立健全反洗钱内控制度的要求，在证券期货经营机构市场准入和人员任职方面贯彻反洗钱要求；

（三）配合国务院反洗钱行政主管部门对证券期货经营机构实施反洗钱监管；

（四）会同国务院反洗钱行政主管部门指导中国证券业协会、中国期货业协会制定反洗钱工作指引，开展反洗钱宣传和培训；

（五）研究证券期货业反洗钱的重大问题并提出政策建议；

（六）及时向侦查机关报告涉嫌洗钱犯罪的交易活动，协助司法部门调查处理涉嫌洗钱犯罪案件；

（七）对派出机构落实反洗钱监管工作情况进行考评，对中国证券业协会、中国期货业协会落实反洗钱工作进行指导；

（八）法律、行政法规规定的其他职责。

第 七 条 证监会派出机构履行以下反洗钱工作职责：

（一）配合当地反洗钱行政主管部门对辖区证券期货经营机构实施反洗钱监管，并建立信息交流机制；

（二）定期向证监会报送辖区内半年度和年度反洗钱工作情况，及时报告辖区证券期货经营机构受反洗钱行政主管部门检查或处罚等信息及相关重大事件；

（三）组织、指导辖区证券期货业的反洗钱培训和宣传工作；

（四）研究辖区证券期货业反洗钱工作问题，并提出改进措施；

（五）法律、行政法规以及证监会规定的其他职责。

第 八 条 中国证券业协会、中国期货业协会履行以下反洗钱工作职责：

（一）在证监会的指导下，制定和修改行业反洗钱相关工作指引；

（二）组织会员单位开展反洗钱培训和宣传工作；

（三）定期向证监会报送协会年度反洗钱工作报告，及时报告相关重大事件；

（四）组织会员单位研究行业反洗钱工作的相关问题；

（五）法律、行政法规以及证监会规定的其他职责。

第三章　证券期货经营机构反洗钱义务

第九条　证券期货经营机构应当依法履行反洗钱义务，建立健全反洗钱内部控制制度。证券期货经营机构负责人应当对反洗钱内部控制制度的有效实施负责，总部应当对分支机构执行反洗钱内部控制制度进行监督管理，根据要求向当地证监会派出机构报告反洗钱工作开展情况。

第十条　证券期货经营机构应当向当地证监会派出机构报送其内部反洗钱工作部门设置、负责人及专门负责反洗钱工作的人员的联系方式等相关信息。如有变更，应当自变更之日起10个工作日内报送更新后的相关信息。

第十一条　证券期货经营机构应当在发现以下事项发生后的5个工作日内，以书面方式向当地证监会派出机构报告：

（一）证券期货经营机构受到反洗钱行政主管部门检查或处罚的；

（二）证券期货经营机构或其客户从事或涉嫌从事洗钱活动，被反洗钱行政主管部门、侦查机关或者司法机关处罚的；

（三）其他涉及反洗钱工作的重大事项。

第十二条　证券期货经营机构应当按照反洗钱法律法规的要求及时建立客户风险等级划分制度，并报当地证监会派出机构备案。在持续关注的基础上，应适时调整客户风险等级。

第十三条　证券期货经营机构在为客户办理业务过程中，发现客户所提供的个人身份证件或机构资料涉嫌虚假记载的，应当拒绝办理；发现存在可疑之处的，应当要求客户补充提供个人身份证件或机构原件等足以证实其身份的相关证明材料，无法证实的，应当拒绝办理。

第十四条　证券期货经营机构通过销售机构向客户销售基金等金融产品时，应当通过合同、协议或其他书面文件，明确双方在客户身份识别、客户身份资料和交易记录保存与信息交换、大额交易和可疑交易报告等方面的反洗钱职责和程序。

第十五条 证券期货经营机构应当建立反洗钱工作保密制度，并报当地证监会派出机构备案。

反洗钱工作保密事项包括以下内容：

（一）客户身份资料及客户风险等级划分资料；

（二）交易记录；

（三）大额交易报告；

（四）可疑交易报告；

（五）履行反洗钱义务所知悉的国家执法部门调查涉嫌洗钱活动的信息；

（六）其他涉及反洗钱工作的保密事项。

查阅、复制涉密档案应当实施书面登记制度。

第十六条 证券期货经营机构应当建立反洗钱培训、宣传制度，每年开展对单位员工的反洗钱培训工作和对客户的反洗钱宣传工作，持续完善反洗钱的预防和监控措施。每年年初，应当向当地证监会派出机构上报反洗钱培训和宣传的落实情况。

第十七条 证券期货经营机构不遵守本办法有关报告、备案或建立相关内控制度等规定的，证监会及其派出机构可采取责令改正、监管谈话或责令参加培训等监管措施。

第四章 附 则

第十八条 本办法自2010年10月1日起施行。

关于进一步做好汶川地震灾后重建金融支持与服务工作的指导意见

（2010 年 9 月 21 日　中国人民银行、银监会、证监会、保监会　银发〔2010〕271 号）

中国人民银行上海总部，各分行、营业管理部，各省会（首府）城市中心支行；各省（自治区、直辖市）银监局、证监局、保监局；国家开发银行，各政策性银行，国有商业银行，股份制商业银行，中国邮政储蓄银行：

汶川地震灾后重建两年来，金融系统认真贯彻落实党中央、国务院关于汶川地震灾后重建的一系列战略部署和政策措施，心系灾区，服务大局，以人为本，精诚服务，做了大量卓有成效的金融支持和服务工作，对于促进灾区灾后生活生产秩序逐步恢复发挥了重要的支撑和保障作用。目前，汶川地震灾后重建还处在关键阶段。为了进一步扎实做好汶川地震灾后重建的金融支持和服务工作，现提出如下意见：

一、保持对灾区金融支持政策的连续性和稳定性，进一步增强对灾区金融服务的针对性和有效性

灾区各金融管理部门和各金融机构要坚持以科学发展观为指导，继续扎实抓好灾后重建各项金融支持与服务政策的贯彻落实工作。人民银行在灾区的各级分支机构要会同有关部门对灾区金融支持灾后重建的相关政策进行系统梳理：对国家已经明确的政策措施，要积极加强督导协调，保证落实到位；对根据灾后重建工作实际进展需要相应调整、完善和重新制定的措施，要积极主动地扎实推进。灾区以外的金融机构要按照国家灾后重建规划要求和援助承诺，善始善终地做好金融对口支援。各金融机构法人要加强统筹协调，合理摆布信贷资金，支持灾区金融机构合理发放灾后重建贷款。各金融机构在保持对灾后重建金融支持政策必要的连续性和稳定性的基础上，要因地制宜，积极改进业务管理的方式方法，着眼于支持灾区经济自我发展提高和实现长期可持续发展，进一步提高政策支持的针对性和有效性，全面提升金融支持灾后重建的服务品质和水准。

二、积极改进对灾区重点领域、关键环节和特殊人群的金融服务，加强灾区信贷结构调整和灾后重建贷款的贷后管理

各金融机构要将金融服务的重点进一步向灾区的基础设施、农业、中小企业、生态环保产业和特色优势产业倾斜，充分发挥金融职能作用，促进灾区加快经济结构调整和经济发展方式转变。积极支持灾区符合条件的企业在银行间债券市场发行短期融资券、中期票据、中小企业集合票据等债务融资工具和通过资本市场融资，拓宽融资渠道。积极创新契合灾区特点的保险业务品种，大力发展农村小额人身和财产保险，完善对灾区的保险服务，扩大灾区保险覆盖面，提高灾区保险保障水平。认真落实《中国人民银行 银监会 证监会 保监会关于汶川地震灾后重建金融支持和服务措施的意见》（银发〔2008〕225 号），对灾区灾后重建住房信贷保持实施优惠政策。在有效防范信贷风险的基础上，鼓励金融机构大力推广农户小额信用贷款和农户联保贷款，积极改进和完善灾区扶贫贴息贷款、助学贷款、下岗失业人员小额担保贷款、林权抵押贷款、农房重建贷款、个人消费贷款等与改善民生密切相关的贷款管理，努力提高贷款的覆盖面、满足率和服务效率，合理确定贷款的利率、期限和偿还方式，进一步做好对灾区贫困人口和灾区就业困难人员的金融支持和帮扶工作，切实抓好民生金融，为灾区群众多办善事，多办实事。

在合理增加对灾区信贷投放的同时，各金融机构要严格执行国家产业政策和信贷市场准入政策，坚持区别对待、有保有压，把好信贷关，积极支持灾区节能减排和淘汰落后产能，有效防止高耗能、高污染和落后产能及低水平重复建设项目向灾区转移。要密切关注和进一步加强灾区农房重建贷款的贷后管理工作，切实做好农房重建贷款的政策宣传和风险监测，引导灾区借款农户正确理解灾后农房重建贷款政策，及时主动归还贷款。

三、着力推进灾区金融机构自身恢复重建，促进灾区金融机构健康可持续发展

灾区各金融管理部门和金融机构对灾区金融机构基层网点布局、恢复重建进度和当前业务经营情况要进行一次全面摸底调查。对列入灾后重建规划、目前尚未开工重建的基层网点和基础服务网络，要认真分析查找原因，加强与政府相关部门的沟通协调，积极为金融机构恢复重建提供选址、用地和重建资金等服务便利；对需要调整网点布局和根据业务发展需要新建的网络，要及时按程序报批；对灾区金融机构基层业务人员和新录用人员，要加强业务培训。对灾区金融服务空白乡镇，要加快推进新型

农村金融机构建设规划和网点建设落实工作。

支持符合条件的灾区金融机构通过发行次级债、金融债等工具增强风险防范能力和服务灾后重建的实力。对灾区农村商业银行、农村合作银行和村镇银行,可比照对灾区农村信用社的有关重建政策执行。在2011年6月30日前,继续对灾区地方金融机构法人执行较低存款准备金率,在此期间若逢存款准备金率上调,对灾区地方法人金融机构暂不执行;根据灾后重建实际需要,适当增加灾区支农再贷款额度,并对这类再贷款利率继续执行比正常支农再贷款利率低1个百分点的优惠。积极支持灾区符合条件的地方法人金融机构加入全国同业拆借网络。对灾区业务经营稳健的灾区地方法人金融机构,适当放宽资本充足率、存贷比等监管指标要求,支持其扩大对灾区的信贷投放。鼓励灾区各级地方人民政府出资建立灾后重建贷款风险补偿基金,合理分散金融机构贷款风险。各金融机构要认真总结金融支持灾后重建经验,加强金融企业文化建设,把汶川地震抗震救灾和灾后重建优秀精神发扬光大。

四、大力加强灾区信用体系和金融生态环境建设,增强灾区对金融资源的吸引力

进一步抓好灾后重建贷款"四不政策"后续落实工作,稳定政策预期。各金融机构对灾区灾前已经发放、符合"四不政策"条件的贷款要进行一次全面摸底,并于2010年10月底前,将灾区执行"四不政策"的个人和企业客户的贷款数额和贷款质量等情况向人民银行和银监会报告。对已经执行"四不政策"、目前仍未按期归还的贷款,各金融机构要充分考虑借款人的实际情况,积极采取多种符合实际情况的有效方式和措施实施贷款重组;对已经归还的贷款,要按规定将相关贷款要素信息及时、准确录入人民银行征信系统;对符合贷款减免和核销规定的,要严格按照程序和条件进行贷款减免和核销,并进一步做好贷款清收管理和资产保全工作,切实维护金融合法债权,有效防范道德风险和金融风险。对灾区近期遭受山洪泥石流严重侵袭的灾后住房重建贷款,按照《中国人民银行 银监会关于全力做好甘肃、四川遭受特大山洪泥石流灾害地区住房重建金融支持和服务工作的指导意见》(银发〔2010〕226号)有关政策规定执行。

灾区各金融管理部门和各金融机构要通过多种新闻媒体,进一步加强灾后重建金融支持政策的宣传和解释工作,正确引导居民预期,增强社会守法诚信意识。要把加强灾区信用环境和金融生态建设作为金融支持灾后恢复重建的长期制度安排和当前的重要工作,完善体制、机制和管理政策，层层落实工作责任制，切实抓好落实。积极发挥好人民银行征信系统的作用，建立健全守信者光荣、失信者受惩戒的制度约束和长效机制。

五、进一步加强灾区金融基础服务设施建设和灾后重建基础数据信息统计报送工作

继续加快灾区支付清算基础设施建设，支持农村信用社、村镇银行等地方法人金融机构加入支付清算系统，扩展和延伸支付清算网络在灾区的辐射范围。加大灾区自助取款和销售终端设备的合理投入。支持灾区人民银行分支机构加快运行财税库银横向联网系统和国库会计数据集中系统，进一步完善利用国库系统点对点向灾民发放资金等金融服务。加强灾区金融基础服务网络系统备份建设，全面提高灾区金融基础设施信息网络和服务系统应对突发事件的能力。

灾区各金融管理部门要注重加强灾后重建信息沟通交流，探索建立跨部门协调合作机制，定期讨论会商金融支持灾后重建面临的困难和问题，按季向上级主管部门报告。灾区人民银行分支机构要指定专人负责灾后重建数据信息统计，明确责任，并于每季 15 日前（遇节假日顺延）按时统计和报送金融支持灾后重建相关数据信息。

请灾区人民银行分支机构联合当地相关部门尽快将本通知发至辖区内各金融机构，并协调做好政策贯彻实施工作。

关于废止部分证券期货规章的决定（第十批）

（2010 年 12 月 26 日　证监会公告〔2010〕36 号）

根据《规章制定程序条例》的规定，按照《国务院办公厅关于做好规章清理工作有关问题的通知》的要求，在废止前九批规章和规范性文件（以下统称规章）的基础上，我会对自成立以来至 2010 年 11 月 30 日期间公布的证券期货类规章进行了再次清理。其中，自 2010 年 1 月 1 日至 2010 年 11 月 30 日期间，应予废止和自行失效的规章 25 件（目录见附件 1），已经明令废止的规章 4 件（目录见附件 2）。现将这两部分共 29 件规章的目录予以公布。

附件：1. 第十批废止的证券期货类规章目录
2. 2010 年 1 月 1 日至 2010 年 11 月 30 日期间明令废止的证券期货类规章目录

附件1：

第十批废止的证券期货类规章目录

序号	名称	文号	发布部门	发布日期
1	关于发行B股的企业在分红派息时如何确认利润分配标准的函	证监函字〔1994〕1号	证监会	1994年1月6日
2	证券、期货投资咨询管理暂行办法实施细则	证监〔1998〕14号	证监会	1998年4月23日
3	关于B股上市公司中期财务报告审计问题的通知	证监国字〔1998〕16号	证监会	1998年7月17日
4	关于坚决制止非证券经营机构经营证券业务的通知	证监机构字〔1999〕63号	证监会	1999年7月17日
5	证券投资咨询机构检查制度	证监机构字〔1999〕65号	证监会	1999年7月21日
6	关于对证券经营机构及其营业部从事证券咨询及证券信息传播业务加强管理的通知	证监机构字〔1999〕105号	证监会	1999年9月21日
7	关于上市公司做好各项资产减值准备等有关事项的通知	证监公司字〔1999〕138号	证监会	1999年12月2日
8	关于加强证券投资咨询机构变更与咨询人员流动管理的通知	证监机构字〔2000〕86号	证监会	2000年5月8日
9	财政国债中介机构转制为证券营业部审批工作实施细则	证监机构字〔2000〕96号	证监会、财政部	2000年5月24日

续表

序号	名称	文号	发布部门	发布日期
10	关于上市公司为他人提供担保有关问题的通知	证监公司字〔2000〕61 号	证监会	2000 年 6 月 6 日
11	关于境内上市外资股(B 股)公司非上市外资股上市流通问题的通知	证监公司字〔2000〕140 号	证监会	2000 年 9 月 1 日
12	关于清理规范证券营业网点问题的通知	证监机构字〔2000〕235 号	证监会	2000 年 10 月 11 日
13	境内上市外资股(B 股)公司非上市外资股上市流通的办理程序	证监发〔2001〕24 号	证监会	2001 年 2 月 22 日
14	证券公司从事股票发行主承销业务有关问题的提导意见	证监发〔2001〕48 号	证监会	2001 年 3 月 17 日
15	关于证券公司证券营业部跨省区迁址问题的通知	证监机构字〔2001〕80 号	证监会	2001 年 5 月 21 日
16	关于做好非法证券期货交易和证券期货诈骗有奖举报工作的通知	证监发〔2001〕91 号	证监会	2001 年 6 月 24 日
17	规范问答第 2 号——中高屋管理人员激励基金的提取	证监会计字〔2001〕15 号	证监会	2001 年 6 月 29 日
18	关于期货经纪公司营业部监管工作有关问题的通知	证监期货字〔2001〕28 号	证监会	2001 年 9 月 5 日
19	规范问答第 5 号——分别按国内外会计准则编制的财务报告差异及其披露	证监会计字〔2001〕60 号	证监会	2001 年 11 月 7 日
20	关于向外商转让上市公司国有股和法人股有关问题的通知	证监发〔2002〕83 号	证监会	2002 年 11 月 1 日

续表

序号	名称	文号	发布部门	发布日期
21	关于进一步做好合格境外投资者境内证券投资登记结算业务有关问题的通知	证监市场字〔2003〕2 号	证监会	2003 年 6 月 27 日
22	关于加强期货交易编码管理工作的通知	证监期货字〔2003〕97 号	证监会	2003 年 11 月 19 日
23	中国证券监督管理委员会股票发行审核委员会审核工作指导意见	证监发〔2004〕9 号	证监会	2004 年 1 月 20 日
24	上市公司股东大会网络投票系统技术管理规范（试行）	证监信息字〔2004〕5 号	证监会	2004 年 12 月 20 日
25	关于做好股权分置改革试点工作的意见	证监发〔2005〕41 号	证监会、国资委	2005 年 5 月 30 日

附件2：

2010年1月1日至2010年11月30日期间
明令废止的证券期货类规章目录

序号	名称	文号	发布日期	新发布的规章和规范性文件
1	关于加强证券营业部风险防范工作的通知	证监机构字〔1999〕56号	1999年7月5日	证监会公告〔2010〕11号
2	关于清理“存折炒股”业务有关问题的通知	证监机构字〔1999〕142号	1999年11月25日	证监会公告〔2010〕11号
3	上市公司检查办法	证监发〔2001〕46号	2001年3月19日	证监会公告〔2010〕12号
4	关于证券公司借入次级债务有关问题的通知	证监机构字〔2005〕146号	2005年12月13日	证监会公告〔2010〕23号

关于印发《关于加强报刊传播证券期货信息管理工作的若干规定》的通知

（2010 年 12 月 29 日　新闻出版总署、
证监会　新出联〔2010〕17 号）

各省（区、市）新闻出版局、证监局，新疆生产建设兵团新闻出版局，解放军总政治部宣传部新闻出版局，中央和国家机关各部委、各民主党派、各人民团体报刊主管部门，中央主要新闻单位：

为营造有利于资本市场健康发展的良好舆论氛围，加强和改进证券期货新闻宣传和报刊出版管理工作，新闻出版总署与中国证券监督管理委员会共同制定了《关于加强报刊传播证券期货信息管理工作的若干规定》，现印发给你们，请遵照执行。

关于加强报刊传播证券期货信息管理工作的若干规定

第 一 条　为进一步加强对证券期货信息传播的管理，规范报刊证券期货信息传播行为，保护投资者和社会公众合法权益，营造有利于维护资本市场稳定健康发展的良好舆论氛围，依据《中华人民共和国证券法》、《出版管理条例》等有关法律、法规，制定本规定。

第 二 条　本规定所称证券期货信息是指与证券期货市场相关，可能会对市场产生影响的信息，包括：

（一）有关证券期货市场运行和监管的法律、法规、规章、规范性文件及其草案；

（二）证券期货交易所、证券期货行业协会、上市公司、证券期货经营机构等按照法定程序发布的信息；

（三）证券期货市场走势分析及对具体证券、期货品种或合约发表评论意见、分析文章等信息；

（四）证券期货信息类产品广告宣传信息；

（五）证券投资基金评价信息；

（六）证券期货监管部门会同有关部门认定的其他信息。

第三条 传播证券期货信息，必须遵守国家法律、法规、规章，坚持正确的舆论导向，遵循真实、客观、禁止误导的原则。报刊从事证券期货信息传播的报道宗旨及报道内容必须做到：

（一）牢固树立政治意识、大局意识、责任意识，自觉维护资本市场正常秩序，促进资本市场稳定健康发展；

（二）正确宣传有关证券、期货市场的方针、政策、法规、规章；

（三）客观、准确、完整和公正地传播有关证券、期货市场的信息；

（四）重视引导投资者理性投资；

（五）禁止编造和传播证券期货市场虚假不实信息，扰乱证券期货市场秩序。

第四条 从事证券期货新闻采访的记者，须持有新闻出版总署统一核发的新闻记者证，在新闻采访中应主动向采访对象出示，充分听取各方意见，努力确保新闻事实全面准确无误。

第五条 严格报刊新闻采编管理，确保信息来源合法真实。

（一）涉及证券期货市场改革监管重要政策的报道，须严格以证券期货监管部门正式发布的信息为依据。

（二）审慎报道可能影响投资者预期和市场稳定运行的新闻题材。涉及证券期货行业重要政策及其他可能影响市场稳定的重要信息，须事先向证券期货监管部门核实；涉及上市公司等市场主体的重要新闻信息应向所涉对象事先核实。

（三）记者报道证券期货市场新闻事件应尽量进行全面采访，并对信息源多渠道核实，信息来源应相互印证、真实可靠。严禁依据道听途说制造或编造新闻，不得凭借猜测想象炮制或歪曲新闻事实，避免误导性陈述。

（四）建立健全证券期货新闻转载审核管理制度，报刊转载证券期货新闻信息必须事先核实，确保新闻事实真实准确后方可转载；不得转载未经核实的新闻报道、社会自由来稿和互联网信息；不得摘转内部资料或非法出版物上的内容；不得随意转载境外媒体信息。

第六条 报刊刊发内容涉及具体证券、期货品种或者合约的评论意见或行情走势分析的，报刊出版单位应当对相关撰稿机构及人员是否具备证券期货投资咨询业务资格进行核实，并注明相关撰稿人员的证券期货投资咨询执业资格证书编码及所属机构全称。

第七条 报刊出版单位应当加强对提供证券期货信息的软件、终端等证券期货信息类产品广告的审查管理。报刊刊载涉及提供证券期货投资建议或者类似功能服务的软件、终端等证券期货信息类产品的广告，报刊出版单位应当核实广告发布人是否具备证券期货投资咨询业务资格，刊载广告应注明广告发布人名称和证券期货投资咨询业务资格证书编码。防止有关产品广告以夸大虚假营销误导投资者，防止不法机构利用有关产品广告招揽客户、从事非法证券活动。

第八条 报刊出版单位引用或发布基金评价结果的，应当引用具备中国证券业协会会员资格的基金评价机构提供的基金评价结果。

第九条 报刊出版单位及主管主办单位须加强对报刊所属新闻网站的运营管理，建立证券期货互联网新闻信息内容管理责任制度，规范互联网资本市场新闻信息服务工作。

第十条 证券期货类报刊和开设证券期货专刊、专版的报刊要建立健全从事证券期货新闻采编人员的岗位规范，配备专业财经采编力量。总编辑、主编及主要采编人员应具有5年以上新闻专业工作经历，熟悉证券期货业务。从事证券期货领域报道的记者原则上需具备2年以上财经领域报道经验或证券期货从业经历。见习记者、实习记者及试用人员不得单独从事证券期货新闻采访报道。

第十一条 证券期货类报刊和开设证券期货专刊、专版的报刊出版单位，要强化证券期货业务知识和法律法规培训，从事证券期货新闻报道的采编人员，需参加由省级以上新闻出版行政部门、证券期货监管部门组织的证券期货业务知识培训。

第十二条 证券期货监管部门应坚持政务公开，主动加强对资本市场重要政策的发布力度，加强与新闻媒体的沟通联系，及时回应市场热点问题。

第十三条 证券期货监管部门应督促上市公司、证券期货经营机构等市场主体完善信息披露制度，健全重要新闻信息发布机制，主动接受舆论监督，为新闻记者采访提供便利。

第十四条 新闻出版行政部门与同级证券期货监管部门应共同建立沟通联系机制、重大新闻舆情动态通报机制和重大事件应急处置机制，加强监管协作，组织引导报刊及时客观准确报道资本市场新闻信息，及时妥善处置非法不良信息。

第十五条 新闻出版行政部门应会同同级证券期货监管部门加强对证券期货类报刊审读工作的组织和指导，将报刊涉及证券期货的新闻报道纳入审读重点，在人员、经费、场地上予以重点保证，严格执行重大情况报告制度。

证券期货监管部门应当建立针对证券期货信息类产品广告的日常监测机制，定期向同级新闻出版行政部门通报情况，及时协调有关部门对报刊出版单位刊发虚假违法广告予以处理。

第十六条 证券期货信息传播监督管理实行主管主办单位负责制度和属地监管原则。各级新闻出版行政部门应加强对涉及证券期货新闻报道报刊的出版质量评估工作，各级证券期货监管部门要积极配合新闻出版行政部门完善证券期货领域新闻采编人员不良记录数据库。

第十七条 各级新闻出版行政部门应采取切实措施坚决制止各类报刊违规出版证券期货专刊、副刊、增刊，坚决取缔各类非法证券期货信息出版活动。严格禁止任何形式的有偿新闻，严禁报刊出版单位采用“公开曝光”、“编发内参”或“评奖排名”等方式谋取不正当利益。

第十八条 报刊出版单位违规刊发证券期货信息，报刊从业人员编造、传播虚假不实信息，扰乱证券期货市场的，或者利用传播证券期货市场信息进行内幕交易和操纵市场的，由证券期货监管部门、新闻出版行政部门视其情节轻重，按照《证券法》、《出版管理条例》等法律法规规定对有关单位和人员予以处罚。构成犯罪的，由司法机关依法追究刑事责任。

第十九条 本规定自 2011 年 2 月 1 日起执行。

证　券

发　行　类

国际开发机构人民币债券发行管理暂行办法

（2010 年 9 月 16 日　人民银行、财政部、发改委、证监会
人民银行公告〔2010〕第 10 号）

为了进一步规范国际开发机构发行人民币债券的行为，促进我国债券市场发展与对外开放，中国人民银行、财政部、国家发展和改革委员会、中国证券监督管理委员会对 2005 年 2 月 18 日发布的《国际开发机构人民币债券发行管理暂行办法》（中国人民银行 财政部 国家发展和改革委员会 中国证券监督管理委员会公告〔2005〕第 5 号公布）进行了修订，现重新予以公布实施。

第 一 条　为规范国际开发机构人民币债券的发行，保护债券持有人的合法权益，根据《中华人民共和国中国人民银行法》和《中华人民共和国证券法》等法律、法规，制定本办法。

第 二 条　本办法所指国际开发机构是指进行开发性贷款和投资的多边、双边以及地区国际开发性金融机构。

第 三 条　本办法所称国际开发机构人民币债券（以下简称人民币债券）是指国际开发机构依法在中国境内发行的、约定在一定期限内还本付息的、以人民币计价的债券。

第 四 条　在中国境内申请发行人民币债券的国际开发机构应向财政部等窗口单位递交债券发行申请，由窗口单位会同中国人民银行、国家发展和改革委员会、中国证券监督管理委员会、国家外汇管理局等部门

审核通过后,报国务院同意。

第 五 条 国家发展和改革委员会会同财政部根据国家产业政策、外资外债情况、宏观经济和国际收支状况,对人民币债券的发行规模及所筹资金用途进行审核。

第 六 条 中国人民银行对人民币债券发行利率进行管理。

第 七 条 中国人民银行负责对与人民币债券发行和偿还有关的人民币账户和人民币跨境支付进行管理。国家外汇管理局负责对与人民币债券发行和偿还有关的外汇专用账户及相关购汇、结汇进行管理。

第 八 条 财政部及国家有关外债、外资管理部门,按照国务院部门分工对发债所筹资金发放的贷款和投资进行管理。

第 九 条 国际开发机构申请在中国境内发行人民币债券应具备以下条件:

(一)财务稳健,资信良好,经两家以上(含两家)评级公司评级,其中至少应有一家评级公司在中国境内注册且具备人民币债券评级能力,人民币债券信用级别为 AA 级(或相当于 AA 级)以上;

(二)已为中国境内项目或企业提供的贷款和股本资金在十亿美元以上,经国务院批准予以豁免的除外;

(三)所募集资金应优先用于向中国境内的建设项目提供中长期固定资产贷款或提供股本资金,投资项目符合中国国家产业政策、利用外资政策和固定资产投资管理规定。主权外债项目应列入相关国外贷款规划。

第 十 条 国际开发机构申请在中国境内发行人民币债券应提交以下材料:

(一)人民币债券发行申请报告;

(二)募集说明书;

(三)近三年经审计的财务报表及附注;

(四)人民币债券信用评级报告及跟踪评级安排的说明;

(五)为中国境内项目或企业提供贷款和投资情况;

(六)拟提供贷款和股本资金的项目清单及相关证明文件和法律文件;

(七)按照《中华人民共和国律师法》执业的律师出具的法律意见书;

(八)与本期债券相关的其他重要事项。

第十一条 发行人民币债券的国际开发机构应当按照中国企业会计准则编制财务报告,除非该国际开发机构所采用的会计准则经财政部认定已与中国企业会计准则实现了等效。发行人民币债券的国际开发机构的财务报告应当经中国具有证券期货资格的会计师事务所进行审计，除非该国际开发机构所在国家或地区与中国财政部签署了注册会计师审计公共监管等效协议。

第十二条 国际开发机构发行人民币债券须由按照《中华人民共和国律师法》执业的律师进行法律认证，并出具法律意见书。

第十三条 国际开发机构在中国境内公开发行人民币债券应组成承销团，承销商应为在中国境内设立的具备债券承销资格的金融机构。

第十四条 人民币债券发行结束后，经相关市场监督管理部门批准，可以交易流通。

第十五条 获准发行人民币债券的国际开发机构（以下简称发行人）应当遵循中国有关信息披露的法律规定，切实履行信息披露义务。

第十六条 人民币债券发行利率由发行人参照同期国债收益率水平确定，并由中国人民银行核定。

第十七条 发行人将发债所筹集的人民币资金直接汇出境外使用的，应遵守中国人民银行的有关规定。经国家外汇管理局批准，国际开发机构发行人民币债券所筹集的资金可以购汇汇出境外使用。发行人应向国家外汇管理局说明购汇汇出境外使用的资金的真实用途，并定期向国家外汇管理局报备资金境外使用情况。发行人应按中国有关法律规定对发债闲置资金进行使用和管理。

第十八条 发行人为发债募集资金开立非居民人民币专用账户的，应向中国人民银行备案。

第十九条 发行人从境外调入人民币资金用于人民币债券还本付息的，应向中国人民银行备案。发行人从境外调入外汇资金用于人民币债券还本付息、使用境内人民币债券发行收入和投资收益偿付原境外调入资金、以及汇出投资收益等涉及的外汇账户开立、跨境外汇支付及购汇和结汇等事宜，应经国家外汇管理局核准。

第二十条 发行人须在每季度末向人民币债券发行审核部门分别报送运用人民币债券资金发放及回收人民币贷款、投资的情况。

第二十一条 国际开发机构发行人民币债券工作文本语言应为中文。

第二十二条 国际开发机构在中国境内发行人民币债券，发生违约或其他纠纷时，适用中国法律。

第二十三条　本办法由中国人民银行会同财政部、国家发展和改革委员会、中国证券监督管理委员会解释。

第二十四条　本办法自发布之日起施行。

关于深化新股发行体制改革的指导意见

（2010年10月11日　证监会公告〔2010〕26号）

按照新股发行体制改革的统一安排，我会制定了《关于深化新股发行体制改革的指导意见》，现予公布，自2010年11月1日起施行。

为了进一步健全新股发行体制、强化市场约束机制，2009年6月10日，我会发布《关于进一步改革和完善新股发行体制的指导意见》，推出了新股发行体制改革。在具体实施方式上，改革采取分步实施、逐步完善的方式，分阶段逐步推出各项改革措施。第一阶段新股发行体制改革的各项措施已得到落实，市场化的改革方向得到了社会的普遍认同，把发行体制改革向纵深推进成为市场共识，推出下一步改革措施的市场条件已基本具备。经深入研究并广泛听取市场各方意见，按照改革的统一部署，现提出第二阶段改革措施如下：

一、进一步完善报价申购和配售约束机制。在中小型公司新股发行中，发行人及其主承销商应当根据发行规模和市场情况，合理设定每笔网下配售的配售量，以促进询价对象认真定价。根据每笔配售量确定可获配机构的数量，再对发行价格以上的入围报价进行配售，如果入围机构较多应进行随机摇号，根据摇号结果进行配售。

二、扩大询价对象范围，充实网下机构投资者。主承销商可以自主推荐一定数量的具有较高定价能力和长期投资取向的机构投资者，参与网下询价配售。

主承销商应当制订推荐机构投资者的原则和标准，包括最低注册资本、管理资产规模要求，专业技能、投资经验要求，市场影响力、信用记录要求，业务战略关系要求，鼓励长期持股等。主承销商应当建立透明的推荐决策机制。推荐标准、决策程序以及最终确定的机构投资者名单应当报中国证券业协会登记备案。

中国证券业协会可制订指引指导登记备案工作。

三、增强定价信息透明度。发行人及其主承销商须披露参与询价的机构的具体报价情况。主承销商须披露在推介路演阶段向询价对象提供的对发行人股票的估值结论、发行人同行业可比上市公司的市盈率或其他等效指标。

四、完善回拨机制和中止发行机制。发行人及其主承销商应当根据发行规模和市场情况,合理设计承销流程,有效管理承销风险。

网上申购不足时,可以向网下回拨由参与网下的机构投资者申购,仍然申购不足的,可以由承销团推荐其他投资者参与网下申购。网下机构投资者在既定的网下发售比例内有效申购不足,不得向网上回拨,可以中止发行。网下报价情况未及发行人和主承销商预期、网上申购不足、网上申购不足向网下回拨后仍然申购不足的,可以中止发行。中止发行的具体情形可以由发行人和承销商约定,并予以披露。中止发行后,在核准文件有效期内,经向中国证监会备案,可重新启动发行。

证券交易所和证券登记结算机构应当创造条件,进一步缩短新股发行结束后到上市的时间。

新股发行体制改革需要市场参与各方密切配合,市场各方应当按照新股发行体制改革精神,统一理念、提高认识,精心部署、周密安排,切实将各项改革要求和措施落到实处。

关于修改《证券发行与承销管理办法》的决定

（2010年10月11日　证监会令第69号）

《关于修改〈证券发行与承销管理办法〉的决定》已经2010年6月24日中国证券监督管理委员会第273次主席办公会议审议通过，现予公布，自2010年11月1日起施行。

一、第五条第二款修改为："询价对象是指符合本办法规定条件的证券投资基金管理公司、证券公司、信托投资公司、财务公司、保险机构投资者、合格境外机构投资者、主承销商自主推荐的具有较高定价能力和长期投资取向的机构投资者，以及经中国证监会认可的其他机构投资者。"

二、第五条增加一款，作为第三款："主承销商自主推荐机构投资者的，应当制订明确的推荐标准，建立透明的推荐决策机制，并报中国证券业协会登记备案。"

三、第九条修改为："主承销商应当在询价时向询价对象提供投资价值研究报告。发行人、主承销商和询价对象不得以任何形式公开披露投资价值研究报告的内容，但中国证监会另有规定的除外。"

四、第十四条修改为："首次发行的股票在中小企业板、创业板上市的，发行人及其主承销商可以根据初步询价结果确定发行价格，不再进行累计投标询价。"

五、删除第十六条。

六、第二十六条增加一项，作为第十一项："主承销商自主推荐机构投资者管理的证券投资账户。"

七、删除第二十九条第二款。

八、第三十二条增加一款，作为第二款："网上申购不足时，可以向网下回拨由参与网下的机构投资者申购，仍然申购不足的，可以由承销团推荐其他投资者参与网下申购。"

九、增加一条，作为第三十二条："初步询价结束后，公开发行股票数量在4亿股以下,提供有效报价的询价对象不足20家的,或者公开发行股票数量在4亿股以上,提供有效报价的询价对象不足50家的,发行人及其主承销商不得确定发行价格,并应当中止发行。

网下机构投资者在既定的网下发售比例内有效申购不足,不得向网上回拨,可以中止发行。网下报价情况未及发行人和主承销商预期、网上申购不足、网上申购不足向网下回拨后仍然申购不足的,可以中止发行。中止发行的具体情形可以由发行人和承销商约定,并予以披露。

中止发行后,在核准文件有效期内,经向中国证监会备案,可重新启动发行。"

十、第五十五条增加一款,作为第二款:"发行人及其主承销商应当在发行价格确定后,披露网下申购情况、网下具体报价情况。"

本决定自2010年11月1日施行。

《证券发行与承销管理办法》根据本决定作相应修改,重新公布。

证券发行与承销管理办法

(2006年9月11日中国证券监督管理委员会第189次主席办公会议审议通过,根据2010年10月11日中国证券监督管理委员会《关于修改〈证券发行与承销管理办法〉的决定》修订)

第一章　总　　则

第 一 条　为了规范证券发行与承销行为,保护投资者的合法权益,根据《中华人民共和国证券法》、《中华人民共和国公司法》,制定本办法。

第 二 条　发行人在境内发行股票或者可转换公司债券(以下统称证券)、证券公司在境内承销证券,以及投资者认购境内发行的证券,适用本办法。

发行人、证券公司和投资者参与证券发行,还应当遵守中国证券监督管理委员会(以下简称中国证监会)有关证券发行的其他规定,以及证券交易所和证券登记结算机构的业务规则。证券公司承销证券,还应当遵守中国证监会有关保荐制度、风险控制制度和内部控制制度的相关规定。

第 三 条　为证券发行出具相关文件的证券服务机构和人员,应当按照本行业公认的业务标准和道德规范，严格履行法定职责，对其所出具文件的真实性、准确性和完整性承担责任。

第 四 条 中国证监会依法对证券发行和承销行为进行监督管理。

第二章 询价与定价

第 五 条 首次公开发行股票，应当通过向特定机构投资者（以下称询价对象）询价的方式确定股票发行价格。

询价对象是指符合本办法规定条件的证券投资基金管理公司、证券公司、信托投资公司、财务公司、保险机构投资者、合格境外机构投资者、主承销商自主推荐的具有较高定价能力和长期投资取向的机构投资者，以及经中国证监会认可的其他机构投资者。

主承销商自主推荐机构投资者的，应当制订明确的推荐标准，建立透明的推荐决策机制，并报中国证券业协会登记备案。

第 六 条 询价对象及其管理的证券投资产品（以下称股票配售对象）应当在中国证券业协会登记备案，接受中国证券业协会的自律管理。

第 七 条 询价对象应当符合下列条件：

（一）依法设立，最近 12 个月未因重大违法违规行为被相关监管部门给予行政处罚、采取监管措施或者受到刑事处罚；

（二）依法可以进行股票投资；

（三）信用记录良好，具有独立从事证券投资所必需的机构和人员；

（四）具有健全的内部风险评估和控制系统并能够有效执行，风险控制指标符合有关规定；

（五）按照本办法的规定被中国证券业协会从询价对象名单中去除的，自去除之日起已满 12 个月。

第 八 条 下列机构投资者作为询价对象除应当符合第七条规定的条件外，还应当符合下列条件：

（一）证券公司经批准可以经营证券自营或者证券资产管理业务；

（二）信托投资公司经相关监管部门重新登记已满两年，注册资本不低于 4 亿元，最近 12 个月有活跃的证券市场投资记录；

（三）财务公司成立两年以上，注册资本不低于 3 亿元，最近 12 个月有活跃的证券市场投资记录。

第 九 条 主承销商应当在询价时向询价对象提供投资价值研究报告。发行人、主承销商和询价对象不得以任何形式公开披露投资价值研究报告的内容，但中国证监会另有规定的除外。

第 十 条 投资价值研究报告应当由承销商的研究人员独立撰写并署名，承销商不得提供承销团以外的机构撰写的投资价值研究报告。出具投资价值研究报告的承销商应当建立完善的投资价值研究报告质量控制制度，撰写投资价值研究报告的人员应当遵守证券公司内部控制制度。

第十一条 撰写投资价值研究报告应当遵守下列要求：

（一）独立、审慎、客观；

（二）引用的资料真实、准确、完整、权威并须注明来源；

（三）对发行人所在行业的评估具有一致性和连贯性；

（四）无虚假记载、误导性陈述或者重大遗漏。

第十二条 投资价值研究报告应当对影响发行人投资价值的因素进行全面分析，至少包括下列内容：

（一）发行人的行业分类、行业政策，发行人与主要竞争者的比较及其在行业中的地位；

（二）发行人经营状况和发展前景分析；

（三）发行人盈利能力和财务状况分析；

（四）发行人募集资金投资项目分析；

（五）发行人与同行业可比上市公司的投资价值比较；

（六）宏观经济走势、股票市场走势以及其他对发行人投资价值有重要影响的因素。

投资价值研究报告应当在上述分析的基础上，运用行业公认的估值方法对发行人股票的合理投资价值进行预测。

第十三条 发行人及其主承销商应当在刊登首次公开发行股票招股意向书和发行公告后向询价对象进行推介和询价，并通过互联网向公众投资者进行推介。

询价分为初步询价和累计投标询价。发行人及其主承销商应当通过初步询价确定发行价格区间，在发行价格区间内通过累计投标询价确定发行价格。

第十四条 首次发行的股票在中小企业板、创业板上市的，发行人及其主承销商可以根据初步询价结果确定发行价格，不再进行累计投标询价。

第十五条 询价对象可以自主决定是否参与初步询价，询价对象申请参与初步询价的，主承销商无正当理由不得拒绝。未参与初步询价或者参与初步询价但未有效报价的询价对象，不得参与累计投标询价和网下配售。

第十六条 询价对象应当遵循独立、客观、诚信的原则合理报价，不得协商报价或者故意压低或抬高价格。

第十七条 主承销商的证券自营账户不得参与本次发行股票的询价、网下配售和网上发行。

与发行人或其主承销商具有实际控制关系的询价对象，不得参与本次发行股票的询价、网下配售，可以参与网上发行。

第十八条 发行人及其主承销商在发行价格区间和发行价格确定后，应当分别报中国证监会备案，并予以公告。

第十九条 发行人及其主承销商在推介过程中不得误导投资者，不得干扰询价对象正常报价和申购，不得披露招股意向书等公开信息以外的发行人其他信息；推介资料不得有虚假记载、误导性陈述或者重大遗漏。

第二十条 询价对象应当在年度结束后一个月内对上年度参与询价的情况进行总结，并就其是否持续符合本办法规定的条件以及是否遵守本办法对询价对象的监管要求进行说明。总结报告应当报中国证券业协会备案。

第二十一条 上市公司发行证券，可以通过询价的方式确定发行价格，也可以与主承销商协商确定发行价格。

上市公司发行证券的定价，应当符合中国证监会关于上市公司证券发行的有关规定。

第三章 证 券 发 售

第二十二条 首次公开发行股票数量在 4 亿股以上的，可以向战略投资者配售股票。发行人应当与战略投资者事先签署配售协议，并报中国证监会备案。

发行人及其主承销商应当在发行公告中披露战略投资者的选择标准、向战略投资者配售的股票总量、占本次发行股票的比例，以及持有期限制等。

第二十三条 战略投资者不得参与首次公开发行股票的初步询价和累计投标询价，并应当承诺获得本次配售的股票持有期限不少于 12 个月，持有期自本次公开发行的股票上市之日起计算。

第二十四条 发行人及其主承销商应当向参与网下配售的询价对象

配售股票。公开发行股票数量少于4亿股的，配售数量不超过本次发行总量的20%；公开发行股票数量在4亿股以上的，配售数量不超过向战略投资者配售后剩余发行数量的50%。询价对象应当承诺获得本次网下配售的股票持有期限不少于3个月，持有期自本次公开发行的股票上市之日起计算。

本次发行的股票向战略投资者配售的，发行完成后无持有期限制的股票数量不得低于本次发行股票数量的25%。

第二十五条 股票配售对象限于下列类别：

（一）经批准募集的证券投资基金；

（二）全国社会保障基金；

（三）证券公司证券自营账户；

（四）经批准设立的证券公司集合资产管理计划；

（五）信托投资公司证券自营账户；

（六）信托投资公司设立并已向相关监管部门履行报告程序的集合信托计划；

（七）财务公司证券自营账户；

（八）经批准的保险公司或者保险资产管理公司证券投资账户；

（九）合格境外机构投资者管理的证券投资账户；

（十）在相关监管部门备案的企业年金基金；

（十一）主承销商自主推荐机构投资者管理的证券投资账户；

（十二）经中国证监会认可的其他证券投资产品。

第二十六条 询价对象应当为其管理的股票配售对象分别指定资金账户和证券账户，专门用于累计投标询价和网下配售。指定账户应当在中国证监会、中国证券业协会和证券登记结算机构登记备案。

第二十七条 股票配售对象参与累计投标询价和网下配售应当全额缴付申购资金，单一指定证券账户的累计申购数量不得超过本次向询价对象配售的股票总量。

第二十八条 发行人及其主承销商通过累计投标询价确定发行价格的，当发行价格以上的有效申购总量大于网下配售数量时，应当对发行价格以上的全部有效申购进行同比例配售。

第二十九条 主承销商应当对询价对象和股票配售对象的登记备案情况进行核查。对有下列情形之一的询价对象不得配售股票：

（一）未参与初步询价；

（二）询价对象或者股票配售对象的名称、账户资料与中国证券业协会登记的不一致；

（三）未在规定时间内报价或者足额划拨申购资金；

（四）有证据表明在询价过程中有违法违规或者违反诚信原则的情形。

第三十条 发行人及其主承销商网下配售股票，应当与网上发行同时进行。

网上发行时发行价格尚未确定的，参与网上发行的投资者应当按价格区间上限申购，如最终确定的发行价格低于价格区间上限，差价部分应当退还给投资者。

投资者参与网上发行应当遵守证券交易所和证券登记结算机构的相关规定。

第三十一条 首次公开发行股票达到一定规模的，发行人及其主承销商应当在网下配售和网上发行之间建立回拨机制，根据申购情况调整网下配售和网上发行的比例。

网上申购不足时，可以向网下回拨由参与网下的机构投资者申购，仍然申购不足的，可以由承销团推荐其他投资者参与网下申购。

第三十二条 初步询价结束后，公开发行股票数量在4亿股以下，提供有效报价的询价对象不足20家的，或者公开发行股票数量在4亿股以上，提供有效报价的询价对象不足50家的，发行人及其主承销商不得确定发行价格，并应当中止发行。

网下机构投资者在既定的网下发售比例内有效申购不足，不得向网上回拨，可以中止发行。网下报价情况未及发行人和主承销商预期、网上申购不足、网上申购不足向网下回拨后仍然申购不足的，可以中止发行。中止发行的具体情形可以由发行人和承销商约定，并予以披露。

中止发行后，在核准文件有效期内，经向中国证监会备案，可重新启动发行。

第三十三条 上市公司发行证券，存在利润分配方案、公积金转增股本方案尚未提交股东大会表决或者虽经股东大会表决通过但未实施的，应当在方案实施后发行。相关方案实施前，主承销商不得承销上市公司发行的证券。

第三十四条 上市公司向原股东配售股票（以下简称配股），应当向股权登记日登记在册的股东配售，且配售比例应当相同。

第三十五条 上市公司向不特定对象公开募集股份（以下简称增发）或者发行可转换公司债券，主承销商可以对参与网下配售的机构投资者进行分类,对不同类别的机构投资者设定不同的配售比例,对同一类别的机构投资者应当按相同的比例进行配售。主承销商应当在发行公告中明确机构投资者的分类标准。

主承销商未对机构投资者进行分类的,应当在网下配售和网上发行之间建立回拨机制,回拨后两者的获配比例应当一致。

第三十六条 上市公司增发股票或者发行可转换公司债券,可以全部或者部分向原股东优先配售,优先配售比例应当在发行公告中披露。

第三十七条 上市公司非公开发行证券的,发行对象及其数量的选择应当符合中国证监会关于上市公司证券发行的相关规定。

第四章 证 券 承 销

第三十八条 证券公司实施证券承销前,应当向中国证监会报送发行与承销方案。

第三十九条 证券公司承销证券,应当依照《中华人民共和国证券法》第二十八条的规定采用包销或者代销方式。上市公司非公开发行股票未采用自行销售方式或者上市公司配股的,应当采用代销方式。

第四十条 股票发行采用代销方式的,应当在发行公告中披露发行失败后的处理措施。股票发行失败后,主承销商应当协助发行人按照发行价并加算银行同期存款利息返还股票认购人。

第四十一条 证券发行依照法律、行政法规的规定应当由承销团承销的,组成承销团的承销商应当签订承销团协议,由主承销商负责组织承销工作。

证券发行由两家以上证券公司联合主承销的,所有担任主承销商的证券公司应当共同承担主承销责任,履行相关义务。承销团由 3 家以上承销商组成的,可以设副主承销商,协助主承销商组织承销活动。

第四十二条 承销团成员应当按照承销团协议及承销协议的规定进行承销活动,不得进行虚假承销。

第四十三条 承销协议和承销团协议可以在发行价格确定后签订。

第四十四条 主承销商应当设立专门的部门或者机构,协调公司投资银行、研究、销售等部门共同完成信息披露、推介、簿记、定价、配售和资金清算等工作。

第四十五条 证券公司在承销过程中,不得以提供透支、回扣或者中国证监会认定的其他不正当手段诱使他人申购股票。

第四十六条 上市公司发行证券期间相关证券的停复牌安排,应当遵守证券交易所的相关规则。

主承销商应当按有关规定及时划付申购资金冻结利息。

第四十七条 投资者申购缴款结束后,主承销商应当聘请具有证券相关业务资格的会计师事务所(以下简称会计师事务所)对申购资金进行验证,并出具验资报告;首次公开发行股票的,还应当聘请律师事务所对向战略投资者、询价对象的询价和配售行为是否符合法律、行政法规及本办法的规定等进行见证,并出具专项法律意见书。

第四十八条 首次公开发行股票数量在 4 亿股以上的,发行人及其主承销商可以在发行方案中采用超额配售选择权。超额配售选择权的实施应当遵守中国证监会、证券交易所和证券登记结算机构的规定。

第四十九条 公开发行证券的,主承销商应当在证券上市后 10 日内向中国证监会报备承销总结报告,总结说明发行期间的基本情况及新股上市后的表现,并提供下列文件:

(一)募集说明书单行本;

(二)承销协议及承销团协议;

(三)律师见证意见(限于首次公开发行);

(四)会计师事务所验资报告;

(五)中国证监会要求的其他文件。

第五十条 上市公司非公开发行股票的,发行人及其主承销商应当在发行完成后向中国证监会报送下列文件:

(一)发行情况报告书;

(二)主承销商关于本次发行过程和认购对象合规性的报告;

(三)发行人律师关于本次发行过程和认购对象合规性的见证意见;

(四)会计师事务所验资报告;

(五)中国证监会要求的其他文件。

第五章 信 息 披 露

第五十一条 发行人和主承销商在发行过程中,应当按照中国证监会规定的程序、内容和格式,编制信息披露文件,履行信息披露义务。

第五十二条 发行人和主承销商在发行过程中披露的信息,应当真实、准确、完整,不得有虚假记载、误导性陈述或者重大遗漏。

第五十三条 发行人及其主承销商应当将发行过程中披露的信息刊

登在至少一种中国证监会指定的报刊,同时将其刊登在中国证监会指定的互联网网站,并置备于中国证监会指定的场所,供公众查阅。

第五十四条 发行人披露的招股意向书除不含发行价格、筹资金额以外,其内容与格式应当与招股说明书一致,并与招股说明书具有同等法律效力。

第五十五条 发行人及其主承销商应当在刊登招股意向书或者招股说明书摘要的同时刊登发行公告,对发行方案进行详细说明。

发行人及其主承销商应当在发行价格确定后,披露网下申购情况、网下具体报价情况。

第五十六条 发行人及其主承销商公告发行价格和发行市盈率时,每股收益应当按发行前一年经会计师事务所审计的、扣除非经常性损益前后孰低的净利润除以发行后总股本计算。

提供盈利预测的发行人还应当补充披露基于盈利预测的发行市盈率。每股收益按发行当年经会计师事务所审核的、扣除非经常性损益前后孰低的净利润预测数除以发行后总股本计算。

发行人还可以同时披露市净率等反映发行人所在行业特点的发行价格指标。

第五十七条 首次公开发行股票向战略投资者配售股票的,发行人及其主承销商应当在网下配售结果公告中披露战略投资者的名称、认购数量及承诺持有期等情况。

第五十八条 上市公司非公开发行新股后,应当按中国证监会的要求编制并披露发行情况报告书。

第五十九条 本次发行的证券上市前,发行人及其主承销商应当按证券交易所的要求编制信息披露文件并公告。

第六章　监管和处罚

第六十条 发行人、证券公司、证券服务机构及询价对象违反本办法规定的,中国证监会可以责令其整改;对其直接负责的主管人员和其他直接责任人员,可以采取监管谈话、认定为不适当人选等行政监管措施,记入诚信档案并公布。

第六十一条 发行人、证券公司、证券服务机构、询价对象及其直接负责的主管人员和其他直接责任人员违反法律、行政法规或者本办法规定,依法应予行政处罚的,依照有关规定进行处罚;涉嫌犯罪的,依法移送司法机关,追究其刑事责任。

第六十二条 证券公司有下列行为之一的,除承担《证券法》规定的法律责任外,自中国证监会确认之日起36个月内不得参与证券承销:

(一)承销未经核准的证券;

(二)在承销过程中,进行虚假或误导投资者的广告或者其他宣传推介活动,以不正当手段诱使他人申购股票;

(三)在承销过程中披露的信息有虚假记载、误导性陈述或者重大遗漏。

第六十三条 证券公司有下列行为之一的,除承担《证券法》规定的法律责任外,自中国证监会确认之日起12个月内不得参与证券承销:

(一)提前泄漏证券发行信息;

(二)以不正当竞争手段招揽承销业务;

(三)在承销过程中不按规定披露信息;

(四)在承销过程中的实际操作与报送中国证监会的发行方案不一致;

(五)违反相关规定撰写或者发布投资价值研究报告。

第六十四条 发行人及其承销商违反规定向参与认购的投资者提供财务资助或者补偿的,中国证监会可以责令改正;情节严重的,处以警告、罚款。

第六十五条 询价对象有下列情形之一的,中国证券业协会应当将其从询价对象名单中去除:

(一)不再符合本办法规定的条件;

(二)最近12个月内因违反相关监管要求被监管谈话三次以上;

(三)未按时提交年度总结报告。

第七章 附 则

第六十六条 本办法所称网上发行,是指通过证券交易所技术系统进行的证券发行。

本办法所称网下配售,是指不通过证券交易所技术系统、由主承销商组织实施的证券发行。

第六十七条 上市公司其他证券的发行和承销比照本办法执行。

第六十八条 本办法自2006年9月19日起施行。《证券经营机构股票承销业务管理办法》(证委发〔1996〕18号)、《关于禁止股票发行中不当行为的通知》(证监发字〔1996〕21 号)、《关于坚决制止股票发行中透支等行为的通知》(证监发字〔1996〕169 号)、《关于禁止证券经营机构申购自己承销股票的通知》(证监机字〔1997〕4 号)、《关于加强证券经营机构股票承销业务监管工作的通知》(证监机构字〔1999〕54 号)、《关于法人配售股票有关问题的通知》(证监发行字〔1999〕121 号)、《关于股票上市安排有关问题的通知》(证监发行字〔2000〕86 号)、《关于证券经营机构股票承销业务监管工作的补充通知》(证监机构字〔2000〕199 号)、《关于新股发行公司通过互联网进行公司推介的通知》(证监发行字〔2001〕12 号)及《关于首次公开发行股票试行询价制度若干问题的通知》(证监发行字〔2004〕162 号)同时废止。

关于豁免国有创业投资机构和国有创业投资引导基金国有股转持义务有关问题的通知

（2010年10月13日　财政部、国资委、证监会、社保基金会　财企〔2010〕278号）

国务院有关部委，有关直属机构，各省、自治区、直辖市、计划单列市财政厅（局）、国资委（局），中国证券登记结算有限责任公司，有关国有创业投资机构、国有创业投资引导基金：

《财政部国资委证监会社保基金会关于印发〈境内证券市场转持部分国有股充实全国社会保障基金实施办法〉的通知》（财企〔2009〕94号）规定，股权分置改革新老划断后，凡在境内证券市场首次公开发行股票并上市的含国有股的股份有限公司，除国务院另有规定的，均须按首次公开发行时实际发行股份数量的10%，将股份有限公司部分国有股转由社保基金会持有，国有股东持股数量少于应转持股份数量的，按实际持股数量转持。

为进一步提高国有资本从事创业投资的积极性，鼓励和引导国有创业投资机构加大对中早期项目的投资，促进我国创业投资事业的发展和科技创新目标的实现，经国务院批准，符合条件的国有创业投资机构和国有创业投资引导基金，投资于未上市中小企业形成的国有股，可申请豁免国有股转持义务。现将有关事项通知如下：

一、资质条件

（一）豁免国有股转持义务的国有创业投资机构应当符合下列条件：

1. 经营范围符合《创业投资企业管理暂行办法》（发展改革委等10部门令第39号，以下简称《办法》）规定，且工商登记名称中注有“创业投资”字样。在2005年11月15日《办法》发布前完成工商登记的，可保留原有工商登记名称，但经营范围须符合《办法》规定。

2. 遵照《办法》规定的条件和程序完成备案，经备案管理部门年度检查核实，投资运作符合《办法》有关规定。

（二）豁免国有股转持义务的国有创业投资引导基金应当为按照《关于创业投资引导基金规范设立与运作的指导意见》（国办发〔2008〕116号）规定，规范设立并运作的国有创业投资引导基金。

（三）本通知所称未上市中小企业，应当同时符合下列条件：

1. 职工人数不超过500人；

2. 年销售（营业额）不超过2亿元；

3. 资产总额不超过2亿元。

上述条件按照国有创业投资机构和国有创业投资引导基金初始投资行为发生时被投资企业的规模确定。

二、申报资料

国有创业投资机构或国有创业投资引导基金申请豁免国有股转持义务，应当提供以下资料：

（一）申请报告；

（二）国有创业投资机构按照《创业投资企业管理暂行办法》完成备案及年检的证明文件，国有创业投资引导基金按照《关于创业投资引导基金规范设立与运作的指导意见》规范设立并运作的具体说明；

（三）经会计师事务所审计的被投资企业在国有创业投资机构或国有创业投资引导基金初始投资发生时上一年度的会计报表；

（四）由被投资企业所在地劳动和社会保障部门出具的被投资企业在国有创业投资机构或国有创业投资引导基金初始投资发生时上一年度末职工人数的证明；

（五）其他说明材料。

三、办理程序

被投资企业拟首次公开发行股票并上市前，符合条件的国有创业投资机构或国有创业投资引导基金直接向财政部提出豁免国有股转持义务申请。财政部经审核后出具豁免国有股转持义务的批复文件，并抄送国资委、证监会、社保基金会和相关省（自治区、直辖市、计划单列市）国有资产监督管理机构、财政部门。若被投资企业有其他国有股东，需省级或省级以上国有资产管理机构出具国有股转持批复的，已豁免国有股转持额度在应转持总额度中扣除。

已按《境内证券市场转持部分国有股充实全国社会保障基金实施办法》实施国有股转持的，符合条件的国有创业投资机构或国有创业投资引导基金直接向财政部提出国有股回拨申请。财政部会同社保基金会复核后向中国证券登记结算有限责任公司（以下简称中国结算公司）下达国有股回拨通知，并抄送国资委、证监会、社保基金会和相关省（自治区、直辖市、计划单列市）国有资产监督管理机构、财政部门。中国结算公司在收到国有股回拨通知后 15 个工作日内，将已转持国有股，由社保基金会转持股票账户变更登记到国有创业投资机构或国有创业投资引导基金开设的股票账户。

机 构 类

《合格境内机构投资者境外证券投资管理试行办法》第四十六条证券公司开展境外证券投资定向资产管理业务的适用意见——证券期货法律适用意见第6号

（2010年8月16日 证监会公告〔2010〕22号）

为明确证券公司开展境外证券投资定向资产管理业务的法律适用，我会制定了《〈合格境内机构投资者境外证券投资管理试行办法〉第四十六条境外证券投资定向资产管理业务的适用意见——证券期货法律适用意见第6号》，现予公布，请遵照执行。

《合格境内机构投资者境外证券投资管理试行办法》（证监会令第46号，以下简称《QDII试行办法》）第四十六条规定，取得境内机构投资者资格的证券公司办理定向资产管理、专项资产管理业务，运用所管理的资金投资于境外证券市场的，参照本办法执行。鉴于《QDII试行办法》的规定主要是针对基金、集合计划等募集资金的理财产品，现就证券公司办理定向资产管理业务，运用所管理的资金投资于境外证券市场如何参照执行《QDII试行办法》提出以下适用意见：

一、证券公司境外证券投资定向资产管理业务，是指证券公司接受单一客户委托，与客户签订定向资产管理合同，根据合同约定的方式、条件和要求，通过客户的账户管理客户委托资产，进行境外证券投资管理的活动。

二、《关于实施〈合格境内机构投资者境外证券投资管理办法〉有关问题的通知》（证监发〔2007〕81号，以下简称《通知》）是《QDII试行办法》的配套规定，证券公司开展境外证券投资定向资产管理业务应当同时参照适用《通知》的相关规定。

三、鉴于下列规定是针对基金、集合计划等向多个客户募集资金进行证券投资的理财产品的特点做出的规定，证券公司开展境外证券投资定向资产管理业务不予适用：

（一）《QDII 试行办法》第二章第十条、第十一条，第四章第二十条、第二十二条，第五章第二十四条、第二十五条、第二十六条、第二十八条，第七章第三十九条；

（二）《通知》第四条，第五条第二项下的要求 5 至要求 7、第四项至第九项，以及第六条、第七条、第九条。

上述条款涉及事宜需要予以明确的，证券公司可以与客户通过合同约定。

四、证券公司境外证券投资定向资产管理业务作为定向资产管理业务的一种特殊形式，也应当适用《证券公司客户资产管理业务试行办法》和《证券公司定向资产管理业务实施细则》的规定。

证券公司借入次级债务规定

（2010年9月1日　证监会公告〔2010〕23号）

现公布《证券公司借入次级债务规定》，自公布之日起施行。

第一条　为规范证券公司借入次级债务行为，根据《证券法》、《证券公司监督管理条例》、《证券公司风险控制指标管理办法》等法律、行政法规的规定，制定本规定。

第二条　本规定所称次级债务，是指证券公司经批准向股东或其他符合条件的机构投资者定向借入的清偿顺序在普通债务之后，先于证券公司股权资本的债务。

前款所称符合条件的机构投资者，是指依法设立的、经审计的净资产在2000万元以上（含2000万元）的法人或投资组织。

第三条　次级债务分为长期次级债务和短期次级债务。

第四条　证券公司借入期限在2年以上（含2年）的次级债务为长期次级债务。长期次级债务应当为定期债务。

长期次级债务可以按一定比例计入净资本，到期期限在5、4、3、2、1年以上的，原则上分别按100%、90%、70%、50%、20%比例计入净资本。

第五条　证券公司为满足承销股票、债券等特定业务的流动性资金需要，借入期限在3个月以上（含3个月），2年以下（不含2年）的次级债务为短期次级债务。

短期次级债务不计入净资本，仅可在公司开展有关特定业务时按规定和要求扣减风险资本准备。

第六条　证券公司为满足承销股票、债券业务的流动性资金需要借入的短期次级债务，可以按照以下标准扣减风险资本准备：

（一）在承销期内，按债务资金与承销业务风险资本准备的孰低值扣减风险资本准备。

（二）承销结束，发生包销情形的，按照债务资金与因包销形成的自营业务风险资本准备的孰低值扣减风险资本准备。

承销结束，未发生包销情况的，借入的短期次级债务不得扣减风险资本准备。

第七条 证券公司借入次级债务应当由董事会制定方案，股东（大）会对下列事项做出专项决议：

（一）次级债务的规模、期限、利率；

（二）借入资金的用途；

（三）决议有效期；

（四）与借入次级债务相关的其他重要事项。

第八条 证券公司借入次级债务应当与债权人签订次级债务合同。合同应当约定下列事项：

（一）清偿顺序在普通债务之后；

（二）次级债务的金额、期限、利率；

（三）次级债务本息的偿付安排；

（四）借入资金用途；

（五）证券公司应向债权人披露的信息内容和披露方式；

（六）次级债务的借入、偿还应当符合本规定；

（七）违约责任。

第九条 证券公司借入次级债务应当符合以下条件：

（一）借入资金有合理用途；

（二）次级债务应当以现金或中国证监会认可的其他形式借入；

（三）借入次级债务数额应当符合以下规定：

1. 长期次级债务计入净资本的数额不得超过净资本（不含长期次级债务累计计入净资本的数额）的50%；

2. 净资本与负债的比例、净资产与负债的比例等各项风险控制指标不触及预警标准。

（四）次级债务合同条款符合证券公司监管规定。

第十条 证券公司申请借入的次级债务展期，应当由公司董事会对展期期限、利率调整等事项提出议案，经股东（大）会通过后，与次级债权人变更债务合同。

第十一条 证券公司借入次级债务、次级债务展期以及偿还次级债务的，应当事先向证券公司住所地证监局提交申请，经住所地证监局批准后实施。

第十二条 证券公司申请借入次级债务，应当提交以下申请文件：

（一）申请书；

（二）相关股东（大）会决议；
（三）借入次级债务合同；
（四）债务资金的用途说明；
（五）合同当事人之间的关联关系说明；
（六）证券公司目前的风险控制指标情况及相关测算报告；
（七）债权人净资产情况的说明材料；
（八）证监会要求提交的其他文件。

第十三条 证券公司申请次级债务展期，应当提交以下申请文件：
（一）申请书；
（二）相关股东（大）会决议；
（三）借入次级债务合同；
（四）债务资金的用途说明；
（五）证券公司目前的风险控制指标情况及相关测算报告；
（六）证监会要求提交的其他文件。

第十四条 证券公司申请偿还次级债务，应当在债务到期前至少 10 个工作日向住所地证监局提交以下申请文件：
（一）申请书；
（二）借入次级债务合同；
（三）证券公司目前的风险控制指标情况及相关测算报告；
（四）证监会要求提交的其他文件。

证券公司偿还短期次级债务的，还应提交债务资金使用情况的说明。

证券公司提前偿还次级债务的，还应提交股东（大）会决议。

第十五条 证券公司住所地证监局应当对证券公司申请次级债务借入、展期、偿还等事项作出核准或者不予核准的书面决定。

（一）对证券公司借入短期次级债务、偿还次级债务的申请，自受理之日起 5 个工作日内作出决定；

（二）对证券公司借入长期次级债务、次级债务展期的申请，自受理之日起 10 个工作日内作出决定。

第十六条 证券公司获批借入的长期次级债务，可自债务资金到账之日起按规定比例计入净资本。债务资金于获批日之前到账的，证券公司应自获得住所地证监局批复之日起按规定比例将长期次级债务计入净资本。

证券公司借入的短期次级债务转为长期次级债务或将长期次级债务展期的，应自获得住所地证监局批复之日起按规定比例将长期次级债务计入净资本。

第十七条 证券公司提前偿还长期次级债务后一年之内再次借入新的长期次级债务的,新借入的次级债务应先按照提前偿还的长期次级债务剩余到期期限对应的比例计入净资本;在提前偿还的次级债务合同期限届满后,再按规定比例计入净资本。

新借入的长期次级债务数额超出提前偿还的长期次级债务数额的,超出部分的次级债务可按规定比例计入净资本。

第十八条 证券公司向其他证券公司借入长期次级债务的,作为债权人的证券公司在计算自身净资本时应当将借出资金全额扣除。

证券公司不得向其实际控制的子公司借入次级债务。

第十九条 证券公司应自借入次级债务获批之日起3个工作日内在公司网站公开披露借入次级债务事项。

第二十条 证券公司借入的短期次级债务应当实施专户管理,严格按照债务合同及申请文件列明的资金用途使用债务资金。

第二十一条 证券公司借入次级债等事项获批后,未经批准不得变更次级债务合同。

第二十二条 证券公司风险控制指标不符合规定标准或者偿还次级债务后将导致风险控制指标不符合规定标准的,不得偿还到期次级债务本息。次级债务合同应当明确约定前述事项。

第二十三条 除下列情形外,证券公司不得提前偿还次级债务:

(一)证券公司偿还全部或部分次级债务后,各项风险控制指标符合规定标准且未触及预警指标,净资本数额不低于借入长期次级债务时的净资本数额(包括长期次级债务计入净资本的数额);

(二)债权人将次级债权转为股权,且次级债权转为股权符合相关法律法规规定并经批准;

(三)中国证监会认可的其他情形。

第二十四条 证券公司偿还次级债务,应当在到期日前至少3个工作日在公司网站公开披露,并在实际偿还次级债务后3个工作日内公开披露有关偿还情况。

第二十五条 上市证券公司借入和偿还次级债务的,除应当遵守本规定要求外,还应按照上市公司信息披露管理的规定,履行信息披露义务。

第二十六条 证券公司住所地证监局应当加强对证券公司次级债务存续期间的日常监管,对违反本规定及相关监管要求的,责令其及时改正,并依法采取监管措施。

第二十七条 本规定所称次级债务展期,包括将短期次级债务转为长期次级债务。

第二十八条 从事证券相关业务的证券类机构借入、偿还次级债务等事项,经中国证监会同意,可参照本规定执行。

第二十九条 本规定自公布之日起施行。《关于证券公司借入次级债务有关问题的通知》(证监机构字〔2005〕146 号)同时废止。

证券投资顾问业务暂行规定

（2010 年 10 月 12 日　证监会公告〔2010〕27号）

现公布《证券投资顾问业务暂行规定》，自 2011 年 1 月 1 日起施行。

第 一 条　为了规范证券公司、证券投资咨询机构从事证券投资顾问业务行为，保护投资者合法权益，维护证券市场秩序，依据《证券法》、《证券公司监督管理条例》、《证券、期货投资咨询管理暂行办法》，制定本规定。

第 二 条　本规定所称证券投资顾问业务，是证券投资咨询业务的一种基本形式，指证券公司、证券投资咨询机构接受客户委托，按照约定，向客户提供涉及证券及证券相关产品的投资建议服务，辅助客户作出投资决策，并直接或者间接获取经济利益的经营活动。投资建议服务内容包括投资的品种选择、投资组合以及理财规划建议等。

第 三 条　证券公司、证券投资咨询机构从事证券投资顾问业务，应当遵守法律、行政法规和本规定，加强合规管理，健全内部控制，防范利益冲突，切实维护客户合法权益。

第 四 条　证券公司、证券投资咨询机构及其人员应当遵循诚实信用原则，勤勉、审慎地为客户提供证券投资顾问服务。

第 五 条　证券公司、证券投资咨询机构及其人员提供证券投资顾问服务，应当忠实客户利益，不得为公司及其关联方的利益损害客户利益；不得为证券投资顾问人员及其利益相关者的利益损害客户利益；不得为特定客户利益损害其他客户利益。

第 六 条　中国证监会及其派出机构依法对证券公司、证券投资咨询机构从事证券投资顾问业务实行监督管理。

中国证券业协会对证券公司、证券投资咨询机构从事证券投资顾问业务实行自律管理，并依据有关法律、行政法规和本规定，制定相关执业规范和行为准则。

第 七 条　向客户提供证券投资顾问服务的人员，应当具有证券投资咨询执业资格，并在中国证券业协会注册登记为证券投资顾问。证券投资顾问不得同时注册为证券分析师。

第八条 证券公司、证券投资咨询机构应当制定证券投资顾问人员管理制度，加强对证券投资顾问人员注册登记、岗位职责、执业行为的管理。

第九条 证券公司、证券投资咨询机构应当建立健全证券投资顾问业务管理制度、合规管理和风险控制机制，覆盖业务推广、协议签订、服务提供、客户回访、投诉处理等业务环节。

第十条 证券公司、证券投资咨询机构从事证券投资顾问业务，应当保证证券投资顾问人员数量、业务能力、合规管理和风险控制与服务方式、业务规模相适应。

第十一条 证券公司、证券投资咨询机构向客户提供证券投资顾问服务，应当按照公司制定的程序和要求，了解客户的身份、财产与收入状况、证券投资经验、投资需求与风险偏好，评估客户的风险承受能力，并以书面或者电子文件形式予以记载、保存。

第十二条 证券公司、证券投资咨询机构向客户提供证券投资顾问服务，应当告知客户下列基本信息：

（一）公司名称、地址、联系方式、投诉电话、证券投资咨询业务资格等；

（二）证券投资顾问的姓名及其证券投资咨询执业资格编码；

（三）证券投资顾问服务的内容和方式；

（四）投资决策由客户作出，投资风险由客户承担；

（五）证券投资顾问不得代客户作出投资决策。

证券公司、证券投资咨询机构应当通过营业场所、中国证券业协会和公司网站，公示前款第（一）、（二）项信息，方便投资者查询、监督。

第十三条 证券公司、证券投资咨询机构应当向客户提供风险揭示书，并由客户签收确认。风险揭示书内容与格式要求由中国证券业协会制定。

第十四条 证券公司、证券投资咨询机构提供证券投资顾问服务，应当与客户签订证券投资顾问服务协议，并对协议实行编号管理。协议应当包括下列内容：

（一）当事人的权利义务；

（二）证券投资顾问服务的内容和方式；

（三）证券投资顾问的职责和禁止行为；

（四）收费标准和支付方式；

（五）争议或者纠纷解决方式；

（六）终止或者解除协议的条件和方式。

证券投资顾问服务协议应当约定，自签订协议之日起5个工作日内，客户可以书面通知方式提出解除协议。证券公司、证券投资咨询机构收到客户解除协议书面通知时，证券投资顾问服务协议解除。

第十五条 证券投资顾问应当根据了解的客户情况，在评估客户风险承受能力和服务需求的基础上，向客户提供适当的投资建议服务。

第十六条 证券投资顾问向客户提供投资建议，应当具有合理的依据。投资建议的依据包括证券研究报告或者基于证券研究报告、理论模型以及分析方法形成的投资分析意见等。

第十七条 证券公司、证券投资咨询机构应当为证券投资顾问服务提供必要的研究支持。证券公司、证券投资咨询机构的证券研究不足以支持证券投资顾问服务需要的，应当向其他具有证券投资咨询业务资格的证券公司或者证券投资咨询机构购买证券研究报告，提升证券投资顾问服务能力。

第十八条 证券投资顾问依据本公司或者其他证券公司、证券投资咨询机构的证券研究报告作出投资建议的，应当向客户说明证券研究报告的发布人、发布日期。

第十九条 证券投资顾问向客户提供投资建议，应当提示潜在的投资风险，禁止以任何方式向客户承诺或者保证投资收益。

鼓励证券投资顾问向客户说明与其投资建议不一致的观点，作为辅助客户评估投资风险的参考。

第二十条 证券投资顾问向客户提供投资建议，知悉客户作出具体投资决策计划的，不得向他人泄露该客户的投资决策计划信息。

第二十一条 证券公司、证券投资咨询机构从事证券投资顾问业务，应当建立客户回访机制，明确客户回访的程序、内容和要求，并指定专门人员独立实施。

第二十二条 证券公司、证券投资咨询机构从事证券投资顾问业务，应当建立客户投诉处理机制，及时、妥善处理客户投诉事项。

第二十三条 证券公司、证券投资咨询机构应当按照公平、合理、自愿的原则，与客户协商并书面约定收取证券投资顾问服务费用的安排，可以按照服务期限、客户资产规模收取服务费用，也可以采用差别佣金等其他方式收取服务费用。

证券投资顾问服务费用应当以公司账户收取。禁止证券公司、证券投资咨询机构及其人员以个人名义向客户收取证券投资顾问服务费用。

第二十四条 证券公司、证券投资咨询机构应当规范证券投资顾问业务推广和客户招揽行为,禁止对服务能力和过往业绩进行虚假、不实、误导性的营销宣传,禁止以任何方式承诺或者保证投资收益。

第二十五条 证券公司、证券投资咨询机构通过广播、电视、网络、报刊等公众媒体对证券投资顾问业务进行广告宣传,应当遵守《广告法》和证券信息传播的有关规定,广告宣传内容不得存在虚假、不实、误导性信息以及其他违法违规情形。

证券公司、证券投资咨询机构应当提前5个工作日将广告宣传方案和时间安排向公司住所地证监局、媒体所在地证监局报备。

第二十六条 证券公司、证券投资咨询机构通过举办讲座、报告会、分析会等形式,进行证券投资顾问业务推广和客户招揽的,应当提前5个工作日向举办地证监局报备。

第二十七条 以软件工具、终端设备等为载体,向客户提供投资建议或者类似功能服务的,应当执行本规定,并符合下列要求:

(一)客观说明软件工具、终端设备的功能,不得对其功能进行虚假、不实、误导性宣传;

(二)揭示软件工具、终端设备的固有缺陷和使用风险,不得隐瞒或者有重大遗漏;

(三)说明软件工具、终端设备所使用的数据信息来源;

(四)表示软件工具、终端设备具有选择证券投资品种或者提示买卖时机功能的,应当说明其方法和局限。

第二十八条 证券公司、证券投资咨询机构应当对证券投资顾问业务推广、协议签订、服务提供、客户回访、投诉处理等环节实行留痕管理。向客户提供投资建议的时间、内容、方式和依据等信息,应当以书面或者电子文件形式予以记录留存。

证券投资顾问业务档案的保存期限自协议终止之日起不得少于5年。

第二十九条 证券公司、证券投资咨询机构应当加强人员培训,提升证券投资顾问的职业操守、合规意识和专业服务能力。

第三十条 证券公司、证券投资咨询机构以合作方式向客户提供证券投资顾问服务,应当对服务方式、报酬支付、投诉处理等作出约定,明确当事人的权利和义务。

第三十一条 鼓励证券公司、证券投资咨询机构组织安排证券投资顾问人员，按照证券信息传播的有关规定，通过广播、电视、网络、报刊等公众媒体，客观、专业、审慎地对宏观经济、行业状况、证券市场变动情况发表评论意见，为公众投资者提供证券资讯服务，传播证券知识，揭示投资风险，引导理性投资。

第三十二条 证券投资顾问不得通过广播、电视、网络、报刊等公众媒体，作出买入、卖出或者持有具体证券的投资建议。

第三十三条 证券公司、证券投资咨询机构及其人员从事证券投资顾问业务，违反法律、行政法规和本规定的，中国证监会及其派出机构可以采取责令改正、监管谈话、出具警示函、责令增加内部合规检查次数并提交合规检查报告、责令清理违规业务、责令暂停新增客户、责令处分有关人员等监管措施；情节严重的，中国证监会依照法律、行政法规和有关规定作出行政处罚；涉嫌犯罪的，依法移送司法机关。

第三十四条 证券公司从事证券经纪业务，附带向客户提供证券及证券相关产品投资建议服务，不就该项服务与客户单独作出协议约定、单独收取证券投资顾问服务费用的，其投资建议服务行为参照执行本规定有关要求。

第三十五条 本规定自 2011 年 1 月 1 日起施行。

发布证券研究报告暂行规定

（2010年10月12日　证监会公告〔2010〕28号）

现公布《发布证券研究报告暂行规定》，自2011年1月1日起施行。

第一条 为了规范证券公司、证券投资咨询机构发布证券研究报告行为，保护投资者合法权益，维护证券市场秩序，依据《证券法》、《证券公司监督管理条例》、《证券、期货投资咨询管理暂行办法》，制定本规定。

第二条 本规定所称发布证券研究报告，是证券投资咨询业务的一种基本形式，指证券公司、证券投资咨询机构对证券及证券相关产品的价值、市场走势或者相关影响因素进行分析，形成证券估值、投资评级等投资分析意见，制作证券研究报告，并向客户发布的行为。

证券研究报告主要包括涉及证券及证券相关产品的价值分析报告、行业研究报告、投资策略报告等。证券研究报告可以采用书面或者电子文件形式。

第三条 证券公司、证券投资咨询机构发布证券研究报告，应当遵守法律、行政法规和本规定，遵循独立、客观、公平、审慎原则，有效防范利益冲突，公平对待发布对象，禁止传播虚假、不实、误导性信息，禁止从事或者参与内幕交易、操纵证券市场活动。

第四条 中国证监会及其派出机构依法对证券公司、证券投资咨询机构发布证券研究报告行为实行监督管理。

中国证券业协会对证券公司、证券投资咨询机构发布证券研究报告行为实行自律管理，并依据有关法律、行政法规和本规定，制定相应的执业规范和行为准则。

第五条 在发布的证券研究报告上署名的人员，应当具有证券投资咨询执业资格，并在中国证券业协会注册登记为证券分析师。证券分析师不得同时注册为证券投资顾问。

第六条 发布证券研究报告的证券公司、证券投资咨询机构，应当设立专门研究部门或者子公司,建立健全业务管理制度,对发布证券研究报告行为及相关人员实行集中统一管理。

从事发布证券研究报告业务的相关人员,不得同时从事证券自营、证券资产管理等存在利益冲突的业务。公司高级管理人员同时负责管理发布证券研究报告业务和其他证券业务的,应当采取防范利益冲突的措施,并有充分证据证明已经有效防范利益冲突。

第 七 条 证券公司、证券投资咨询机构应当采取有效措施,保证制作发布证券研究报告不受证券发行人、上市公司、基金管理公司、资产管理公司等利益相关者的干涉和影响。

第 八 条 证券公司、证券投资咨询机构发布的证券研究报告,应当载明下列事项:

(一)"证券研究报告"字样;

(二)证券公司、证券投资咨询机构名称;

(三)具备证券投资咨询业务资格的说明;

(四)署名人员的证券投资咨询执业资格证书编码;

(五)发布证券研究报告的时间;

(六)证券研究报告采用的信息和资料来源;

(七)使用证券研究报告的风险提示。

第 九 条 制作证券研究报告应当合规、客观、专业、审慎。署名的证券分析师应当对证券研究报告的内容和观点负责,保证信息来源合法合规,研究方法专业审慎,分析结论具有合理依据。

第 十 条 证券公司、证券投资咨询机构应当建立证券研究报告发布审阅机制,明确审阅流程,安排专门人员,做好证券研究报告发布前的质量控制和合规审查。

第十一条 证券公司、证券投资咨询机构应当公平对待证券研究报告的发布对象,不得将证券研究报告的内容或者观点,优先提供给公司内部部门、人员或者特定对象。

第十二条 证券公司、证券投资咨询机构应当建立健全与发布证券研究报告相关的利益冲突防范机制,明确管理流程、披露事项和操作要求,有效防范发布证券研究报告与其他证券业务之间的利益冲突。

发布对具体股票作出明确估值和投资评级的证券研究报告时,公司持有该股票达到相关上市公司已发行股份1%以上的,应当在证券研究报告中向客户披露本公司持有该股票的情况,并且在证券研究报告发布日及第二个交易日,不得进行与证券研究报告观点相反的交易。

第十三条 证券公司、证券投资咨询机构应当采取有效管理措施，防止制作发布证券研究报告的相关人员利用发布证券研究报告为自身及其利益相关者谋取不当利益，或者在发布证券研究报告前泄露证券研究报告的内容和观点。

第十四条 证券公司、证券投资咨询机构应当严格执行发布证券研究报告与其他证券业务之间的隔离墙制度，防止存在利益冲突的部门及人员利用发布证券研究报告谋取不当利益。

第十五条 证券公司、证券投资咨询机构的证券分析师因公司业务需要，阶段性参与公司承销保荐、财务顾问等业务项目，撰写投资价值研究报告或者提供行业研究支持的，应当履行公司内部跨越隔离墙审批程序。

合规管理部门和相关业务部门应当对证券分析师跨越隔离墙后的业务活动实行监控。证券分析师参与公司承销保荐、财务顾问等业务项目期间，不得发布与该业务项目相关的证券研究报告。跨越隔离墙期满，证券分析师不得利用公司承销保荐、财务顾问等业务项目的非公开信息，发布证券研究报告。

第十六条 证券公司、证券投资咨询机构从事发布证券研究报告业务，同时从事证券承销与保荐、上市公司并购重组财务顾问业务的，应当根据有关规定，按照独立、客观、公平的原则，建立健全发布证券研究报告静默期制度和实施机制，并通过公司网站等途径向客户披露静默期安排。

第十七条 证券公司、证券投资咨询机构应当严格执行合规管理制度，对与发布证券研究报告相关的人员资格、利益冲突、跨越隔离墙等情形进行合规审查和监控。

第十八条 证券公司、证券投资咨询机构发布证券研究报告，应当对发布的时间、方式、内容、对象和审阅过程实行留痕管理。

发布证券研究报告相关业务档案的保存期限自证券研究报告发布之日起不得少于 5 年。

第十九条 鼓励证券公司、证券投资咨询机构组织安排证券分析师，按照证券信息传播的有关规定，通过广播、电视、网络、报刊等公众媒体，客观、专业、审慎地对宏观经济、行业状况、证券市场变动情况发表评论意见，为公众投资者提供证券资讯服务，传播证券知识，揭示投资风险，引导理性投资。

第二十条 证券分析师通过广播、电视、网络、报刊等公众媒体以及报告会、交流会等形式，发表涉及具体证券的评论意见，或者解读其撰写

的证券研究报告,应当符合证券信息传播的有关规定以及下列要求:

(一)由所在证券公司或者证券投资咨询机构统一安排;

(二)说明所依据的证券研究报告的发布日期;

(三)禁止明示或者暗示保证投资收益。

第二十一条 证券公司、证券投资咨询机构授权其他机构刊载或者转发证券研究报告或者摘要的,应当与相关机构作出协议约定,明确刊载或者转发责任,要求相关机构注明证券研究报告的发布人和发布日期,提示使用证券研究报告的风险。未经授权刊载或者转发证券研究报告的,应当承担相应的法律责任。

第二十二条 证券公司、证券投资咨询机构及其人员违反法律、行政法规和本规定的,中国证监会及其派出机构可以采取责令改正、监管谈话、出具警示函、责令增加内部合规检查次数并提交合规检查报告、责令暂停发布证券研究报告、责令处分有关人员等监管措施;情节严重的,中国证监会依照法律、行政法规和有关规定作出行政处罚;涉嫌犯罪的,依法移送司法机关。

第二十三条 本规定自 2011 年 1 月 1 日起施行。

证券服务机构类

律师事务所证券法律业务执业规则（试行）

（2010年10月20日　证监会、司法部　证监会公告〔2010〕33号）

现公布《律师事务所证券法律业务执业规则（试行）》，自2011年1月1日起施行。

第一章　总　　则

第 一 条　为了规范律师事务所及其指派的律师从事证券法律业务，保障执业质量，维护投资者的合法权益，根据《律师事务所从事证券法律业务管理办法》（证监会令第41号），制定本规则。

第 二 条　律师事务所及其指派的律师从事证券法律业务开展核查和验证（以下简称查验）、制作和出具法律意见书等执业活动，适用本规则。

第 三 条　律师事务所及其指派的律师，应当按照《律师事务所从事证券法律业务管理办法》（以下简称《管理办法》）和本规则的规定，进行尽职调查和审慎查验，对受托事项的合法性出具法律意见，并留存工作底稿。

第 四 条　律师事务所及其指派的律师从事证券法律业务，应当运用自己的专业知识和能力，依据自己的查验行为，独立作出查验结论，出具法律意见。对于收集证据材料等事项，应当亲自办理，不得交由委托人代为办理；使用委托人提供材料的，应当对其内容、性质和效力等进行必要的查验、分析和判断。

第 五 条　律师事务所及其指派的律师对有关事实、法律问题作出认定和判断，应当有适当的证据和理由。

第 六 条　律师从事证券法律业务，应当就业务事项是否与法律相关、是否应当履行法律专业人士特别注意义务作出分析、判断。需要履行法律专业人士特别注意义务的，应当拟订履行特别注意义务的具体方式、手段、措施，并予以落实。

第七条 律师事务所从事证券法律业务，应当建立、健全内部业务质量和执业风险控制机制，确保出具的法律意见书内容真实、准确、完整，逻辑严密、论证充分。

第二章 查验规则

第八条 律师事务所及其指派的律师对受托事项进行查验时，应当独立、客观、公正，遵循审慎性及重要性原则。

第九条 律师事务所及其指派的律师应当按照《管理办法》编制查验计划。查验计划应当列明需要查验的具体事项、查验工作程序、查验方法等。

查验工作结束后，律师事务所及其指派的律师应当对查验计划的落实情况进行评估和总结；查验计划未完全落实的，应当说明原因或者采取的其他查验措施。

第十条 律师应当合理、充分地运用查验方法，除按本规则和有关细则规定必须采取的查验方法外，还应当根据实际情况予以补充。在有关查验方法不能实现验证目的时，应当对相关情况进行评判，以确定是否采取替代的查验方法。

第十一条 待查验事项只需书面凭证便可证明的，在无法获得凭证原件加以对照查验的情况下，律师应当采用查询、复核等方式予以确认；待查验事项没有书面凭证或者仅有书面凭证不足以证明的，律师应当采用实地调查、面谈等方式进行查验。

第十二条 律师进行查验，向有关国家机关、具有管理公共事务职能的组织、会计师事务所、资信评级机构、公证机构等查证、确认有关事实的，应当将查证、确认工作情况做成书面记录，并由经办律师签名。

第十三条 律师采用面谈方式进行查验的，应当制作面谈笔录。谈话对象和律师应当在笔录上签名。谈话对象拒绝签名的，应当在笔录中注明。

第十四条 律师采用书面审查方式进行查验的，应当分析相关书面信息的可靠性，对文件记载的事实内容进行审查，并对其法律性质、后果进行分析判断。

第十五条 律师采用实地调查方式进行查验的，应当将实地调查情况作成笔录，由调查律师、被调查事项相关的自然人或者单位负责人签名。该自然人或者单位负责人拒绝签名的，应当在笔录中注明。

第十六条 律师采用查询方式进行查验的，应当核查公告、网页或者其他载体相关信息，并就查询的信息内容、时间、地点、载体等有关事项制作查询笔录。

第十七条 律师采用函证方式进行查验的，应当以挂号信函或者特快专递的形式寄出，邮件回执、查询信函底稿和对方回函应当由经办律师签名。函证对方未签署回执、未予签收或者在函证规定的最后期限届满时未回复的，由经办律师对相关情况作出书面说明。

第十八条 除本规则规定的查验方法之外，律师可以按照《管理办法》的规定，根据需要采用其他合理手段，以获取适当的证据材料，对被查验事项作出认定和判断。

第十九条 律师查验法人或者其分支机构有关主体资格以及业务经营资格的，应当就相关主管机关颁发的批准文件、营业执照、业务经营许可证及其他证照的原件进行查验。对上述原件的真实性、合法性存在疑问的，应当依法向该法人的设立登记机关、其他有关许可证颁发机关及相关登记机关进行查证、确认。

第二十条 对自然人有关资格或者一定期限内职业经历的查验，律师应当向其在相关期间工作过的单位人事等部门进行查询、函证。

第二十一条 对不动产、知识产权等依法需要登记的财产的查验，律师应当取得登记机关制作的财产权利证书原件，必要时应当采取适当方式，就该财产权利证书的真实性以及是否存在权利纠纷等，向该财产的登记机关进行查证、确认。

第二十二条 对生产经营设备、大宗产品或者重要原材料的查验，律师应当查验其购买合同和发票原件。购买合同和发票原件已经遗失的，应当由财产权利人或者其代表签字确认，并在工作底稿中注明；相关供应商尚存在的，应当向供应商进行查询和函证。必要时，应当进行现场查验，制作现场查验笔录，并由财产权利人或者其代表签字；财产权利人或者其代表拒绝签字的，应当在查验笔录中注明。

第二十三条 对依法需要评估才能确定财产价值的财产的查验，律师应当取得有证券、期货相关业务评估资格的资产评估机构（以下简称有资格的评估机构）出具的有效评估文书；未进行有效评估的，应当要求委托人委托有资格的评估机构出具有效评估文书予以确认。

第二十四条 对银行存款的查验，律师应当查验银行出具的存款证明原件;不能提供委托查验期银行存款证明的,应当会同委托人(存款人)向委托人的开户银行进行书面查询、函证。

第二十五条 对财产的查验,难以确定其是否存在被设定担保等权利负担的,律师应当以适当方式向有关财产抵押、质押登记部门进行查证、确认。

第二十六条 对委托人是否存在对外重大担保事项的查验,律师应当与委托人的财务负责人等相关人员及委托人聘请的会计师事务所的会计师面谈,并根据需要向该委托人的开户银行、公司登记机关、证券登记机构和委托人不动产、知识产权的登记部门等进行查证、确认。

向银行进行查证、确认,采取查询、函证等方式;向财产登记部门进行查证、确认,采取查询、函证或者查阅登记机关公告、网站等方式。

第二十七条 对有关自然人或者法人是否存在重大违法行为、是否受到有关部门调查、是否受到行政处罚或者刑事处罚、是否存在重大诉讼或者仲裁等事实的查验,律师应当与有关自然人、法人的主要负责人及有关法人的合规管理等部门负责人进行面谈,并根据情况选取可能涉及的有关行政机关、司法机关、仲裁机构等公共机构进行查证、确认。

向有关公共机构查证、确认,可以采取查询、函证或者查阅其公告、网站等方式。

第二十八条 从不同来源获取的证据材料或者通过不同查验方式获取的证据材料,对同一事项所证明的结论不一致的,律师应当追加必要的程序,作进一步查证。

第三章 法律意见书

第二十九条 律师应当依据法律、行政法规和中国证监会的规定,在查验相关材料和事实的基础上,以书面形式对受托事项的合法性发表明确、审慎的结论性意见。

第三十条 法律意见书应当列明以下基本内容:

(一)标题;

(二)收件人;

(三)法律依据;

(四)声明事项;

(五)法律意见书正文;

(六)承办律师、律师事务所负责人签名及律师事务所盖章;

（七）律师事务所地址；

（八）法律意见书签署日期。

第三十一条 法律意见书的标题为《××律师事务所关于××的法律意见》。

第三十二条 法律意见书收件人为法律意见书的委托人。法律意见书应当载明收件人的全称。

第三十三条 法律意见书的法律依据是指出具此项法律意见书所依据的法律、行政法规、规章和相关规定。

第三十四条 法律意见书声明事项段应当载明以下内容："本所及经办律师依据《证券法》、《律师事务所从事证券法律业务管理办法》和《律师事务所证券法律业务执业规则》等规定及本法律意见书出具日以前已经发生或者存在的事实，严格履行了法定职责，遵循了勤勉尽责和诚实信用原则，进行了充分的核查验证，保证本法律意见所认定的事实真实、准确、完整，所发表的结论性意见合法、准确，不存在虚假记载、误导性陈述或者重大遗漏，并承担相应法律责任。"

第三十五条 法律意见书正文应当载明相关事实材料、查验原则、查验方式、查验内容、查验过程、查验结果、国家有关规定、结论性意见以及所涉及的必要文件资料等。

第三十六条 法律意见书发表的所有结论性意见，都应当对所查验事项是否合法合规、是否真实有效给予明确说明，并应当对结论性意见进行充分论证、分析。

第三十七条 律师事务所对法律意见书进行讨论复核时，应当制作相关记录存入工作底稿，参与讨论复核的律师应当签名确认。

第三十八条 法律意见书随相关申请文件报送中国证监会及其派出机构后，律师事务所不得对法律意见书进行修改，但应当关注申请文件的修改和中国证监会及其派出机构的反馈意见。申请文件的修改和反馈意见对法律意见书有影响的，律师事务所应当按规定出具补充法律意见书。

第四章　工作底稿

第三十九条 律师事务所应当完整保存在出具法律意见书过程中形成的工作记录，以及在工作中获取的所有文件、资料，及时制作工作底稿。

工作底稿是判断律师是否勤勉尽责的重要证据。中国证监会及其派出机构可根据监管工作需要调阅、检查工作底稿。

第四十条 工作底稿应当包括以下内容：

（一）律师接受委托事项的基本情况，包括委托人名称、事项的名称；

（二）与委托人签订的委托协议；

（三）查验计划及其操作程序的记录；

（四）与查验相关的文件，如设立批准证书、营业执照、合同、章程等文件、变更文件或者上述文件的复印件；

（五）与查验相关的重大合同、协议及其他重要文件和会议记录的摘要或者副本；

（六）与政府有关部门、司法机关、中介机构、委托人等单位及相关人员相互沟通情况的记录，对委托人提供资料进行调查的访问记录、往来函件、现场查验记录、查阅文件清单等相关的资料及详细说明；

（七）委托人及相关人员的书面保证或者声明书的复印件；

（八）法律意见书草稿；

（九）内部讨论、复核的记录；

（十）其他与出具法律意见书相关的重要资料。

上述资料应当注明来源，按照本规则的规定签名、盖章，或者对未签名、盖章的情形予以注明。

第四十一条 工作底稿内容应当真实、完整，记录清晰，标明目录索引和页码，由律师事务所指派的律师签名，并加盖律师事务所公章。

第五章 附 则

第四十二条 律师事务所及其指派的律师从事期货法律业务，参照适用本规则。

第四十三条 本规则自 2011 年 1 月 1 日起施行。

律师事务所证券投资基金法律业务执业细则（试行）

（2010年10月20日　证监会、司法部　证监会公告〔2010〕34号）

现公布《律师事务所证券投资基金法律业务执业细则（试行）》，自2011年1月1日起施行。

第一章　总　　则

第 一 条　为了规范律师事务所从事证券投资基金法律业务，根据《律师事务所从事证券法律业务管理办法》（证监会令第41号），制定本细则。

第 二 条　本细则所称证券投资基金法律业务（以下简称基金法律业务），是指律师事务所接受证券投资基金管理公司（以下简称基金管理公司）、证券投资基金（以下简称基金）销售机构、其他从事或者拟从事基金相关业务机构的委托，指派本所律师对基金管理公司、基金、基金销售机构相关事项进行核查和验证（以下简称查验），制作并出具法律意见书的法律服务业务。

第 三 条　律师事务所及其指派的律师从事基金法律业务，应当按照《律师事务所从事证券法律业务管理办法》和《律师事务所证券法律业务执业规则（试行）》（证监会公告〔2010〕33号）的规定，对基金管理公司、基金、基金销售机构等相关行政许可事项是否符合法律、行政法规和中国证监会的规定进行查验，确认其真实性、准确性和完整性，在确保获得适当、有效证据并对证据进行综合分析的基础上，作出独立判断。

第二章　设立基金管理公司的查验内容

第 四 条　对拟设立基金管理公司的主要股东的资格，律师应当对照《证券投资基金法》第十三条、《证券投资基金管理公司管理办法》(证监会令第22号,以下简称《公司管理办法》)第七条规定的条件进行查验,内容主要包括:

(一)总体情况,具体包括:主要股东的名称、住所、成立时间、批准机关、法定代表人、股东构成、高级管理人员、财务负责人等情况。

(二)经营范围和股权投资情况,具体包括:是否从事证券经营、证券投资咨询、信托资产管理或者其他金融资产管理业务,参股基金管理公司等金融类企业、持有上市公司股份、控股其他企业等情况,持有基金管理公司的股权是否被出质、被人民法院采取财产保全或者强制执行措施,是否出让过基金管理公司股权以及出让股权是否已满3年。

(三)注册资本金额是否在3亿元人民币以上,具体包括:是否实缴出资,资金是否如数到账,出资是否合法,是否存在出资不实、虚假出资、抽逃出资等情况。

(四)是否具有较好经营业绩和资产质量情况,具体包括:股东资产情况、负债情况、税收情况,特别是最近3年盈利情况、净资本和净资产情况、拨备覆盖率和资本净额情况。

(五)最近3年是否存在违法违规行为,是否受到行政处罚或者刑事处罚,具体包括:最近3年是否存在违法违规行为,违法违规行为的具体情况,是否受到行政处罚或者刑事处罚,违法违规行为的不良后果是否已经消除。

(六)是否存在挪用客户资产等损害客户利益的行为,具体包括:是否存在挪用客户交易结算资金和客户信托财产行为,是否存在欺诈客户的行为,是否存在其他损害客户利益的行为。

(七)是否存在因违法违规行为被监管机构调查或者正处于整改期间;如被责令整改,整改完成情况。

(八)是否具有良好的社会信誉,最近3年是否在税务、工商等行政机关,以及金融监管、自律管理、商业银行等机构存在不良记录,具体包括:缴纳相关税费及合同履约情况,在开立基本账户商业银行等的信贷记录,公司重大诉讼、仲裁案件,高级管理人员重大诉讼、仲裁及行政处罚案件。

第五条 对拟设立基金管理公司的除主要股东外其他股东、境外股东的主体资格,律师应当对照《公司管理办法》第八条、第九条规定的条件,参照前条规定进行查验。

第六条 对股东之间的关联关系,律师应当查验的内容主要包括:

确认股东实际控制人或者最终权益持有人,股东股权结构图的完整性和准确性,股东之间是否相互持股、是否同时持有第三方股权、是否同时被第三方控制,各股东的董事、主要管理人员是否有兼职现象,是否可能构成一致行动关系。

第 七 条 对拟设立基金管理公司的章程草案,律师应当查验的内容主要包括:章程草案是否已履行法定程序,章程内容是否符合法律、行政法规、规章、规范性文件等相关规定,必备条款是否已经具备,规定任意性条款的具体情况和理由。

第 八 条 对拟设立基金管理公司的注册资本,律师应当查验的内容主要包括:注册资本金额是否在 1 亿元人民币以上,股东关于出资额的安排,出资时间的安排,是否承诺用自有资金出资和不代为持有出资。

第 九 条 对高级管理人员和业务人员,律师应当查验的内容主要包括:拟任高级管理人员是否符合规定的条件,是否已经履行法律规则和公司章程规定的程序,是否已经与主要业务人员签订劳动合同,主要业务人员是否具有基金从业资格,拟任高级管理人员和主要业务人员人数是否在 15 人以上,高级管理人员和主要业务人员是否存在在其他机构兼职的情形以及解决方案。

第 十 条 对拟设立基金管理公司的内部稽核监控和风险控制制度,律师应当查验的内容主要包括:是否有符合中国证监会规定的监察稽核、风险控制、合规管理等内部监控制度。

第三章 基金管理公司设立分支机构的查验内容

第十一条 对公司的治理内控以及经营财务状况,律师应当查验的内容主要包括:股东会、董事会、监事会和经理层等相关机构之间是否分工明确、协调高效、相互制衡,股东会、董事会、监事会会议是否按照规定程序通知和召开;市场营销、研究投资、后台运营、风险控制、监察稽核和内部管理等内部控制是否完善;公司经营管理是否稳定,是否有较强的持续经营能力。

第十二条 对公司受处罚的记录,律师应当查验的内容主要包括:在最近 1 年是否存在违法违规行为,违法违规行为的具体情况,是否受到行政处罚或者刑事处罚,违法违规行为的不良后果是否已经消除。

第十三条 对公司被监管机构调查或者正处于整改期间的情况,律师应当按照本细则第四条第(七)项规定进行查验。

第十四条 对拟设立的分支机构的名称、场所、人员和设施等情况，律师应当查验的内容主要包括：拟设立的分支机构名称是否规范，办公场所是否已经购买或者租赁，办公场所是否经过消防验收，主要业务人员是否具有基金从业资格，公司是否已经与主要业务人员签订劳动合同。

第十五条 对拟设立的分支机构的职责和管理制度，律师应当查验的内容主要包括：拟设立的分支机构的具体职责是否明确，是否已经经公司章程规定的组织机构授权，公司是否已为该分支机构制定了相关业务、行政管理制度。

第十六条 对拟设立分支机构的事宜是否已经获得公司内部有权机构的批准，律师应当查验的内容主要包括：根据公司章程的规定，设立分支机构在公司内部应当由股东会、董事会还是经理层决定，是否已经经过公司内部有权机构批准。

第四章 基金管理公司修改章程的查验内容

第十七条 对修改章程的内容，律师应当查验的内容主要包括：修改章程的具体内容，其中哪些部分是因为与法律、行政法规和中国证监会规定不相符而修改的，哪些部分是根据公司的具体情况修改的；章程修改的内容是否符合法律、行政法规和中国证监会的规定，修改后的章程是否已经对法律、行政法规和中国证监会规定的必备条款作了规定。

第十八条 对修改章程的程序，律师应当查验的内容主要包括：修改章程的程序是否合法；修改章程提案提出的情况，公司股东会召开的情况，在股东会就修改章程进行表决时是否存在股东反对或者弃权的情形。

第五章 基金管理公司变更股东的查验内容

第十九条 对变更股东后新增股东的资格，根据新增股东属于基金管理公司的主要股东、其他股东还是境外股东，律师应当分别对照《公司管理办法》第七条、第八条、第九条规定的条件，参照本细则第四条、第五条规定进行查验。

第二十条 对新增股东是否以自有资金出资，律师应当查验的内容主要包括：新增股东是否以自有资金出资，是否存在为他人代为出资或者由他人代为出资的情况。

第二十一条 对公司变更股东后股东之间的关联关系，律师应当参照本细则第六条规定进行查验。

第六章　基金管理公司变更名称、住所和注册资本的查验内容

第二十二条　对变更名称，律师应当查验的内容主要包括：根据公司章程的规定，变更名称在公司内部应当由股东会还是董事会决定；是否已经经过公司内部有权机构批准；拟变更的公司名称是否已经在工商行政管理机关办理名称预登记手续；对公司所管理基金的名称的处理方案。

第二十三条　对变更住所，律师应当查验的内容主要包括：根据公司章程的规定，变更住所在公司内部应当由股东会还是董事会决定；变更住所是否已经经过公司内部有权机构批准；新的住所是否已经购置或者租赁。

第二十四条　对变更注册资本，律师应当查验的内容主要包括：公司变更注册资本的事宜是否已经经过公司股东会决议通过；各股东是否同比例变更注册资本；公司股东不同比例变更的，对公司治理结构可能产生的影响；股东承诺增资的，是否已经到位并经过法定机构的验资，是否以自有资金出资。

第七章　基金管理公司高级管理人员任职资格的查验内容

第二十五条　对基金从业资格，律师应当查验的内容主要包括：拟任高级管理人员是否已经取得基金从业资格，何时取得基金从业资格，所取得的基金从业资格是否在有效期内。

第二十六条　对法律知识考试，律师应当查验的内容主要包括：拟任高级管理人员是否已经通过中国证监会或者其授权机构组织的高级管理人员证券投资法律知识考试。

第二十七条　对相关工作经历和管理经历，律师应当查验的内容主要包括：拟任高级管理人员是否具有 3 年以上金融相关领域的工作经历（督察长拟任人选是否具有会计、监察、稽核等工作经历）；拟任高级管理人员此前所从事的主要管理经历的具体内容，该具体工作内容是否与拟任职务相适应。

第二十八条　对不得担任高级管理人员的情形，律师应当查验的

内容主要包括：拟任高级管理人员是否有《公司法》、《证券投资基金法》等法律、行政法规和中国证监会规定的不得担任高级管理人员的情形。

第二十九条 对申请人受处罚的记录，律师应当查验的内容主要包括：拟任高级管理人员在最近3年是否存在违法违规行为，违法行为的具体情况，是否受到证券、银行、工商和税务等部门的行政处罚，违法行为的不良后果是否已经消除。

第八章 募集基金的查验内容

第三十条 对拟任基金管理人的主体资格，律师应当查验的内容主要包括：

（一）业务资格，即是否为依法设立的基金管理公司。

（二）人员配备，即是否具备符合规定并与管理拟募集基金相适应的基金经理等业务人员。

（三）合规情况，具体包括：最近1年是否受到行政处罚或者刑事处罚，是否正在被监管机构立案调查或者正处于整改期间。

（四）前只基金的募集情况，具体包括：是否募集成功；募集失败的，投资人缴纳的全部款项及利息是否全部返还完毕并已满6个月。

第三十一条 对拟任基金托管人的主体资格，律师应当查验的内容主要包括：

（一）业务资格，即是否为取得基金托管资格的商业银行。

（二）人员配备，即是否具备符合规定并与托管拟募集基金相适应的业务人员。

（三）合规情况，具体包括：最近1年是否受到行政处罚或者刑事处罚，是否正在被监管机构立案调查或者正处于整改期间。

第三十二条 对拟募集基金的具体情况，律师应当查验的内容主要包括：

（一）投资方向是否明确、合法；

（二）运作方式是否明确；

（三）基金品种是否符合规定；

（四）基金合同、招募说明书等法律文件是否符合法律、行政法规和中国证监会的规定；

（五）基金名称是否表明基金的类别和投资特征，是否存在损害国家利益、社会公共利益，欺诈、误导投资人或者其他侵害他人合法权益的内容。

第三十三条 对授权程序，律师应当查验的内容主要包括：拟任基金管理人申请募集基金是否依法按照公司章程履行了必要的程序。

第三十四条 对基金管理人和基金托管人的关系，律师应当查验的内容主要包括：基金管理人和基金托管人是否为同一人、是否存在相互投资和持有股份。

第三十五条 对合格境内机构投资者的基金的募集设立，律师应当根据中国证监会的规定对拟任境外投资顾问、拟任境外资产托管人的主体资格进行查验。

第九章 基金销售业务资格的查验内容

第三十六条 对商业银行申请基金销售业务资格，律师应当查验的内容主要包括：

（一）内设机构，即是否设有专门负责基金销售业务的部门；

（二）合规情况，即最近 3 年是否因违法违规行为受到行政处罚或者刑事处罚；

（三）制度建设情况，即是否制定了完善的业务流程等基金销售业务管理制度，是否符合相关规定的要求；

（四）销售适用性情况，即是否建立了销售适用性管理制度；

（五）人员情况，即公司及其主要分支机构负责基金销售业务的部门取得基金从业资格人员的数量是否不低于该部门员工人数的 1/2；部门的管理人员是否取得基金从业资格，熟悉基金销售业务，并具备从事两年以上基金业务或者 5 年以上证券、金融业务的工作经历。

第三十七条 对证券公司申请基金销售业务资格，除了对本细则第三十六条所列内容进行查验外，律师还应当查验：是否因违法违规行为正在被监管机构立案调查，或者正处于整改期间；是否发生已经影响或者可能影响公司正常运行的诉讼、仲裁等重大事项。

第三十八条 对证券投资咨询机构申请基金销售业务资格，除了对本细则第三十六条、第三十七条所列内容进行查验外，律师还应当查验的内容主要包括：

（一）注册资本符合规定，不低于 2000 万元人民币，且为实缴货币资本；

（二）高级管理人员已经取得基金从业资格，熟悉基金销售业务，并具备从事两年以上基金业务或者 5 年以上证券、金融业务的工作经历；

（三）最近 3 年没有代理投资人从事证券买卖的行为。

第三十九条 对专业基金销售机构申请基金销售业务资格，除了对本细则第三十六条至第三十八条所列内容进行查验外，律师还应当查验的内容主要包括：主要出资人最近 3 年是否因违法违规行为受到行政处罚或者刑事处罚；取得基金从业资格的人员是否不少于 30 人，且不低于员工人数的 1/2。

第十章 基金份额持有人大会决议的查验内容

第四十条 对审议事项，律师应当查验的内容主要包括：是否属于必须召开基金份额持有人大会审议事项；议案内容属于一般事项还是特别事项；议案内容是否符合法律、行政法规和中国证监会的规定以及基金合同的约定。

第四十一条 对召集人主体资格，律师应当查验的内容主要包括：是否为基金管理人、基金托管人或者代表基金份额 10% 以上的基金份额持有人。

第四十二条 对召集程序，律师应当查验的内容主要包括：召集人为基金托管人、代表基金份额 10% 以上的基金份额持有人的，是否已经履行相关前置程序；是否依法公告基金份额持有人大会的召开时间、会议形式、审议事项、议事程序和表决方式。

第四十三条 对参会人员情况，律师应当查验的内容主要包括：参加基金份额持有人大会的基金份额持有人及其代理人的数量是否符合法律、行政法规、中国证监会的规定和基金合同约定的比例；亲自或者委托他人参会的基金份额持有人是否为权益登记日持有基金份额的基金份额持有人。

第四十四条 对会议形式和议事程序，律师应当查验的内容主要包括：是否符合法律、行政法规和中国证监会的规定以及基金合同的约定。

第四十五条 对表决情况，律师应当查验的内容主要包括：表决程序、表决方式和表决结果是否符合法律、行政法规和中国证监会的规定以及基金合同的约定。

第十一章　附　　则

第四十六条　律师事务所为基金管理公司、基金的非行政许可事项出具法律意见书的,参照本细则执行。

第四十七条　本细则自 2011 年 1 月 1 日起施行。

上市公司类

关于填报《上市公司并购重组财务顾问专业意见附表》的规定

（2010年11月18日　证监会公告〔2010〕31号）

现公布《关于填报〈上市公司并购重组财务顾问专业意见附表〉的规定》，自2011年1月1日起施行。

为进一步推进并购重组的市场化进程，明确上市公司并购重组财务顾问业务尽职调查的关注要点，提高财务顾问专业意见的质量，引导财务顾问勤勉尽责，充分发挥其在并购重组中的作用，提高并购重组的效率和质量，根据《上市公司并购重组财务顾问业务管理办法》（证监会令第54号，以下简称《财务顾问办法》）、《上市公司重大资产重组管理办法》（证监会令第53号，以下简称《重组办法》）、《上市公司收购管理办法》（证监会令第56号，以下简称《收购办法》）等相关规定，制定本规定。

一、财务顾问根据《财务顾问办法》、《重组办法》、《收购办法》等规定，对相关并购重组申请事项出具专业意见的，应当填报相应的《上市公司并购重组财务顾问专业意见附表》（以下简称《专业意见附表》），并将《专业意见附表》作为财务顾问专业意见的附件一并上报。

二、财务顾问需要在审慎核查的基础上针对《专业意见附表》中所述问题回答"是"或"否"；如未能对相关问题进行核查、无法发表核查意见或存在需要说明事项的，应当在备注中加以说明；如有未尽事项需要予以说明的，可以加项说明；如有特别事项需要予以说明的，可以另附书面文件说明。

三、《专业意见附表》规定的关注要点是对财务顾问从事相关并购重组业务的最低要求，财务顾问应当结合个案的实际情况，全面做好尽职调查工作，充分分析和揭示风险。

四、财务顾问及其财务顾问主办人未按规定填报《专业意见附表》，或者申报文件制作质量低下的，中国证监会依据《财务顾问办法》、《重组办法》、《收购办法》等规定对其采取监管措施；财务顾问及其财务顾问主办人所填报的《专业意见附表》存在虚假记载、误导性陈述或者重大遗漏的，中国证监会责令改正并依据《证券法》第二百二十三条的规定予以处罚。

五、本规定自2011年1月1日起施行。

附件：1. 上市公司并购重组财务顾问专业意见附表第1号——上市公司收购

2. 上市公司并购重组财务顾问专业意见附表第2号——重大资产重组

3. 上市公司并购重组财务顾问专业意见附表第3号——发行股份购买资产

4. 上市公司并购重组财务顾问专业意见附表第4号——回购社会公众股份

附件1：

上市公司并购重组财务顾问专业意见附表
第1号——上市公司收购

<table>
<tr><td>上市公司名称</td><td></td><td>财务顾问名称</td><td colspan="2"></td></tr>
<tr><td>证券简称</td><td></td><td>证券代码</td><td colspan="2"></td></tr>
<tr><td>收购人名称或姓名</td><td colspan="4"></td></tr>
<tr><td>实际控制人是否变化</td><td colspan="4">是 □　　否 □</td></tr>
<tr><td>收购方式</td><td colspan="4">通过证券交易所的证券交易 □
协议收购 □
要约收购 □
国有股行政划转或变更 □
间接收购 □
取得上市公司发行的新股 □
执行法院裁定 □
继承 □
赠与 □
其他 □(请注明)________________</td></tr>
<tr><td>方案简介</td><td colspan="4"></td></tr>
<tr><td rowspan="2">序号</td><td rowspan="2">核查事项</td><td colspan="2">核查意见</td><td rowspan="2">备注与说明</td></tr>
<tr><td>是</td><td>否</td></tr>
<tr><td colspan="5">一、收购人基本情况核查</td></tr>
<tr><td>1.1</td><td>收购人身份(收购人如为法人或者其他经济组织填写1.1.1-1.1.6,如为自然人则直接填写1.2.1-1.2.6)</td><td>/</td><td>/</td><td>/</td></tr>
<tr><td>1.1.1</td><td>收购人披露的注册地、住所、联系电话、法定代表人与注册登记的情况是否相符</td><td></td><td></td><td></td></tr>
<tr><td>1.1.2</td><td>收购人披露的产权及控制关系,包括投资关系及各层之间的股权关系结构图,及收购人披露的最终控制人(即自然人、国有资产管理部门或其他最终控制人)是否清晰,资料完整,并与实际情况相符</td><td></td><td></td><td></td></tr>
</table>

续表

1.1.3	收购人披露的控股股东及实际控制人的核心企业和核心业务、关联企业，资料完整，并与实际情况相符			
1.1.4	是否已核查收购人的董事、监事、高级管理人员（或者主要负责人）及其近亲属（包括配偶、子女，下同）的身份证明文件			
	上述人员是否未取得其他国家或地区的永久居留权或者护照			
1.1.5	收购人及其关联方是否开设证券账户（注明账户号码）			
	（如为两家以上的上市公司的控股股东或实际控制人）是否未持有其他上市公司5%以上的股份			
	是否披露持股5%以上的上市公司以及银行、信托公司、证券公司、保险公司等其他金融机构的情况			
1.1.6	收购人所披露的实际控制人及控制方式与实际情况是否相符（收购人采用非股权方式实施控制的，应说明具体控制方式）			
1.2	收购人身份（收购人如为自然人）	/	/	/
1.2.1	收购人披露的姓名、身份证号码、住址、通讯方式（包括联系电话）与实际情况是否相符			
1.2.2	是否已核查收购人及其直系亲属的身份证明文件			
	上述人员是否未取得其他国家或地区的永久居留权或者护照			
1.2.3	是否已核查收购人最近5年的职业和职务			
	是否具有相应的管理经验			
1.2.4	收购人与最近5年历次任职的单位是否不存在产权关系			
1.2.5	收购人披露的由其直接或间接控制的企业核心业务、关联企业的主营业务情况是否与实际情况相符			

续表

1.2.6	收购人及其关联方是否开设证券账户（注明账户号码）			
	（如为两家以上的上市公司的控股股东或实际控制人）是否未持有其他上市公司5%以上的股份			
	是否披露持股5%以上的上市公司以及银行、信托公司、证券公司、保险公司等其他金融机构的情况			
1.3	收购人的诚信记录	/	/	/
1.3.1	收购人是否具有银行、海关、税务、环保、工商、社保、安全生产等相关部门出具的最近3年无违规证明			
1.3.2	如收购人设立未满3年，是否提供了银行、海关、税务、环保、工商、社保、安全生产等相关部门出具的收购人的控股股东或实际控制人最近3年的无违规证明			
1.3.3	收购人及其实际控制人、收购人的高级管理人员最近5年内是否未被采取非行政处罚监管措施，是否未受过行政处罚（与证券市场明显无关的除外）、刑事处罚			
1.3.4	收购人是否未涉及与经济纠纷有关的重大民事诉讼或者仲裁，诉讼或者仲裁的结果			
1.3.5	收购人是否未控制其他上市公司			
	被收购人控制其他上市公司的，是否不存在因规范运作问题受到证监会、交易所或者有关部门的立案调查或处罚等问题			
	被收购人控制其他上市公司的，是否不存在因占用其他上市公司资金或由上市公司违规为其提供担保等问题			
1.3.6	收购人及其实际控制人的纳税情况	/	/	说明
1.3.7	收购人及其实际控制人是否不存在其他违规失信记录，如被海关、国土资源、环保等其他监管部门列入重点监管对象			说明
1.4	收购人的主体资格	/	/	/

续表

1.4.1	收购人是否不存在《上市公司收购管理办法》第六条规定的情形			
1.4.2	收购人是否已按照《上市公司收购管理办法》第五十条的规定提供相关文件			
1.5	收购人为多人的,收购人是否在股权、资产、业务、人员等方面存在关系			
	收购人是否说明采取一致行动的目的、一致行动协议或者意向的内容、达成一致行动协议或者意向的时间			
1.6	收购人是否接受了证券市场规范化运作的辅导			
	收购人董事、监事、高级管理人员是否熟悉法律、行政法规和中国证监会的规定			
二、收购目的				
2.1	本次收购的战略考虑	/	/	/
2.1.1	收购人本次收购上市公司是否属于同行业或相关行业的收购			
2.1.2	收购人本次收购是否属于产业性收购			
	是否属于金融性收购			
2.1.3	收购人本次收购后是否自行经营			
	是否维持原经营团队经营			
2.2	收购人是否如实披露其收购目的			
2.3	收购人是否拟在未来 12 个月内继续增持上市公司股份			
2.4	收购人为法人或者其他组织的,是否已披露其做出本次收购决定所履行的相关程序和具体时间			
三、收购人的实力				
3.1	履约能力	/	/	/
3.1.1	以现金支付的,根据收购人过往的财务资料及业务、资产、收入、现金流的最新情况,说明收购人是否具备足额支付能力			
3.1.2	收购人是否如实披露相关支付安排			

续表

3.1.2.1	除收购协议约定的支付款项外，收购人还需要支付其他费用或承担其他附加义务的，如解决原控股股东对上市公司资金的占用、职工安置等，应说明收购人是否具备履行附加义务的能力			
3.1.2.2	如以员工安置费、补偿费抵扣收购价款的，收购人是否已提出员工安置计划			
	相关安排是否已经职工代表大会同意并报有关主管部门批准			
3.1.2.3	如存在以资产抵扣收购价款或者在收购的同时进行资产重组安排的，收购人及交易对方是否已履行相关程序并签署相关协议			
	是否已核查收购人相关资产的权属及定价公允性			
3.1.3	收购人就本次收购做出其他相关承诺的，是否具备履行相关承诺的能力			
3.1.4	收购人是否不存在就上市公司的股份或者其母公司股份进行质押或者对上市公司的阶段性控制作出特殊安排的情况；如有，应在备注中说明			
3.2	收购人的经营和财务状况	/	/	/
3.2.1	收购人是否具有3年以上持续经营记录			
	是否具备持续经营能力和盈利能力			
3.2.2	收购人资产负债率是否处于合理水平			
	是否不存在债务拖欠到期不还的情况			
	如收购人有大额应付账款的，应说明是否影响本次收购的支付能力			
3.2.3	收购人如是专为本次收购而设立的公司，通过核查其实际控制人所控制的业务和资产情况，说明是否具备持续经营能力			
3.2.4	如实际控制人为自然人，且无实业管理经验的，是否已核查该实际控制人的资金来源			
	是否不存在受他人委托进行收购的问题			

续表

3.3	收购人的经营管理能力			
3.3.1	基于收购人自身的业务发展情况及经营管理方面的经验和能力,是否足以保证上市公司在被收购后保持正常运营			
3.3.2	收购人所从事的业务、资产规模、财务状况是否不存在影响收购人正常经营管理被收购公司的不利情形			
3.3.3	收购人属于跨行业收购的,是否具备相应的经营管理能力			
四、收购资金来源及收购人的财务资料				
4.1	收购资金是否不是来源于上市公司及其关联方,或者不是由上市公司提供担保、或者通过与上市公司进行交易获得资金的情况			
4.2	如收购资金来源于借贷,是否已核查借贷协议的主要内容,包括借贷方、借贷数额、利息、借贷期限、担保及其他重要条款、偿付本息的计划(如无此计划,也须做出说明)			
4.3	收购人是否计划改变上市公司的分配政策			
4.4	收购人的财务资料			收购人完整财务报告及审计意见作为收购报告书附件可上网披露,但须在收购报告书中注明
4.4.1	收购人为法人或者其他组织的,在收购报告书正文中是否已披露最近3年财务会计报表			
4.4.2	收购人最近一个会计年度的财务会计报表是否已经具有证券、期货从业资格的会计师事务所审计,并注明审计意见的主要内容			

续表

4.4.3	会计师是否说明公司前两年所采用的会计制度及主要会计政策			
	与最近一年是否一致			
	如不一致,是否做出相应的调整			
4.4.4	如截至收购报告书摘要公告之日,收购人的财务状况较最近一个会计年度的财务会计报告有重大变动的,收购人是否已提供最近一期财务会计报告并予以说明			
4.4.5	如果该法人或其他组织成立不足一年或者是专为本次收购而设立的,是否已比照上述规定披露其实际控制人或者控股公司的财务资料			
4.4.6	收购人为上市公司的,是否已说明刊登其年报的报刊名称及时间			
	收购人为境外投资者的,是否提供依据中国会计准则或国际会计准则编制的财务会计报告			
4.4.7	收购人因业务规模巨大、下属子公司繁多等原因难以按要求提供财务资料的,财务顾问是否就其具体情况进行核查			
	收购人无法按规定提供财务材料的原因是否属实			
	收购人是否具备收购实力			
	收购人是否不存在规避信息披露义务的意图			
五、不同收购方式及特殊收购主体的关注要点				
5.1	协议收购及其过渡期间的行为规范	/	/	/
5.1.1	协议收购的双方是否对自协议签署到股权过户期间公司的经营管理和控制权作出过渡性安排			
5.1.2	收购人是否未通过控股股东提议改选上市公司董事会			
	如改选,收购人推荐的董事是否未超过董事会成员的1/3			

续表

5.1.3	被收购公司是否拟发行股份募集资金			
	是否拟进行重大购买、出售资产及重大投资行为			
5.1.4	被收购公司是否未为收购人及其关联方提供担保或者与其进行其他关联交易			
5.1.5	是否已对过渡期间收购人与上市公司之间的交易和资金往来进行核查			
	是否可以确认在分期付款或者需要履行要约收购义务的情况下,不存在收购人利用上市公司资金、资产和信用为其收购提供财务资助的行为			
5.2	收购人取得上市公司向其发行的新股(定向发行)	/	/	/
5.2.1	是否在上市公司董事会作出定向发行决议的3日内按规定履行披露义务			
5.2.2	以非现金资产认购的,是否披露非现金资产的最近2年经具有证券、期货从业资格的会计师事务所审计的财务会计报告,或经具有证券、期货从业资格的评估机构出具的有效期内的资产评估报告			
5.2.3	非现金资产注入上市公司后,上市公司是否具备持续盈利能力、经营独立性			
5.3	国有股行政划转、变更或国有单位合并	/	/	/
5.3.1	是否取得国有资产管理部门的所有批准			
5.3.2	是否在上市公司所在地国有资产管理部门批准之日起3日内履行披露义务			
5.4	司法裁决	/	/	/
5.4.1	申请执行人(收购人)是否在收到裁定之日起3日内履行披露义务			
5.4.2	上市公司此前是否就股份公开拍卖或仲裁的情况予以披露			
5.5	采取继承、赠与等其他方式,是否按照规定履行披露义务			
5.6	管理层及员工收购	/	/	/
5.6.1	本次管理层收购是否符合《上市公司收购管理办法》第五十一条的规定			

续表

5.6.2	上市公司及其关联方在最近24个月内是否与管理层和其近亲属及其所任职的企业(上市公司除外)不存在资金、业务往来			
	是否不存在资金占用、担保行为及其他利益输送行为			
5.6.3	如还款资金来源于上市公司奖励基金的,奖励基金的提取是否已经过适当的批准程序			
5.6.4	管理层及员工通过法人或者其他组织持有上市公司股份的,是否已核查			
5.6.4.1	所涉及的人员范围、数量、各自的持股比例及分配原则	/	/	
5.6.4.2	该法人或者其他组织的股本结构、组织架构、内部的管理和决策程序	/	/	
5.6.4.3	该法人或者其他组织的章程、股东协议、类似法律文件的主要内容,关于控制权的其他特殊安排	/	/	
5.6.5	如包括员工持股的,是否需经过职工代表大会同意			
5.6.6	以员工安置费、补偿费作为员工持股的资金来源的,经核查,是否已取得员工的同意			
	是否已经有关部门批准			
	是否已全面披露员工在上市公司中拥有权益的股份的情况			
5.6.7	是否不存在利用上市公司分红解决其收购资金来源			
	是否披露对上市公司持续经营的影响			
5.6.8	是否披露还款计划及还款资金来源			
	股权是否未质押给贷款人			
5.7	外资收购(注意:外资收购不仅审查5.9,也要按全部要求核查。其中有无法提供的,要附加说明以详细陈述原因)	/	/	/
5.7.1	外国战略投资者是否符合商务部、证监会等五部委联合发布的2005年第28号令规定的资格条件			

续表

5.7.2	外资收购是否符合反垄断法的规定并履行了相应的程序			
5.7.3	外资收购是否不涉及国家安全的敏感事项并履行了相应的程序			
5.7.4	外国战略投资者是否具备收购上市公司的能力			
5.7.5	外国战略投资者是否作出接受中国司法、仲裁管辖的声明			
5.7.6	外国战略投资者是否有在华机构、代表人并符合1.1.1的要求			
5.7.7	外国战略投资者是否能够提供《上市公司收购管理办法》第五十条规定的文件			
5.7.8	外国战略投资者是否已依法履行披露义务			
5.7.9	外国战略投资者收购上市公司是否取得上市公司董事会和股东大会的批准			
5.7.10	外国战略投资者收购上市公司是否取得相关部门的批准			
5.8	间接收购(控股股东改制导致上市公司控制权发生变化)	/	/	/
5.8.1	如涉及控股股东增资扩股引入新股东而导致上市公司控制权发生变化的,是否已核查向控股股东出资的新股东的实力、资金来源、与上市公司之间的业务往来、出资到位情况			
5.8.2	如控股股东因其股份向多人转让而导致上市公司控制权发生变化的,是否已核查影响控制权发生变更的各方股东的实力、资金来源、相互之间的关系和后续计划及相关安排、公司章程的修改、控股股东和上市公司董事会构成的变化或可能发生的变化等问题;并在备注中对上述情况予以说明			
5.8.3	如控股股东的实际控制人以股权资产作为对控股股东的出资的,是否已核查其他相关出资方的实力、资金来源、与上市公司之间的业务、资金和人员往来情况,并在备注中对上述情况予以说明			

续表

5.8.4	如采取其他方式进行控股股东改制的，应当结合改制的方式，核查改制对上市公司控制权、经营管理等方面的影响，并在备注中说明	/	/	
5.9	一致行动	/	/	/
5.9.1	本次收购是否不存在其他未披露的一致行动人			
5.9.2	收购人是否未通过投资关系、协议、人员、资金安排等方式控制被收购公司控股股东而取得公司实际控制权			
5.9.3	收购人是否未通过没有产权关系的第三方持有被收购公司的股份或者与其他股东就共同控制被收购公司达成一致行动安排，包括但不限于合作、协议、默契及其他一致行动安排			
5.9.4	如多个投资者参与控股股东改制的，应当核查参与改制的各投资者之间是否不存在一致行动关系			
	改制后的公司章程是否未就控制权做出特殊安排			
六、收购程序				
6.1	本次收购是否已经收购人的董事会、股东大会或者类似机构批准			
6.2	收购人本次收购是否已按照相关规定报批或者备案			本次收购需取得的批准包括
6.3	履行各项程序的过程是否符合有关法律、法规、规则和政府主管部门的要求			
6.4	收购人为完成本次收购是否不存在需履行的其他程序			
6.5	上市公司收购人是否依法履行信息披露义务			
七、收购的后续计划及相关承诺				
7.1	是否已核查收购人的收购目的与后续计划的相符性			
7.2	收购人在收购完成后的 12 个月内是否拟就上市公司经营范围、主营业务进行重大调整			

续表

7.3	收购人在未来12个月内是否拟对上市公司或其子公司的资产和业务进行出售、合并、与他人合资或合作的计划,或上市公司拟购买或置换资产的重组计划			
	该重组计划是否可实施			
7.4	是否不会对上市公司董事会和高级管理人员进行调整;如有,在备注中予以说明			
7.5	是否拟对可能阻碍收购上市公司控制权的公司章程条款进行修改;如有,在备注中予以说明			
7.6	其他对上市公司业务和组织结构有重大影响的计划	/	/	
7.7	是否拟对被收购公司现有员工聘用计划作出重大变动;如有,在备注中予以说明			
八、本次收购对上市公司的影响分析				
8.1	上市公司经营独立性	/	/	/
8.1.1	收购完成后,收购人与被收购公司之间是否做到人员独立、资产完整、财务独立			
8.1.2	上市公司是否具有独立经营能力			
	在采购、生产、销售、知识产权等方面是否保持独立			
8.1.3	收购人与上市公司之间是否不存在持续的关联交易;如不独立(例如对收购人及其关联企业存在严重依赖),在备注中简要说明相关情况及拟采取减少关联交易的措施			
8.2	与上市公司之间的同业竞争问题:收购完成后,收购人与被收购公司之间是否不存在同业竞争或者潜在的同业竞争;如有,在备注中简要说明为避免或消除同业竞争拟采取的措施			
8.3	针对收购人存在的其他特别问题,分析本次收购对上市公司的影响	/	/	
九、申请豁免的特别要求 **(适用于收购人触发要约收购义务,拟向中国证监会申请按一般程序(非简易程序)豁免的情形)**				
9.1	本次增持方案是否已经取得其他有关部门的批准			

续表

9.2	申请人做出的各项承诺是否已提供必要的保证			
9.3	申请豁免的事项和理由是否充分			
	是否符合有关法律法规的要求			
9.4	申请豁免的理由	/	/	/
9.4.1	是否为实际控制人之下不同主体间的转让			
9.4.2	申请人认购上市公司发行新股的特别要求	/	/	/
9.4.2.1	申请人是否已承诺3年不转让其拥有权益的股份			
9.4.2.2	上市公司股东大会是否已同意申请人免予发出要约			
9.4.3	挽救面临严重财务困难的上市公司而申请豁免要约收购义务的	/	/	/
9.4.3.1	申请人是否提出了切实可行的资产重组方案			
9.4.3.2	申请人是否具备重组的实力			
9.4.3.3	方案的实施是否可以保证上市公司具备持续经营能力			
9.4.3.4	方案是否已经取得公司股东大会的批准			
9.4.3.5	申请人是否已承诺3年不转让其拥有权益的股份			
十、要约收购的特别要求 （在要约收购情况下，除按本表要求对收购人及其收购行为进行核查外，还须核查以下内容）				
10.1	收购人如须履行全面要约收购义务，是否具备相应的收购实力			
10.2	收购人以终止被收购公司的上市地位为目的而发出的全面要约，是否就公司退市后剩余股东的保护作出适当安排			
10.3	披露的要约收购方案，包括要约收购价格、约定条件、要约收购的期限、要约收购的资金安排等，是否符合《上市公司收购管理办法》的规定			

续表

10.4	支付手段为现金的,是否在作出要约收购提示性公告的同时,将不少于收购价款总额的20%作为履约保证金存入证券登记结算机构指定的银行			
10.5	支付手段为证券			
10.5.1	是否提供该证券的发行人最近3年经审计的财务会计报告、证券估值报告			
10.5.2	收购人如以在证券交易所上市的债券支付收购价款的,在收购完成后,该债券的可上市交易时间是否不少于1个月			
10.5.3	收购人如以在证券交易所上市交易的证券支付收购价款的,是否将用以支付的全部证券交由证券登记结算机构保管(但上市公司发行新股的除外)			
10.5.4	收购人如以未在证券交易所上市交易的证券支付收购价款的,是否提供现金方式供投资者选择			
	是否详细披露相关证券的保管、送达和程序安排			
十一、其他事项				
11.1	收购人(包括股份持有人、股份控制人以及一致行动人)各成员以及各自的董事、监事、高级管理人员(或者主要负责人)在报告日前24个月内,是否未与下列当事人发生以下交易			如存在相关情形,应予以说明
	如有发生,是否已披露			
11.1.1	是否未与上市公司、上市公司的关联方进行合计金额高于3000万元或者高于被收购公司最近经审计的合并财务报表净资产5%以上的资产交易(前述交易按累计金额计算)			
11.1.2	是否未与上市公司的董事、监事、高级管理人员进行合计金额超过人民币5万元以上的交易			
11.1.3	是否不存在对拟更换的上市公司董事、监事、高级管理人员进行补偿或者存在其他任何类似安排			

续表

11.1.4	是否不存在对上市公司有重大影响的其他正在签署或者谈判的合同、默契或者安排			
11.2	相关当事人是否已经及时、真实、准确、完整地履行了报告和公告义务			
	相关信息是否未出现提前泄露的情形			
	相关当事人是否不存在正在被证券监管部门或者证券交易所调查的情况			
11.3	上市公司控股股东或者实际控制人是否出具过相关承诺			
	是否不存在相关承诺未履行的情形			
	该等承诺未履行是否未对本次收购构成影响			
11.4	经对收购人(包括一致行动人)、收购人的董事、监事、高级管理人员及其直系亲属、为本次收购提供服务的专业机构及执业人员及其直系亲属的证券账户予以核查,上述人员是否不存在有在本次收购前6个月内买卖被收购公司股票的行为			
11.5	上市公司实际控制权发生转移的,原大股东及其关联企业存在占用上市公司资金或由上市公司为其提供担保等问题是否得到解决,如存在,在备注中予以说明			
11.6	被收购上市公司股权权属是否清晰,不存在抵押、司法冻结等情况			
11.7	被收购上市公司是否设置了反收购条款			
	如设置了某些条款,是否披露了该等条款对收购人的收购行为构成障碍			
尽职调查中重点关注的问题及结论性意见				

* 财务顾问对详式权益变动报告书出具核查意见,对于相关信息披露义务人按照收购人的标准填报第一条至第八条的内容。

附件2：

上市公司并购重组财务顾问专业意见附表
第2号——重大资产重组

<table>
<tr><td>上市公司名称</td><td></td><td colspan="2">独立财务顾问名称</td><td colspan="2"></td></tr>
<tr><td>证券简称</td><td></td><td colspan="2">证券代码</td><td colspan="2"></td></tr>
<tr><td>交易类型</td><td colspan="5">购买 □　　出售 □　　其他方式 □</td></tr>
<tr><td>交易对方</td><td></td><td colspan="2">是否构成关联交易</td><td colspan="2">是 □　　否 □</td></tr>
<tr><td>本次重组概况</td><td colspan="5"></td></tr>
<tr><td>判断构成重大资产重组的依据</td><td colspan="5"></td></tr>
<tr><td>方案简介</td><td colspan="5"></td></tr>
</table>

<table>
<tr><td rowspan="2">序号</td><td rowspan="2">核查事项</td><td colspan="2">核查意见</td><td rowspan="2">备注与说明</td></tr>
<tr><td>是</td><td>否</td></tr>
<tr><td colspan="5">一、交易对方的情况</td></tr>
<tr><td>1.1</td><td>交易对方的基本情况</td><td></td><td></td><td></td></tr>
<tr><td>1.1.1</td><td>交易对方的名称、企业性质、注册地、主要办公地点、法定代表人、税务登记证号码与实际情况是否相符</td><td></td><td></td><td></td></tr>
<tr><td>1.1.2</td><td>交易对方是否无影响其存续的因素</td><td></td><td></td><td></td></tr>
<tr><td>1.1.3</td><td>交易对方为自然人的，是否未取得其他国家或者地区的永久居留权或者护照</td><td></td><td></td><td></td></tr>
<tr><td>1.1.4</td><td>交易对方阐述的历史沿革是否真实、准确、完整，不存在任何虚假披露</td><td></td><td></td><td></td></tr>
<tr><td>1.2</td><td>交易对方的控制权结构</td><td></td><td></td><td></td></tr>
<tr><td>1.2.1</td><td>交易对方披露的产权及控制关系是否全面、完整、真实</td><td></td><td></td><td></td></tr>
<tr><td>1.2.2</td><td>如交易对方成立不足一年或没有开展实际业务，是否已核查交易对方的控股股东或者实际控制人的情况</td><td></td><td></td><td></td></tr>
</table>

续表

1.2.3	是否已核查交易对方的主要股东及其他管理人的基本情况			
1.3	交易对方的实力			
1.3.1	是否已核查交易对方从事的主要业务、行业经验、经营成果及在行业中的地位			
1.3.2	是否已核查交易对方的主要业务发展状况			
1.3.3	是否已核查交易对方的财务状况，包括资产负债情况、经营成果和现金流量情况等			
1.4	交易对方的资信情况			
1.4.1	交易对方及其高级管理人员、交易对方的实际控制人及其高级管理人员最近5年内是否未受到过行政处罚（不包括证券市场以外的处罚）、刑事处罚或者涉及与经济纠纷有关的重大民事诉讼或者仲裁			
	交易对方及其高级管理人员最近5年是否未受到与证券市场无关的行政处罚			
1.4.2	交易对方是否未控制其他上市公司			
	如控制其他上市公司的，该上市公司的合规运作情况，是否不存在控股股东占用上市公司资金、利用上市公司违规提供担保等问题			
1.4.3	交易对方是否不存在其他不良记录			
1.5	交易对方与上市公司之间的关系			
1.5.1	交易对方与上市公司之间是否不存在关联关系			
1.5.2	交易对方是否未向上市公司推荐董事或者高级管理人员的情况			
1.6	交易对方是否承诺在限定期限内不以任何形式转让其所持股份			
1.7	交易对方是否不存在为他人代为持有股份的情形			

续表

二、上市公司重组中购买资产的状况 （适用于上市公司购买资产、对已设立企业增资、接受附义务的赠与或者托管资产等情况）				
2.1	购买资产所属行业是否符合国家产业政策鼓励范围			
	若不属于，是否不存在影响行业发展的重大政策因素			
2.2	购买资产的经营状况	/	/	/
2.2.1	购买的资产及业务在最近3年内是否有确定的持续经营记录			
2.2.2	交易对方披露的取得并经营该项资产或业务的时间是否真实			
2.2.3	购买资产最近3年是否不存在重大违法违规行为			
2.3	购买资产的财务状况	/	/	/
2.3.1	该项资产是否具有持续盈利能力			
2.3.2	收入和利润中是否不包含较大比例（如30%以上）的非经常性损益			
2.3.3	是否不涉及将导致上市公司财务风险增加且数额较大的异常应收或应付账款			
2.3.4	交易完成后是否未导致上市公司的负债比例过大（如超过70%），属于特殊行业的应在备注中说明			
2.3.5	交易完成后上市公司是否不存在将承担重大担保或其他连带责任，以及其他或有风险问题			
2.3.6	相关资产或业务是否不存在财务会计文件虚假记载；或者其他重大违法行为			
2.4	购买资产的权属状况	/	/	/
2.4.1	权属是否清晰			
2.4.1.1	是否已经办理了相应的权属证明，包括相关资产的所有权、土地使用权、特许经营权、知识产权或其他权益的权属证明			

续表

2.4.1.2	交易对方向上市公司转让前述资产是否不存在政策障碍、抵押或冻结等权利限制			
	是否不会产生诉讼、人员安置纠纷或其他方面的重大风险			
2.4.1.3	该资产正常运营所需要的人员、技术以及采购、营销体系等是否一并购入			
2.4.2	如为完整经营性资产(包括股权或其他可独立核算会计主体的经营性资产)	/	/	/
2.4.2.1	交易对方是否合法拥有该项权益类资产的全部权利			
2.4.2.2	该项权益类资产对应的实物资产和无形资产的权属是否清晰			
2.4.2.3	与该项权益类资产相关的公司发起人是否不存在出资不实或其他影响公司合法存续的情况			
2.4.2.4	属于有限责任公司的,相关股权注入上市公司是否已取得其他股东的同意或者是有证据表明,该股东已经放弃优先购买权			
2.4.2.5	股权对应的资产权属是否清晰			
	是否已办理相应的产权证书			
2.4.3	该项资产(包括该股权所对应的资产)是否无权利负担,如抵押、质押等担保物权			
	是否无禁止转让、限制转让或者被采取强制保全措施的情形			
2.4.4	是否不存在导致该资产受到第三方请求或政府主管部门处罚的事实			
	是否不存在诉讼、仲裁或其他形式的纠纷			
2.4.5	相关公司章程中是否不存在可能对本次交易产生影响的主要内容或相关投资协议			

续表

2.4.6	相关资产是否在最近3年曾进行资产评估或者交易			
	相关资产的评估或者交易价格与本次评估价格相比是否存在差异			
	如有差异,是否已进行合理性分析			
	相关资产在最近3年曾进行资产评估或者交易的,是否在报告书中如实披露			
2.5	资产的独立性	/	/	/
2.5.1	进入上市公司的资产或业务的经营独立性,是否未因受到合同、协议或相关安排约束,如特许经营权、特种行业经营许可等而具有不确定性			
2.5.2	注入上市公司后,上市公司是否直接参与其经营管理,或做出适当安排以保证其正常经营			
2.6	是否不存在控股股东及其关联人以与主业无关资产或低效资产偿还其占用上市公司的资金的情况			
2.7	涉及购买境外资产的,是否对相关资产进行核查,如委托境外中介机构协助核查,则在备注中予以说明(在境外中介机构同意的情况下,有关上述内容的核查,可援引境外中介机构尽职调查意见)			
2.8	交易合同约定的资产交付安排是否不存在可能导致上市公司交付现金或其他资产后不能及时获得对价的风险			
	相关的违约责任是否切实有效			
2.9	拟在重组后发行新股或债券时连续计算业绩的	/	/	/
2.9.1	购买资产的资产和业务是否独立完整,且在最近两年未发生重大变化			
2.9.2	购买资产是否在进入上市公司前已在同一实际控制人之下持续经营两年以上			

续表

2.9.3	购买资产在进入上市公司之前是否实行独立核算，或者虽未独立核算，但与其经营业务相关的收入、费用在会计核算上是否能够清晰划分			
2.9.4	上市公司与该经营实体的主要高级管理人员是否签订聘用合同或者采取其他方式确定聘用关系			
	是否就该经营实体在交易完成后的持续经营和管理作出恰当安排			
2.10	交易标的的重大会计政策或者会计估计是否与上市公司不存在较大差异			
	存在较大差异按规定须进行变更的，是否未对交易标的的利润产生影响			
2.11	购买资产的主要产品工艺与技术是否不属于政策明确限制或者淘汰的落后产能与工艺技术			
2.12	购买资产是否符合我国现行环保政策的相关要求			
三、上市公司重组中出售资产的状况 （适用于上市公司出售资产、以资产作为出资且不控股、对外捐赠、将主要经营性资产委托他人经营等情况）				
3.1	出售资产是否不存在权属不清、限制或禁止转让的情形			
3.2	出售资产是否为上市公司的非主要资产，未对上市公司收入和盈利构成重大影响，未导致上市公司收入和盈利下降			
3.3	出售的资产是否为难以维持经营的低效或无效资产			
3.4	交易合同约定的资产交付安排是否不存在可能导致上市公司交付现金或其他资产后不能及时获得对价的风险			
	相关的违约责任是否切实有效			
四、交易定价的公允性				
4.1	如交易价格以评估值为基准确定	/	/	/

续表

4.1.1	对整体资产评估时,是否对不同资产采取了不同评估方法			
	评估方法的选用是否适当			
4.1.2	评估方法是否与评估目的相适应			
4.1.3	是否充分考虑了相关资产的盈利能力			
4.1.4	是否采用两种以上的评估方法得出的评估结果			
4.1.5	评估的假设前提是否合理			
	预期未来收入增长率、折现率、产品价格、销售量等重要评估参数取值是否合理,特别是交易标的为无形资产时			
4.1.6	被评估的资产权属是否明确,包括权益类资产对应的实物资产和无形资产的权属			
4.1.7	是否不存在因评估增值导致商誉减值而对公司利润产生较大影响的情况			
4.1.8	是否不存在评估增值幅度较大,可能导致上市公司每年承担巨额减值测试造成的费用			
4.2	与市场同类资产相比,本次资产交易定价是否公允、合理			
4.3	是否对购买资产本次交易的定价与最近3年的评估及交易定价进行了比较性分析			
五、债权债务纠纷的风险				
5.1	债务转移			
5.1.1	上市公司向第三方转移债务,是否已获得债权人书面同意并履行了法定程序			
5.1.2	如债务转移仅获得部分债权人同意,其余未获得债权人同意的债务的转移是否作出适当安排保证债务风险的实际转移			
	转移安排是否存在法律障碍和重大风险			
5.2	上市公司向第三方转让债权,是否履行了通知债务人等法定程序			

续表

5.3	上市公司承担他人债务，被承担债务人是否已取得其债权人同意并履行了法定程序			
5.4	上述债权债务转移是否未对上市公司财务状况和经营成果有负面影响			
5.5	资产出售方是否就资产的处置取得了债权人的同意			
六、重组须获得的相关批准				
6.1	程序的合法性			
6.1.1	上市公司与交易对方是否已就本次重大资产交易事项履行了必要的内部决策和报备、审批、披露程序			
6.1.2	履行各项程序的过程是否符合有关法律、法规、规则和政府主管部门的政策要求			
6.1.3	重组方案是否已经上市公司股东大会非关联股东表决通过			
6.2	重组后，是否不会导致公司涉及特许领域或其他限制经营类领域			
	如存在前述问题，是否符合现阶段国家产业发展政策或者取得相关主管部门的批准，应特别关注国家对行业准入有明确规定的领域			
七、对上市公司的影响				
7.1	重组的目的与公司战略发展目标是否一致			
	是否增强了上市公司的核心竞争力			
7.2	对上市公司持续经营能力和盈利能力的影响			
7.2.1	上市公司购买资产后是否增强其持续经营能力和盈利能力			

续表

7.2.2	交易完成后上市公司(除文化传媒等特殊服务行业外)的主要资产是否不是现金或流动资产;如为“否”,在备注中简要说明			
	主要资产的经营是否具有确定性			
	主要资产不存在导致上市公司持续经营具有重大不确定性的、上市公司不能控制的股权投资、债权投资等情形			
7.2.3	实施重组后,上市公司是否具有确定的资产及业务,且该等资产或业务未因受到合同、协议或相关安排约束而具有不确定性			
7.2.4	实施重组后,上市公司是否不需要取得相应领域的特许或其他许可资格			
	上市公司获取新的许可资格是否不存在重大不确定性			
7.2.5	本次交易设置的条件(包括支付资金、交付资产、交易方式)是否未导致拟进入上市公司的资产带有重大不确定性(如约定公司不能保留上市地位时交易将中止执行并返还原状等),对上市公司持续经营有负面影响或具有重大不确定性			
7.2.6	盈利预测的编制基础和各种假设是否具有现实性			
	盈利预测是否可实现			
7.2.7	如未提供盈利预测,管理层讨论与分析是否充分反映本次重组后公司未来发展的前景、持续经营能力和存在的问题			
7.2.8	交易对方与上市公司就相关资产实际盈利数不足利润预测数的情况签订补偿协议的,相关补偿安排是否可行、合理;相关补偿的提供方是否具备履行补偿的能力			
7.3	对上市公司经营独立性的影响	/	/	/

续表

7.3.1	相关资产是否整体进入上市公司			
	上市公司是否有控制权,在采购、生产、销售和知识产权等方面是否保持独立			
7.3.2	关联交易收入及相应利润在上市公司收入和利润中所占比重是否不超过30%			
7.3.3	进入上市公司的资产是否包括生产经营所必需的商标使用权、专利使用权、安全生产许可证、排污许可证等无形资产(如药品生产许可证等)			
7.3.4	是否不需要向第三方缴纳无形资产使用费			
7.3.5	是否不存在控股股东及实际控制人及其关联方或交易对方及其关联方通过交易占用上市公司资金或增加上市公司风险的情形			
7.4	对上市公司治理结构的影响			
7.4.1	上市公司控股股东或潜在控股股东是否与上市公司保持独立			
	是否不存在通过控制权转移而对上市公司现有资产的安全构成威胁的情形			
7.4.2	重组后,是否能够做到上市公司人员、财务、资产完整,拥有独立的银行账户、依法独立纳税、独立做出财务决策			
7.4.3	生产经营和管理是否能够做到与控股股东分开			
7.4.4	重组后,上市公司与控股股东及其关联企业之间是否不存在同业竞争			
	如有,是否提出切实可行的解决方案			
7.4.5	重组后,是否未有因环境保护、知识产权、产品质量、劳动安全、人身权等原因发生的侵权之债;如存在,在备注中说明对上市公司的影响			
八、相关事宜				
8.1	资产重组是否涉及职工安置			
8.1.1	职工安置是否符合国家政策			

续表

8.1.2	职工是否已妥善安置			
8.1.3	职工安置费用是否由上市公司承担			
8.1.4	安置方案是否经职工代表大会表决	/	/	/
8.2	各专业机构与上市公司之间是否不存在关联关系			
	涉及的独立财务顾问、评估机构、审计机构、法律顾问是否由上市公司聘请;如否,具体情况在备注栏中列明			
8.3	二级市场股票交易核查情况	/	/	/
8.3.1	上市公司二级市场的股票价格是否未出现异常波动			
8.3.2	是否不存在上市公司及其董事、监事、高级管理人员及上述人员的直系亲属参与内幕交易的嫌疑			
8.3.3	是否不存在重组方及其董事、监事、高级管理人员及上述人员的直系亲属参与内幕交易的嫌疑			
8.3.4	是否不存在参与本次重组的各专业机构(包括律师事务所、会计师事务所、财务顾问、资产评估事务所)及相关人员及其直系亲属参与内幕交易的嫌疑			
8.4	相关当事人是否已经及时、真实、准确、完整地履行了报告和公告义务			
	相关信息是否未出现提前泄露的情形			
	相关当事人是否不存在正在被证券监管部门或者证券交易所调查的情形			
8.5	上市公司控股股东或者实际控制人是否出具过相关承诺			
	是否不存在相关承诺未履行的情形			
	如该等承诺未履行是否不会对本次收购构成影响			
8.6	上市公司董事、监事、高级管理人员所作的承诺或声明是否涵盖其应当作出承诺的范围			
	是否表明其已经履行了其应负的诚信义务			
	是否不需要其对承诺的内容和范围进行补充			

续表

8.7	重组报告书是否充分披露了重组后的经营风险、财务风险、管理风险、技术风险、政策风险及其他风险			
	风险对策和措施是否具有可操作性			
8.8	上市公司是否存在连续12个月对同一或者相关资产进行购买、出售的情形			
尽职调查中重点关注的问题及结论性意见				

附件3:

上市公司并购重组财务顾问专业意见附表
第3号——发行股份购买资产

<table>
<tr><td>上市公司名称</td><td></td><td>财务顾问名称</td><td colspan="3"></td></tr>
<tr><td>证券简称</td><td></td><td>证券代码</td><td colspan="3"></td></tr>
<tr><td>购买资产类型</td><td colspan="5">完整经营性资产 □　　不构成完整经营性资产 □</td></tr>
<tr><td>交易对方</td><td colspan="5"></td></tr>
<tr><td>交易对方是否为上市公司控股股东</td><td>是 □　　否 □</td><td>是否构成关联交易</td><td colspan="3">是 □　　否 □</td></tr>
<tr><td>上市公司控制权是否变更</td><td>是 □　　否 □</td><td>交易完成后是否触发要约收购义务</td><td colspan="3">是 □　　否 □</td></tr>
<tr><td>方案简介</td><td colspan="5"></td></tr>
</table>

<table>
<tr><td rowspan="2">序号</td><td rowspan="2">核查事项</td><td colspan="2">核查意见</td><td rowspan="2">备注与说明</td></tr>
<tr><td>是</td><td>否</td></tr>
<tr><td colspan="5">一、上市公司是否符合发行股份购买资产条件</td></tr>
<tr><td rowspan="2">1.1</td><td>本次交易是否有利于提高上市公司资产质量、改善公司财务状况和增强持续盈利能力</td><td></td><td></td><td></td></tr>
<tr><td>是否有利于上市公司减少关联交易和避免同业竞争,增强独立性</td><td></td><td></td><td></td></tr>
<tr><td rowspan="2">1.2</td><td>上市公司最近一年及一期财务会计报告是否被注册会计师出具无保留意见审计报告</td><td></td><td></td><td></td></tr>
<tr><td>被出具保留意见、否定意见或者无法表示意见的审计报告的,注册会计师是否专项核查确认</td><td></td><td></td><td></td></tr>
</table>

续表

	该保留意见、否定意见或者无法表示意见所涉及事项的重大影响是否已经消除或者将通过本次交易予以消除			
1.3	上市公司发行股份所购买的资产,是否为权属清晰的经营性资产,并能在约定期限内办理完毕权属转移手续			
1.4	是否符合《上市公司证券发行管理办法》第三十九条的规定			
二、交易对方的情况				
2.1	交易对方的基本情况			
2.1.1	交易对方的名称、企业性质、注册地、主要办公地点、法定代表人、税务登记证号码与实际情况是否相符			
2.1.2	交易对方是否无影响其存续的因素			
2.1.3	交易对方为自然人的,是否未取得其他国家或者地区的永久居留权或者护照			
2.1.4	交易对方阐述的历史沿革是否真实、准确、完整,不存在任何虚假披露			
2.2	交易对方的控制权结构			
2.2.1	交易对方披露的产权及控制关系是否全面、完整、真实			
2.2.2	如交易对方成立不足一年或没有开展实际业务,是否已核查交易对方的控股股东或者实际控制人的情况			
2.2.3	是否已核查交易对方的主要股东及其他管理人的基本情况			
2.3	交易对方的实力			
2.3.1	是否已核查交易对方从事的主要业务、行业经验、经营成果及在行业中的地位			
2.3.2	是否已核查交易对方的主要业务发展状况			
2.3.3	是否已核查交易对方的财务状况,包括资产负债情况、经营成果和现金流量情况等			

续表

2.4	交易对方的资信情况			
2.4.1	交易对方及其高级管理人员、交易对方的实际控制人及其高级管理人员最近5年内是否未受到过行政处罚(不包括证券市场以外的处罚)、刑事处罚或者涉及与经济纠纷有关的重大民事诉讼或者仲裁			
	交易对方及高级管理人员最近5年内是否未受到与证券市场无关的行政处罚			
2.4.2	交易对方是否未控制其他上市公司			
	如控制其他上市公司的,该上市公司的合规运作情况,是否不存在控股股东资金占用、违规担保等问题			
2.4.3	交易对方是否不存在其他不良记录			
2.5	交易对方与上市公司之间的关系			
2.5.1	交易对方与上市公司之间是否不存在关联关系			
2.5.2	交易对方是否未向上市公司推荐董事或者高级管理人员的情况			
2.6	交易对方是否承诺在限定期限内不以任何形式转让其所持股份			
2.7	交易对方是否不存在为他人代为持有股份的情形			
三、上市公司定向发行所购买资产的情况				
3.1	购买资产所属行业是否符合国家产业政策鼓励范围			
	若不属于,是否不存在影响行业发展的重大政策因素			
3.2	购买资产的经营状况			
3.2.1	购买的资产及业务在最近3年内是否有确定的持续经营记录			

续表

3.2.2	交易对方披露的取得并经营该项资产或业务的时间是否真实			
3.2.3	购买资产最近3年是否不存在重大违法违规行为			
3.3	购买资产的财务状况			
3.3.1	该项资产是否具有持续盈利能力			
3.3.2	收入和利润中是否不包含较大比例(如30%以上)的非经常性损益			
3.3.3	是否不涉及将导致上市公司财务风险增加且数额较大的异常应收或应付账款			
3.3.4	交易完成后是否未导致上市公司的负债比例过大(如超过70%),属于特殊行业的应在备注中说明			
3.3.5	交易完成后上市公司是否不存在将承担重大担保或其他连带责任,以及其他或有风险			
3.3.6	相关资产或业务是否不存在财务会计文件虚假记载;或者其他重大违法行为			
3.4	购买资产的权属状况			
3.4.1	如不构成完整经营性资产			
3.4.1.1	权属是否清晰			
3.4.1.2	是否已经办理了相应的权属证明,包括相关资产的所有权、土地使用权、特许经营权、知识产权或其他权益的权属证明			
3.4.1.3	交易对方向上市公司转让前述资产是否不存在政策障碍、抵押或冻结等权利限制			
	是否不会产生诉讼、人员安置纠纷或其他方面的重大风险			
3.4.1.4	该资产正常运营所需要的人员、技术以及采购、营销体系等是否一并购入			
3.4.2	如为完整经营性资产(包括股权或其他可独立核算会计主体的经营性资产)			
3.4.2.1	交易对方是否合法拥有该项权益类资产的全部权利			

续表

3.4.2.2	该项权益性资产对应的实物资产和无形资产的权属是否清晰			
3.4.2.3	与该项权益类资产相关的公司发起人是否不存在有出资不实或其他影响公司合法存续的情况			
3.4.2.4	属于有限责任公司的，相关股权注入上市公司是否已取得其他股东的同意或者有证据表明，该股东已经放弃优先购买权			
3.4.2.5	股权对应的资产权属是否清晰			
	是否已办理相应的产权证书			
3.4.3	该项资产(包括该股权所对应的资产)是否无权利负担，如抵押、质押等担保物权			
	是否无禁止转让、限制转让或者被采取强制保全措施的情形			
3.4.4	是否不存在导致该资产受到第三方请求或政府主管部门处罚的事实			
	是否不存在诉讼、仲裁或其他形式的纠纷			
3.4.5	相关公司章程中是否不存在可能对本次交易产生影响的主要内容或相关投资协议			
3.4.6	相关资产是否在最近3年曾进行资产评估或者交易			
	相关资产的评估或者交易价格与本次评估价格相比是否存在差异			
	如有差异是否已进行合理性分析			
	相关资产是否在最近3年曾进行资产评估或者交易，是否在报告书中如实披露			
3.5	资产的独立性	/	/	/
3.5.1	进入上市公司的资产或业务的经营独立性，是否未因受到合同、协议或相关安排约束，如特许经营权、特种行业经营许可等而具有不确定性			

续表

3.5.2	注入上市公司后,上市公司是否直接参与其经营管理,或做出适当安排以保证其正常经营			
3.6	是否不存在控股股东及其关联人以与主业无关资产或低效资产偿还其占用上市公司的资金的情况			
3.7	涉及购买境外资产的,是否对相关资产进行核查,如委托境外中介机构协助核查,则在备注中予以说明(在境外中介机构同意的情况下,有关上述内容的核查,可援引境外中介机构尽职调查意见)			
3.8	交易合同约定的资产交付安排是否不存在可能导致上市公司交付现金或其他资产后不能及时获得对价的风险			
	相关的违约责任是否切实有效			
3.9	拟在重组后发行新股或债券时连续计算业绩的	/	/	/
3.9.1	购买资产的资产和业务是否独立完整,且在最近两年未发生重大变化			
3.9.2	购买资产是否在进入上市公司前已在同一实际控制人之下持续经营两年以上			
3.9.3	购买资产在进入上市公司之前是否实行独立核算,或者虽未独立核算,但与其经营业务相关的收入、费用在会计核算上是否能够清晰划分			
3.9.4	上市公司与该经营实体的主要高级管理人员是否签订聘用合同或者采取其他方式确定聘用关系			
	是否就该经营实体在交易完成后的持续经营和管理作出恰当安排			
3.10	交易标的的重大会计政策或会计估计是否与上市公司不存在较大差异			
	存在较大差异按规定须进行变更的,是否未对交易标的的利润产生影响			

续表

3.11	购买资产的主要产品工艺与技术是否不属于政策明确限制或淘汰的落后产能与工艺技术			
3.12	购买资产是否符合我国现行环保政策的相关要求			
四、交易定价的公允性				
4.1	上市公司发行新股的定价	/	/	/
4.1.1	上市公司发行新股的定价是否不低于董事会就定向发行做出决议前20个交易日均价			
4.1.2	董事会决议公告前,上市公司股票是否不存在交易异常的情况			
4.2	上市公司购买资产的交易价格如以评估值为基准确定	/	/	/
4.2.1	对整体资产评估时,是否对不同资产采取了不同评估方法			
	评估方法的选用是否适当			
4.2.2	评估方法是否与评估目的相适应			
4.2.3	是否充分考虑了相关资产的盈利能力			
4.2.4	是否采用两种以上的评估方法得出评估结果			
4.2.5	评估的假设前提是否合理			
	预期未来收入增长率、折现率、产品价格、销售量等重要评估参数取值是否合理,特别是交易标的为无形资产时			
4.2.6	被评估的资产权属是否明确,包括权益类资产对应的实物资产和无形资产的权属			
4.2.7	是否不存在因评估增值导致商誉减值而对公司利润产生较大影响的情况			

续表

4.2.8	是否不存在评估增值幅度较大,可能导致上市公司 每年承担巨额减值测试造成的费用			
4.3	与市场同类资产相比,本次资产交易定价是否公允、合理			
4.4	是否对购买资产本次交易的定价与最近3年的评估及交易定价进行了比较性分析			
五、定向发行须获得的相关批准				
5.1	程序的合法性			
5.1.1	上市公司与交易对方是否已就本次定向发行事项履行了必要的内部决策和报备、审批、披露程序			
5.1.2	履行各项程序的过程是否符合有关法律、法规、规则和政府主管部门的政策要求			
5.1.3	定向发行方案是否已经上市公司股东大会非关联股东表决通过			
5.2	定向发行后,是否未导致公司涉及特许领域或其他限制经营类领域			
	如存在前述问题,是否符合现阶段国家产业发展政策或者取得相关主管部门的批准,应特别关注国家对行业准入有明确规定的领域			
5.3	本次定向发行是否未导致上市公司控制权发生变化			
	如发生变化,交易对方是否按照《上市公司收购管理办法》履行公告、报告义务			
5.4	本次定向发行是否未导致交易对方触发要约收购义务			
	如是,交易对方是否拟申请豁免			
	股东大会是否已同意豁免其要约义务			

续表

六、对上市公司的影响				
6.1	上市公司定向发行后，是否符合上市条件			
6.2	如果本次交易上市公司变更了主营业务，该变更是否增强了上市公司的核心竞争力			
	如果未变更主营业务，定向发行的目的与公司战略发展目标是否一致			
	是否增强了上市公司的核心竞争力			
6.3	对上市公司持续经营能力的影响	/	/	/
6.3.1	上市公司购买的资产是否具有持续经营能力和盈利能力			
6.3.2	交易完成后，上市公司的主要资产是否不为现金或流动资产，或主要资产的经营是否具有不确定性，不会对上市公司持续经营产生重大不确定性（例如主要资产是上市公司不能控制经营的股权投资、债权投资等）			
6.3.3	交易完成后，上市公司是否具有确定的资产及业务，该等资产或业务是否未受到合同、协议或相关安排约束，从而具有确定性			
6.3.4	交易完成后，上市公司是否不需要取得相应领域的特许或其他许可资格			
	上市公司获取新的许可资格是否不存在重大不确定性			
6.3.5	本次交易设置的条件（包括支付资金、交付资产、交易方式）是否未导致拟进入上市公司的资产带有重大不确定性（如约定公司不能保留上市地位时交易将中止执行并返还原状等），对上市公司持续经营有负面影响或具有重大不确定性			
6.3.6	盈利预测的编制基础和各种假设是否具有现实性			
	盈利预测是否可实现			

续表

6.3.7	如未提供盈利预测，管理层讨论与分析是否充分反映本次重组后公司未来发展的前景、持续经营能力和存在的问题			
6.3.8	交易对方与上市公司就相关资产实际盈利数不足利润预测数的情况签订补偿协议的，相关补偿安排是否可行、合理			
6.4	对上市公司经营独立性的影响	/	/	/
6.4.1	相关资产是否整体进入上市公司			
	上市公司是否有控制权			
	在采购、生产、销售和知识产权等方面是否保持独立			
6.4.2	关联交易收入及相应利润在上市公司收入和利润中所占比重是否不超过30%，未影响公司经营的独立性			
6.4.3	进入上市公司的资产是否包括生产经营所必需的无形资产（如商标使用权、专利使用权等）			
	上市公司是否已取得业务经营所需的全部许可、批准和资质证书（如安全生产许可证、排污许可证、药品生产许可证等）			
6.4.4	是否需要向第三方缴纳无形资产使用费			
6.4.5	是否不存在控股股东及其关联方或交易对方及其关联方通过交易占用上市公司资金或增加上市公司风险的情形			
6.5	对上市公司治理结构的影响	/	/	/
6.5.1	上市公司控股股东或潜在控股股东是否与上市公司保持独立，是否不存在通过控制权转移而对上市公司现有资产的稳定性构成威胁			
6.5.2	定向发行后，是否能够做到上市公司人员、财务、资产完整，拥有独立的银行账户；依法独立纳税；独立做出财务决策			
6.5.3	生产经营和行政管理是否能够做到与控股股东分开			

续表

6.5.4	如短期内难以完全做到，是否已做出合理的过渡性安排			
6.5.5	定向发行后，上市公司与控股股东及其关联企业之间是否不存在同业竞争			
	如有，是否提出切实可行的解决方案			
6.5.6	定向发行后，是否不存在出现因环境保护、知识产权、产品质量、劳动安全、人身权等原因发生纠纷的情况；如存在，在备注中说明对上市公司的影响			
七、相关事宜				
7.1	各专业机构与上市公司之间是否不存在关联关系涉及的独立财务顾问、评估机构、审计机构、法律顾问是否由上市公司聘请（具体情况在备注栏中列明）			
7.2	相关当事人是否已经及时、真实、准确、完整地履行了报告和公告义务			
	相关信息是否未出现提前泄露的情形			
	相关当事人是否不存在正在被证券监管部门或者证券交易所调查的情形			
7.3	上市公司控股股东或者实际控制人是否出具过相关承诺			
	是否不存在相关承诺未履行的情形			
	如该等承诺未履行是否对本次收购不构成影响			
7.4	二级市场股票交易核查情况	/	/	/
7.4.1	上市公司二级市场的股票价格是否未出现异常波动			
7.4.2	是否不存在上市公司及其董事、监事、高级管理人员及上述人员的直系亲属参与内幕交易的嫌疑			
7.4.3	是否不存在交易对方及其董事、监事、高级管理人员及上述人员的直系亲属参与内幕交易的嫌疑			

续表

7.4.4	是否不存在参与本次定向发行的各中介机构（包括律师事务所、会计师事务所、财务顾问、资产评估事务所）及相关人员及其直系亲属参与内幕交易的嫌疑			
7.5	上市公司董事、监事、高级管理人员所作的承诺或声明是否涵盖其应当作出承诺的范围			
	是否表明其已经履行了其应负的诚信义务			
	是否不需要其对承诺的内容和范围进行补充			
7.6	定向发行报告书是否充分披露了定向发行后的经营风险、财务风险、管理风险、技术风险、政策风险及其他风险			
	风险对策和此措施是否具有可操作性			
尽职调查中重点关注的问题及结论性意见				

附件4：

上市公司并购重组财务顾问专业意见附表
第4号——回购社会公众股份

<table>
<tr><td colspan="2">上市公司名称</td><td></td><td colspan="2">财务顾问名称</td><td></td></tr>
<tr><td colspan="2">证券简称</td><td></td><td colspan="2">证券代码</td><td></td></tr>
<tr><td colspan="2">回购对象类型</td><td colspan="4">向社会公众回购 □</td></tr>
<tr><td colspan="2">回购方式</td><td colspan="4">要约 □　　其他 □(请注明)________________</td></tr>
<tr><td colspan="2">回购目的</td><td colspan="4">________________</td></tr>
<tr><td colspan="2">方案简介</td><td colspan="4"></td></tr>
<tr><td rowspan="2">序号</td><td rowspan="2">核查事项</td><td colspan="2">核查意见</td><td rowspan="2" colspan="2">备注与说明</td></tr>
<tr><td>是</td><td>否</td></tr>
<tr><td colspan="6">**一、上市公司是否符合回购条件**</td></tr>
<tr><td>1.1</td><td>公司股票上市是否已满一年</td><td></td><td></td><td colspan="2"></td></tr>
<tr><td>1.2</td><td>公司最近一年是否无重大违法行为</td><td></td><td></td><td colspan="2"></td></tr>
<tr><td>1.3</td><td>回购股份后，上市公司是否具备持续经营能力</td><td></td><td></td><td colspan="2"></td></tr>
<tr><td>1.4</td><td>回购股份后，上市公司的股权分布是否符合上市条件</td><td></td><td></td><td colspan="2"></td></tr>
<tr><td colspan="6">**二、上市公司回购的必要性及可行性**</td></tr>
<tr><td>2.1</td><td>结合上市公司回购的目的、经营情况、财务状况、股票价格表现、公司估值说明上市公司进行回购是否必要</td><td></td><td></td><td colspan="2"></td></tr>
<tr><td>2.2</td><td>回购的可行性</td><td>/</td><td>/</td><td colspan="2">/</td></tr>
<tr><td>2.2.1</td><td>回购资金来源是否合法合规</td><td></td><td></td><td colspan="2"></td></tr>
<tr><td rowspan="2">2.2.2</td><td>如来源于借贷，结合上市公司财务状况、盈利能力、偿债能力、经营情况、现金流转情况说明还款计划是否可行</td><td></td><td></td><td colspan="2"></td></tr>
<tr><td>是否不会给上市公司经营带来负面影响</td><td></td><td></td><td colspan="2"></td></tr>
</table>

续表

2.2.3	如来源于自有资金,结合上市公司财务状况、盈利能力、偿债能力、经营情况、现金流转情况说明上市公司是否有能力支付回购款			
	支付回购款是否不影响上市公司的正常经营			
三、交易定价的公允性				
3.1	是否已对上市公司进行估值分析			
3.1.1	是否充分考虑了相关资产的盈利能力			
3.1.2	与市场同类公司相比,本次资产交易定价是否公允、合理			
3.2	要约方式回购股份的,要约价格是否不低于回购报告书公告前30个交易日该种股票每日加权平均价格的算术平均值			
四、回购须获得的相关批准				
4.1	程序的合法性	/	/	/
4.1.1	上市公司是否已就本次回购事项履行了必要的内部决策和报备、审批、披露程序			
4.1.2	履行各项程序的过程是否符合有关法律、法规、规则和政府主管部门的政策要求			
	涉及其他主管部门批准的,是否已得到批准			
4.1.3	是否已履行了债权人催告程序			
	是否已取得主要债权人的同意			
4.1.4	集中竞价方式实施股份回购的,实施回购的时间是否符合相关规定			
五、对上市公司的影响				
5.1	上市公司回购股份后,是否符合上市条件			
5.2	回购目的与上市公司战略发展目标是否一致			
5.3	对上市公司持续经营能力的影响	/	/	/
5.3.1	上市公司回购股份是否未导致上市公司现金短缺,影响上市公司的正常经营			

续表

5.3.2	本次交易设置的条件（包括支付资金、交易方式、回购比例）是否未导致本次回购具有不确定性，如约定公司不能保留上市地位时交易将中止执行并返还原状等，对上市公司持续经营有负面影响或具有重大不确定性			
5.3.3	上市公司回购股份是否未导致上市公司负债比率过大			
	是否未导致公司有财务风险			
5.3.4	是否不存在控股股东或交易对方通过交易占用上市公司资金或增加上市公司风险的情形			
六、相关事宜				
6.1	各专业机构与上市公司间是否不存在关联关系涉及的独立财务顾问、评估机构、审计机构、法律顾问是否由上市公司聘请，具体情况在备注栏中列明			
6.2	相关当事人是否已经及时、真实、准确、完整地履行了报告和公告义务			
	相关信息是否未出现提前泄露的情形			
	相关当事人是否不存在正在被证券监管部门或者证券交易所调查的情形			
6.3	上市公司控股股东或者实际控制人是否出具过相关承诺			
	是否不存在相关承诺未履行的情形			
	如该等承诺未履行是否不会对本次收购构成影响			
6.4	二级市场股票交易核查情况	/	/	/
6.4.1	上市公司二级市场的股票价格是否未出现异常波动			
6.4.2	是否不存在上市公司及其董事、监事、高级管理人员及上述人员的直系亲属参与内幕交易的嫌疑			

续表

6.4.3	是否不存在参与本次回购股份的各专业机构（包括律师事务所、会计师事务所、财务顾问、资产评估事务所）及相关人员及其直系亲属参与内幕交易的嫌疑			
6.4.4	是否不存在上市公司控股股东、实际控制人及其关联方			
	上市公司其关联方是否不存在参与内幕交易的嫌疑			
6.5	上市公司董事、监事、高级管理人员所作的承诺或声明是否涵盖其应当作出承诺的范围			
	是否表明其已经履行了其应负的诚信义务			
	是否不需要其对承诺的内容和范围进行补充			
6.6	回购报告书是否充分披露了回购后的经营风险、财务风险、管理风险、技术风险、政策风险及其他风险			
尽职调查中重点关注的问题及结论性意见				

市场交易类

关于个人转让上市公司限售股所得征收个人所得税有关问题的补充通知

(2010 年 11 月 10 日　财政部、税务总局、
证监会　财税〔2010〕70 号)

各省、自治区、直辖市、计划单列市财政厅(局)、国家税务局、地方税务局,新疆生产建设兵团财务局,上海、深圳证券交易所,中国证券登记结算公司:

为进一步规范个人转让上市公司限售股(以下简称限售股)税收政策,加强税收征管,根据财政部、国家税务总局、证监会《关于个人转让上市公司限售股征收个人所得税有关问题的通知》(财税〔2009〕167 号)的有关规定,现将个人转让限售股所得征收个人所得税有关政策问题补充通知如下:

一、本通知所称限售股,包括:

(一)财税〔2009〕167 号文件规定的限售股;

(二)个人从机构或其他个人受让的未解禁限售股;

(三)个人因依法继承或家庭财产依法分割取得的限售股;

(四)个人持有的从代办股份转让系统转到主板市场(或中小板、创业板市场)的限售股;

(五)上市公司吸收合并中,个人持有的原被合并方公司限售股所转换的合并方公司股份;

(六)上市公司分立中,个人持有的被分立方公司限售股所转换的分立后公司股份;

(七)其他限售股。

二、根据《个人所得税法实施条例》第八条、第十条的规定,个人转让限售股或发生具有转让限售股实质的其他交易,取得现金、实物、有价证券和其他形式的经济利益均应缴纳个人所得税。限售股在解禁前被多次

转让的，转让方对每一次转让所得均应按规定缴纳个人所得税。对具有下列情形的，应按规定征收个人所得税：

（一）个人通过证券交易所集中交易系统或大宗交易系统转让限售股；

（二）个人用限售股认购或申购交易型开放式指数基金（ETF）份额；

（三）个人用限售股接受要约收购；

（四）个人行使现金选择权将限售股转让给提供现金选择权的第三方；

（五）个人协议转让限售股；

（六）个人持有的限售股被司法扣划；

（七）个人因依法继承或家庭财产分割让渡限售股所有权；

（八）个人用限售股偿还上市公司股权分置改革中由大股东代其向流通股股东支付的对价；

（九）其他具有转让实质的情形。

三、应纳税所得额的计算

（一）个人转让第一条规定的限售股，限售股所对应的公司在证券机构技术和制度准备完成前上市的，应纳税所得额的计算按照财税〔2009〕167 号文件第五条第（一）项规定执行；在证券机构技术和制度准备完成后上市的，应纳税所得额的计算按照财税〔2009〕167 号文件第五条第（二）项规定执行。

（二）个人发生第二条第（一）、（二）、（三）、（四）项情形、由证券机构扣缴税款的，扣缴税款的计算按照财税〔2009〕167 号文件规定执行。纳税人申报清算时，实际转让收入按照下列原则计算：

第二条第（一）项的转让收入以转让当日该股份实际转让价格计算，证券公司在扣缴税款时，佣金支出统一按照证券主管部门规定的行业最高佣金费率计算；第二条第（二）项的转让收入，通过认购 ETF 份额方式转让限售股的，以股份过户日的前一交易日该股份收盘价计算，通过申购 ETF 份额方式转让限售股的，以申购日的前一交易日该股份收盘价计算；第二条第（三）项的转让收入以要约收购的价格计算；第二条第（四）项的转让收入以实际行权价格计算。

（三）个人发生第二条第（五）、（六）、（七）、（八）项情形、需向主管税务机关申报纳税的，转让收入按照下列原则计算：

第二条第（五）项的转让收入按照实际转让收入计算，转让价格明显偏低且无正当理由的，主管税务机关可以依据协议签订日的前一交易日该股收盘价或其他合理方式核定其转让收入；第二条第（六）项的转让收入以司法执行日的前一交易日该股收盘价计算；第二条第（七）、（八）项的转让收入以转让方取得该股时支付的成本计算。

（四）个人转让因协议受让、司法扣划等情形取得未解禁限售股的，成本按照主管税务机关认可的协议受让价格、司法扣划价格核定，无法提供相关资料的，按照财税〔2009〕167 号文件第五条第（一）项规定执行；个人转让因依法继承或家庭财产依法分割取得的限售股的，按财税〔2009〕167 号文件规定缴纳个人所得税，成本按照该限售股前一持有人取得该股时实际成本及税费计算。

（五）在证券机构技术和制度准备完成后形成的限售股，自股票上市首日至解禁日期间发生送、转、缩股的，证券登记结算公司应依据送、转、缩股比例对限售股成本原值进行调整；而对于其他权益分派的情形（如现金分红、配股等），不对限售股的成本原值进行调整。

（六）因个人持有限售股中存在部分限售股成本原值不明确，导致无法准确计算全部限售股成本原值的，证券登记结算公司一律以实际转让收入的 15% 作为限售股成本原值和合理税费。

四、征收管理

（一）纳税人发生第二条第（一）、（二）、（三）、（四）项情形的，对其应纳个人所得税按照财税〔2009〕167 号文件规定，采取证券机构预扣预缴、纳税人自行申报清算和证券机构直接扣缴相结合的方式征收。

本通知所称的证券机构，包括证券登记结算公司、证券公司及其分支机构。其中，证券登记结算公司以证券账户为单位计算个人应纳税额，证券公司及其分支机构依据证券登记结算公司提供的数据负责对个人应缴纳的个人所得税以证券账户为单位进行预扣预缴。纳税人对证券登记结算公司计算的应纳税额有异议的，可持相关完整、真实凭证，向主管税务机关提出清算申报并办理清算事宜。主管税务机构审核确认后，按照重新计算的应纳税额，办理退（补）税手续。

（二）纳税人发生第二条第（五）、（六）、（七）、（八）项情形的，采取纳税人自行申报纳税的方式。纳税人转让限售股后，应在次月七日内到主管税务机关填报《限售股转让所得个人所得税清算申报表》，自行申报纳税。主管税务机关审核确认后应开具完税凭证，纳税人应持完税凭证、《限售股转让所得个人所得税清算申报表》复印件到证券登记结算公司办理限售股过户手续。纳税人未提供完税凭证和《限售股转让所得个人所得税清算申报表》复印件的，证券登记结算公司不予办理过户。

纳税人自行申报的，应一次办结相关涉税事宜，不再执行财税〔2009〕167 号文件中有关纳税人自行申报清算的规定。对第二条第（六）项情形，如国家有权机关要求强制执行的，证券登记结算公司在履行告知义务后予以协助执行，并报告相关主管税务机关。

五、个人持有在证券机构技术和制度准备完成后形成的拟上市公司限售股，在公司上市前，个人应委托拟上市公司向证券登记结算公司提供有关限售股成本原值详细资料，以及会计师事务所或税务师事务所对该资料出具的鉴证报告。逾期未提供的，证券登记结算公司以实际转让收入的 15% 核定限售股原值和合理税费。

六、个人转让限售股所得需由证券机构预扣预缴税款的，应在客户资金账户留足资金供证券机构扣缴税款，依法履行纳税义务。证券机构应采取积极、有效措施依法履行扣缴税款义务，对纳税人资金账户暂无资金或资金不足的，证券机构应当及时通知个人投资者补足资金，并扣缴税款。个人投资者未补足资金的，证券机构应当及时报告相关主管税务机关，并依法提供纳税人相关资料。

关于上市商业银行在证券交易所参与债券交易试点有关问题的通知

（2010年9月30日　证监会、中国人民银行、银监会
证监发〔2010〕91号）

各上市商业银行，上海、深圳证券交易所，中国证券登记结算有限责任公司，中央国债登记结算有限责任公司：

为落实《国务院办公厅关于当前金融促进经济发展的若干意见》（国办发〔2008〕126号），推进上市商业银行在交易所债券交易试点工作，现就有关问题通知如下：

一、试点上市商业银行应在证券交易所集中竞价交易系统进行规定业务范围内的债券现券交易。

二、试点期间，试点上市商业银行参与证券交易所债券交易涉及的债券登记、托管及结算业务，由中国证券登记结算有限责任公司依据现行规则办理。

三、对于试点启动后新发行的债券，中国证券登记结算有限责任公司和中央国债登记结算有限责任公司应按照双方关于跨市场债券品种的转托管业务协议，办理试点上市商业银行债券跨市场双向转托管业务。

四、中国证券监督管理委员会、中国人民银行、中国银行业监督管理委员会此前下发的关于上市商业银行在证券交易所参与债券交易的相关规定如与本通知不符，以本通知为准。

基　　金

关于保本基金的指导意见

（2010年10月26日　证监会公告〔2010〕30号）

现公布《关于保本基金的指导意见》，自公布之日起施行。

为推动保本基金的平稳健康发展，保护基金份额持有人合法权益，根据《证券投资基金法》、《担保法》、《物权法》、《合同法》、《证券投资基金运作管理办法》等相关规定，制定本指导意见。

一、本指导意见所称保本基金，是指通过一定的保本投资策略进行运作，同时引入保本保障机制，以保证基金份额持有人在保本周期到期时，可以获得投资本金保证的基金。

前款所指保本保障机制包括：

（一）由基金管理人对基金份额持有人的投资本金承担保本清偿义务，同时基金管理人与符合条件的担保人签订保证合同，由担保人和基金管理人对投资人承担连带责任。

（二）基金管理人与符合条件的保本义务人签订风险买断合同，约定由基金管理人向保本义务人支付费用，保本义务人在保本基金到期出现亏损时，负责向基金份额持有人偿付相应损失。保本义务人在向基金份额持有人偿付损失后，放弃向基金管理人追偿的权利。

（三）经中国证监会认可的其他保本保障机制。

二、基金管理人申请募集保本基金，应当在基金合同、招募说明书及宣传推介材料中充分揭示保本基金的风险，说明投资者投资于保本基金并不等于将资金作为存款存放在银行或存款类金融机构，并说明保本基金在极端情况下仍然存在本金损失的风险。

三、保本基金在保本期间开放申购的，基金管理人应当在相关业务公告以及宣传推介材料中说明开放申购期间，投资者的申购金额是否保本。

四、保本基金应当具备相应的投资策略以避免本金亏损，并明确载入基金合同、招募说明书等法律文件。

保本基金的招募说明书中应当采用举例或其他形式简明扼要地向基金份额持有人说明该基金的投资策略。

五、保本基金的基金管理人应当在基金合同、招募说明书等法律文件中约定，保本期间届满，基金份额持有人能够收回投资本金，并约定本金的计算方法。

六、保本基金可以投资于股票、债券、货币市场工具、权证、股指期货及中国证监会允许投资的其他金融工具。保本基金投资于各类金融工具的比例应与该基金的投资目标、投资策略相匹配。

七、基金管理公司申请募集保本基金，应当符合以下审慎监管要求：

（一）经营稳健，财务状况良好；

（二）最近三年未受到重大处罚；

（三）最近一年内无重大违法、违规行为，并且没有因违法违规行为正受到监管机构调查，或者正处于整改期间；

（四）已经管理的保本基金及拟申请募集的保本基金中，由担保人承担保证责任及由保本义务人承担偿付责任的总金额，不得超过该公司上一年度经审计的净资产的30倍；

（五）中国证监会规定的其他条件。

八、非金融机构担任保本基金的担保人或保本义务人的，应当符合以下审慎监管要求：

（一）成立并经营满3年以上，具备法人资格的企业；

（二）财务状况良好，最近三年连续盈利；

（三）注册资本不低于10亿元；

（四）上一年度经审计的净资产不低于20亿元；

（五）为保本基金承担保证责任或偿付责任的总金额不超过上一年度经审计的净资产的10倍；

（六）最近三年未受过重大处罚；

（七）中国证监会规定的其他条件。

如保本基金的担保人或保本义务人为担保公司，除满足上述条件外，担保公司已经对外提供的担保资产规模不应超过其净资产总额的25倍。

九、证券公司及其他金融机构担任保本基金的担保人或保本义务人的，应当符合以下审慎监管要求：

（一）注册资本不低于5亿元；

（二）上一年度经审计的净资产不低于20亿元；

（三）为保本基金承担保证责任或偿付责任的总金额不超过上一年度经审计的净资产的10倍；

（四）最近三年未受过重大处罚；

（五）中国证监会规定的其他条件。

十、基金管理人申请募集保本基金，在与担保人签订保证合同后，不得以自有资产对担保人设定担保物权。

十一、保证合同或风险买断合同应当作为保本基金的基金合同、招募说明书的附件，并随基金合同、招募说明书一同公告。

保本基金的基金合同、招募说明书应当约定，投资者购买基金份额的行为视为同意保证合同或风险买断合同的约定。

十二、基金管理人与保本义务人签订风险买断合同的，保本基金到期出现亏损时，基金管理人可以代表基金份额持有人要求保本义务人履行偿付责任，向基金份额持有人偿付相应损失。

十三、保本基金的基金合同、招募说明书中应当约定下列情形的处理方法：

（一）保本期间内，更换担保人或保本义务人的；

（二）保本期间内，担保人或保本义务人出现足以影响其担保能力或偿付能力的情形的。

十四、保证合同包括但不限于以下内容：

（一）为保本基金承担保证责任的总金额；

（二）保证方式；

（三）保证期间；

（四）保证范围；

（五）保证费用的费率及支付方式；

（六）基金份额持有人要求清偿投资亏损的程序和方式；

（七）基金管理人与担保人的责任分担、追偿程序和还款方式。

十五、风险买断合同包括但不限于以下内容：

（一）为保本基金承担偿付责任的总金额；

（二）承担偿付责任的期间；

（三）承担偿付责任的范围；

（四）风险买断费用的费率及支付方式；

（五）基金份额持有人要求清偿投资亏损的程序和方式；

（六）保本义务人在向基金份额持有人偿付损失后，不得向基金管理人追偿。

十六、保本基金的基金合同、招募说明书应当用单独的章节说明基金保本的相关内容，包括但不限于：

（一）担保人或保本义务人的名称、住所、营业范围等基本情况；

（二）担保人或保本义务人对外承担保证或偿付责任的情况；

（三）保证合同或风险买断合同的主要内容；

（四）保证费用或风险买断费用的费率和支付方式；

（五）适用保本的情形和不适用保本的情形；

（六）保本基金到期的处理方案；

（七）担保人或保本义务人免除保证责任或偿付责任的情形；

（八）更换担保人或保本义务人的程序。

保证合同或风险买断合同中对基金份额持有人利益有重大影响而未在基金合同、招募说明书中进行披露的条款，对基金份额持有人没有法律约束力；但是，基金份额持有人可以主张此类条款对基金管理人、担保人或保本义务人具有法律约束力。

十七、担保人或保本义务人应当在第十三条所列情形发生之日起 3 个工作日内，通知基金管理人和基金托管人。

基金管理人应当在得知本条前款所指情形之日起 3 个工作日，按照基金合同的约定提出处理办法，并履行信息披露义务和报告义务。

十八、基金管理人应当在保本基金的基金合同中约定保本周期到期后的处理方案，转入下一个保本周期的，应在基金合同中明确约定转入下一个保本周期的条件以及如何转入下一个保本周期。

保本基金到期后，符合保本条件并转入下一个保本周期的，基金份额净值应重新调整至 1.00 元。

保本周期到期后，转为其他类型基金的，应当在基金合同中明确约定拟转换的其他类型基金的名称、费率、投资目标、投资范围、投资策略等区别于原保本基金的要素。

十九、除保本基金外，其他基金（包括仅采用特定的投资策略及投资方法实现保本，没有保本保障机制的基金）不得在基金合同、招募说明书等法律文件以及宣传推介材料中明示或采取谐音、联想等方式暗示对本金安全的保证。

二十、本指导意见施行前已经获得中国证监会核准的保本基金，仍按基金合同的约定进行运作。但在保本周期到期后转入下一保本周期的，应当按照本指导意见的要求对基金合同、招募说明书等文件进行修订，并履行相应程序。

二十一、本指导意见自公布之日起施行。

证券投资基金信息披露 XBRL 模板第 4 号《基金合同生效公告及十一类临时公告(试行)》

(2010 年 11 月 18 日　证监会公告〔2010〕32 号)

为进一步提高证券投资基金(以下简称基金)信息披露质量,推进基金信息披露 XBRL(eXtensible Business Reporting Language,可扩展商业报告语言)应用工作,我会制定了《证券投资基金信息披露 XBRL 模板第 4 号〈基金合同生效公告及十一类临时公告〉》,现予公布,自 2011 年 1 月 1 日起施行,请各基金管理公司和托管银行遵照执行。

本模板公布之后,基金管理公司须在对外公开披露基金合同生效公告及十一类临时公告中应用,并及时向我会电子数据报送平台(data.csrc.gov.cn)的"基金 XBRL 信息接收系统"报备基金合同生效公告及相关临时公告 XBRL 文档,相关文件的纸质报备文档不再报送我会。上述 XBRL 文档,将通过我会基金信息披露网站(fund.csrc.gov.cn)对外展示,各公司应确保报备信息的及时、真实、准确和完整,各托管银行应确保复核信息的真实、准确和完整。

目　录

5　日常转换业务

6　定期定额投资业务

7　基金销售机构

8　基金份额净值公告/基金收益公告的披露安排

9　其他需要提示的事项

§3　基金暂停/恢复(大额)申购(转换转入、赎回、转换转出、定期定额投资)公告

1　公告基本信息

2　其他需要提示的事项

§4　基金经理变更公告

1　公告基本信息

2　新任基金经理的相关信息

3　离任基金经理的相关信息

4　其他需要说明的事项

§5　基金行业高级管理人员变更公告

1　公告基本信息

2　新/代任高级管理人员的相关信息

3　离任高级管理人员的相关信息

4　其他需要说明的事项

§6　非货币市场基金分红公告

1　公告基本信息

2　与分红相关的其他信息

3　其他需要提示的事项

§7　货币市场基金收益支付广告

1　公告基本信息

2　与收益支付相关的其他信息

3　其他需要提示的事项

§8　基金份额净值计价错误公告

1　公告基本信息

2　其他需要提示的事项

§9　货币市场基金偏离度绝对值达到/超过0.5%公告

1　公告基本信息

2　其他需要提示的事项

§10　基金管理公司/基金托管银行法定名称、住所变更公告

1 公告基本信息

2 其他需要提示的事项

§11 涉及基金管理公司/基金财产/基金托管业务诉讼的公告

1 公告基本信息

2 其他需要提示的事项

§12 基金改聘会计师事务所广告

1 公告基本信息

2 其他需要提示的事项

§1　基金合同生效公告[①]

（0002）

公告送出日期：××××年××月××日[②]（0003）

1　公告基本信息

基金名称	（0009）	
基金简称	（0011）	
基金主代码[③]	（0012）/（0014）/（0015）	
基金运作方式	（0017）	
基金合同生效日	（0018）	
基金管理人名称	（0186）	
基金托管人名称	（0213）	
公告依据[④]	（2631）	
下属分级基金的基金简称[⑤]	（0011）	……[⑥]（0011）
下属分级基金的交易代码	（0012）/	……（0012）/
	（0014）/ （0015）	（0014）/ （0015）

注：（2645）

---

① 根据《证券投资基金信息披露管理办法》第十一条制定此模板。

② 送出日期指报告经复核、签发后，正式对外送出的日期，此处可理解为正式对外披露的日期；根据《证券投资基金法》第四十四条，管理人在基金募集期限届满之后需验资并向中国证监会提交验资报告，办理基金备案手续，并予公告；根据《证券投资基金信息披露管理办法》第十一条，管理人应在合同生效的次日披露合同生效公告。

③ 此项有别于在定期报告中披露的交易代码，而是在中国证监会基金监管部备案的基金主代码（一般是在交易代码中择一确定）。

④ 此处填列公告依据，例如《××基金合同》、《××基金招募说明书》等，下同。

⑤ 本文件中有关下属分级基金的相关披露事项主要适用分级基金，其他类别基金不必列示。

⑥ 如有三级以上（含三级）的分级基金，相应增加列。

2 基金募集情况

基金募集申请获中国证监会核准的文号		(2647)		
基金募集期间		自××××年××月××日(0066)至××××年××月××日止(0067)		
验资机构名称		(2648)		
募集资金划入基金托管专户的日期		(2816)		
募集有效认购总户数(单位：)		(0100)		
份额级别⑦		(0011)	(0011)……	(0011)合计
募集期间净认购金额(单位：)		(2649)	(2649)	…(2649)
认购资金在募集期间产生的利息(单位：)		(0096)	(0096)	…(0096)
募集份额(单位：)	有效认购份额	(0101)	(0101)	…(0101)
	利息结转的份额	(0102)	(0102)	…(0102)
	合计	(0103)	(0103)	…(0103)
其中：募集期间基金管理人运用固有资金认购本基金情况	认购的基金份额⑧(单位：)	(2653)	(2653)	…(2653)
	占基金总份额比例⑨	(2654)	(2654)	…(2654)
	其他需要说明的事项⑩	(2889)	(2889)	…(2889)
其中：募集期间基金管理人的从业人员认购本基金情况	认购的基金份额(单位：)	(2656)	(2656)	…(2656)
	占基金总份额比例	(2657)	(2657)	…(2657)
募集期限届满基金是否符合法律法规规定的办理基金备案手续的条件⑪		(2651)		

⑦ 本项适用于分级基金，即本项之后至“管理人的从业人员认购本基金情况”中间的各细项需分别列示各级信息及合计信息，如果不是分级基金，不需分别列示。

⑧ 含利息结转的份额。

⑨ 对下属分级基金，此项的分母为各自级别的份额，对合计数，本项的分母采用下属分级基金份额的合计数，即基金整体的份额总额，为便于投资者理解，可在表下标注说明。

⑩ 此处应根据法规说明管理人认购本基金的认购日期、适用费率等信息。

⑪ 此处应根据《证券投资基金法》第四十四条、《中国证监会关于基金从业人员投资证券投资基金有关事宜的通知》第三条等规定对是否满足办理备案手续的条件进行说明。

续表

向中国证监会办理基金备案手续获得书面确认的日期	（2652）

注⑫：（2659）

3 其他需要提示的事项⑬

（2646）

⑫ 此处用来补充说明其他事项，如募集期间发生的各项费用是否从基金资产中列支、在场内和场外募集资金的情况等。

⑬ 本项填列上表未提及的需要提示投资者的其他信息，如不存在需提示的事项，此项可省去。

§2　基金开放日常申购(赎回、转换、定期定额投资)业务公告[⑭]

(0002)

公告送出日期:××××年××月××日[⑮](0003)

1　公告基本信息

基金名称	(0009)	
基金简称	(0011)	
基金主代码	(0012)/(0014)/(0015)	
基金运作方式	(0017)	
基金合同生效日	(0018)	
基金管理人名称	(0186)	
基金托管人名称	(0213)	
基金注册登记机构名称	(0310)	
公告依据	(2631)	
申购起始日	(2660)	
赎回起始日	(2661)	
转换转入起始日[⑯]	(2793)	
转换转出起始日	(2794)	
定期定额投资起始日	(2795)	
下属分级基金的基金简称	(0011)	……(0011)

⑭　根据《证券投资基金信息披露管理办法》第二十三条第二十三项制定此模板,此模板主要适用于基金首次开放申购、赎回(转换、定期定额投资);如果开放申购、赎回、转换、定期定额投资的公告是分开披露的,则选取本模板中的相关披露项目即可。

⑮　送出日期指报告经复核、签发后,正式对外送出的日期,此处可理解为正式对外披露的日期;根据《证券投资基金信息披露管理办法》第二十三条,临时公告应在事件发生后两日内编制并公告,并在披露日报中国证监会及管理人主要办公场所所在地证监局备案(除《基金合同》另有约定或法规另有规定除外)。

⑯　本项以及之后的"转换转出起始日"、"定期定额投资起始日"三项,如存在不同销售机构的起始日不同的,可在相应表格内以文字说明,不一定用单一日期格式列示。

续表

下属分级基金的交易代码	(0012)/ (0014)/ (0015)	……(0012)/ (0014)/ (0015)
该分级基金是否开放申购、赎回(转换、定期定额投资)	(2796)	……(2796)

注:(2645)

2 日常申购、赎回(转换、定期定额投资)业务的办理时间

(2819)

3 日常申购业务

3.1 申购金额限制

(2820)

3.2 申购费率⑰

(2842)⑱

3.2.1 前端收费

申购金额(M)	申购费率	备注
(2890)(2891)(2892)(2893)	(2683)(2894)	(2684)
……		

注⑲:(2685)

⑰ 如基金不存在申购费,则可不列表,直接声明"本基金申购费率为0";本项下的表格由基金据实填列,例如,没有后端收费的基金,后端收费的相关表格可直接以"-"列示。

⑱ 如下列费率表格不适用,可根据基金实际费率情况另外用文字描述。

⑲ 此处填列需说明的事项,如说明一天之内多笔申购的费率处理,又如,说明申购金额中已包含申购费等,前后端收费模式根据基金的实际情况填列。

3.2.2　后端收费

持有期限(N)	申购费率	备注
(2903)(2904)(2905)(2906)(2887)	(2688)(2895)	(2689)
……		

注:(2690)

3.3　其他与申购相关的事项

(2821)

4　日常赎回业务

4.1　赎回份额限制

(2822)

4.2　赎回费率[20]

(2843)[21]

持有期限(N)	赎回费率
(2903)(2904)(2905)(2906)(2887)	(2698)(2896)
……	

注:(2699)

4.3　其他与赎回相关的事项

(2823)

5　日常转换业务

5.1　转换费率

---

⑳　如基金不存在赎回费,则可不列表,直接声明"本基金赎回费率为0";如果本表格对基金不适用,可在表格中以"－"填列,并根据基金的实际情况作出相关说明(如基金采用固定赎回费率等)。

㉑　如下列费率表格不适用,可根据基金实际费率情况另外用文字描述。

(0179)

5.2　其他与转换相关的事项

(2824)

6　定期定额投资业务

(2825)

7　基金销售机构

7.1　场外销售机构

7.1.1　直销机构

(2833)

7.1.2　场外非直销机构

(2834)

7.2　场内销售机构

(2835)

8　基金份额净值公告/基金收益公告的披露安排[22]

(2756)

9　其他需要提示的事项[23]

(2646)

㉒　此处说明基金开放申购、赎回后净值公告或收益公告(适用于货币市场基金)的披露安排。

㉓　此处填写需要提示的重要信息或事项,例如,提示“本公告仅对本基金开放日常申购、赎回的有关事项予以说明。投资者欲了解本基金的详细情况,请详细阅读刊登在××××年××月××日《××××报》上的《××基金招募说明书》”等。

§3　基金暂停/恢复(大额)申购（转换转入、赎回、转换转出、定期定额投资）公告[24]

（0002）

公告送出日期：××××年××月××日（0003）

1　公告基本信息

<table>
<tr><td colspan="2">基金名称</td><td>（0009）</td></tr>
<tr><td colspan="2">基金简称</td><td>（0011）</td></tr>
<tr><td colspan="2">基金主代码</td><td>（0012）/（0014）/（0015）</td></tr>
<tr><td colspan="2">基金管理人名称</td><td>（0186）</td></tr>
<tr><td colspan="2">公告依据</td><td>（2631）</td></tr>
<tr><td rowspan="10">暂停相关业务的起始日、金额及原因说明</td><td>暂停（大额）申购起始日[25]</td><td>（2838）/（2797）</td></tr>
<tr><td>暂停（大额）转换转入起始日</td><td>（2632）/（2884）</td></tr>
<tr><td>暂停赎回起始日</td><td>（2798）</td></tr>
<tr><td>暂停转换转出起始日</td><td>（2633）</td></tr>
<tr><td>暂停定期定额投资起始日</td><td>（2799）</td></tr>
<tr><td>限制申购金额（单位：　）</td><td>（2800）</td></tr>
<tr><td>限制转换转入金额（单位：　）</td><td>（2801）</td></tr>
<tr><td>……[26]（2803）</td><td>（2804）</td></tr>
<tr><td>暂停（大额）申购（转换转入、赎回、转换转出、定期定额投资）的原因说明</td><td>（2805）</td></tr>
</table>

㉔ 根据《证券投资基金信息披露管理办法》第二十二条第二十七项制定此模板，此模板主要适用于由于特定原因暂停接受（大额）申购（转换转入、赎回、转换转出、定期定额投资），以及暂停后又恢复接受（大额）申购（转换转入、赎回、转换转出、定期定额投资）的情形。

㉕ 本模板中各项根据实际情况填列，如不适用，不必填列，例如，对于暂停申购公告，需填本项，但根据情况可不填列“恢复申购日”，又如，对于恢复申购公告，可不填本项，但需填“恢复申购日”等。

㉖ 此处填列除申购、转换转入之外的其他业务类别的限制金额。

续表

恢复相关业务的日期及原因说明	恢复(大额)申购日	(2885)/(2806)	
	恢复(大额)转换转入日	(2634)/(2886)	
	恢复赎回日	(2807)	
	恢复转换转出日	(2635)	
	恢复定期定额投资日	(2808)	
	恢复(大额)申购(转换转入、赎回、转换转出、定期定额投资)的原因说明	(2809)	
下属分级基金的基金简称		(0011)	……(0011)
下属分级基金的交易代码		(0012)/ (0014)/ (0015)	…… (0012)/ (0014)/ (0015)
该分级基金是否暂停/恢复(大额)申购(转换转入、赎回、转换转出、定期定额投资)		(2810)	……(2810)
下属分级基金的限制申购金额(单位：　)[27]		(2800)	……(2800)
下属分级基金的限制转换转入金额(单位：　)		(2801)	……(2801)
……[28](2803)		(2804)	(2804)

注:(2645)

2　其他需要提示的事项[29]

(2646)

---

[27] 对分级基金下属各级基金,如果限制金额不同,在此处分别列示,如果限制金额相同的,此处不必列示,在之前“限制申购金额”、“限制转换转入金额”等项中列示。

[28] 此处填列除申购、转换转入之外的其他业务类别的限制金额。

[29] 可对暂停申购期间定期定额投资业务的办理等事项进行提示。

§4 基金经理变更公告[30]

(0002)

公告送出日期:××××年××月××日[31](0003)

1 公告基本信息

基金名称	(0009)
基金简称	(0011)
基金主代码	(0012)/(0014)/(0015)
基金管理人名称	(0186)
公告依据[32]	(2631)
基金经理变更类型[33]	(2847)/(2848)
新任基金经理姓名[34]	(2702)
共同管理本基金的其他基金经理姓名[35]	(2841)
离任基金经理姓名	(2715)

注:(2645)

㉚ 根据《证券投资基金信息披露管理办法》第二十三条第十项、《基金管理公司投资管理人员管理指导意见》第32条等制定本模板,主要适用于基金合同生效之后基金经理变更的临时信息披露,本模板以单一基金为单位披露该基金新任、离任基金经理的信息;如果基金管理公司考虑在同一个披露文件中涉及N只基金的基金经理变更的,需要按本模板填报N份XBRL文档。

㉛ 根据相关法规规定,基金经理变更信息应及时对外披露,即自公司作出决定之日起2日内对外公告,将任免材料报中国证监会相关派出机构。

㉜ 此处填列公告所依据的法规,如《证券投资基金信息披露管理办法》等。

㉝ 此处填列基金经理变更的类型:第一类是增聘基金经理,第二类解聘基金经理,第三类是兼有增聘和解聘基金经理;如果只是增聘基金经理(不涉及解聘),除了表1外,还需填列表2;如果只是解聘基金经理(不涉及增聘),除了表1外,还需填列表3;如果同时涉及兼有增聘和解聘,则除了表1外,还需填列表2和表3。

㉞ 本项与表2"新任基金经理姓名"所填的信息一致,例如,某基金新任2名基金经理,则在表1的此项中填列新任的两名基金经理的姓名,同时按2名基金经理的各自信息分别填两张表2。

㉟ 此项填列除了新任基金经理外,同时还任本基金的其他基金经理的姓名,例如,某基金原有两名基金经理A和B,从即日起,基金经理B离任,新任基金经理C,则在新任基金经理姓名中填列C,在共同管理本基金的其他基金经理姓名中填列A,在离任基金经理姓名中填B。

2 新任基金经理的相关信息[36]

<table>
<tr><td>新任基金经理姓名</td><td colspan="4">(2702)</td></tr>
<tr><td>任职日期[37]</td><td colspan="4">(2703)</td></tr>
<tr><td>证券从业年限</td><td colspan="4">(2704)</td></tr>
<tr><td>证券投资管理从业年限[38]</td><td colspan="4">(2705)</td></tr>
<tr><td>过往从业经历[39]</td><td colspan="4">(2706)</td></tr>
<tr><td rowspan="3">其中:管理过公募基金的名称及期间[40]</td><td>基金主代码</td><td>基金名称</td><td>任职日期</td><td>离任日期</td></tr>
<tr><td>(2828)</td><td>(2827)</td><td>(2869)</td><td>(2845)</td></tr>
<tr><td>……</td><td>……</td><td>……</td><td>……</td></tr>
<tr><td>是否曾被监管机构予以行政处罚或采取行政监管措施</td><td colspan="4">(2829)</td></tr>
<tr><td>是否已取得基金从业资格</td><td colspan="4">(2707)</td></tr>
<tr><td>取得的其他相关从业资格[41]</td><td colspan="4">(2708)</td></tr>
<tr><td>国籍</td><td colspan="4">(2709)</td></tr>
<tr><td>学历、学位</td><td colspan="4">(2710)</td></tr>
<tr><td>是否已按规定在中国证券业协会注册/登记[42]</td><td colspan="4">(2711)</td></tr>
</table>

注[43]:(2713)

---

[36] 本项适用于基金合同生效之后增聘基金经理的情况,如果是新设基金的首任基金经理,其信息在招募说明书等文件中披露,不涉及临时公告中的披露。

[37] 与基金年报中披露的任职日期一样,此处的“任职日期”指基金管理公司决定中的聘任日期。

[38] 按中国证券业协会《基金经理注册登记规则》第7条,公司拟聘任基金经理,需报送拟聘任基金经理具有3年以上证券投资管理经历的证明等材料,因此,本模板此项应根据相关证明材料填列。

[39] 本项填列新任基金经理过往从业经历,例如管理过的其他基金的名称和期间(需列明起始日期)、曾任职的机构名称和期间(需列明起始日期)等。

[40] 如尚兼任其他基金的基金经理,任职结束日填“-”。

[41] 本项及国籍、学历、学位可根据需要填列。

[42] 此处主要填列是或否,如有需要另外补充说明的内容,请在表下附注中进行说明。

[43] 此处可补充说明新任基金经理的其他信息。

3 离任基金经理的相关信息[44]

离任基金经理姓名[45]	(2715)
离任原因	(2716)
离任日期[46]	(2870)
转任本公司其他工作岗位的说明[47]	(2718)
是否已按规定在中国证券业协会办理变更手续[48]	(2719)
是否已按规定在中国证券业协会办理注销手续	(2720)

注:(2721)

4 其他需要说明的事项

(2646)

㊹ 本项适用于以下情况:离任的基金经理与公司解除劳动合同离职;离任的基金经理改任公司其他职务(如其他基金的基金经理、投资总监等)。

㊺ 如果不涉及离任(例如增聘基金经理),此项及模板中与离任相关各项以“-”填列。

㊻ 与基金年报中披露的离任日期一样,此处的“离任日期”指基金管理公司决定中的解聘日期。

㊼ 此处可根据情况填列转任本公司其他岗位的情况,如转任岗位名称等,如不适用以“-”填列。

㊽ 本项及下一项“是否……办理注销手续”只需填一项。

§5　基金行业高级管理人员变更公告㊾

（0002）

公告送出日期：××××年××月××日（0003）

1　公告基本信息

基金管理公司名称㊿	（0186）
基金托管银行名称	（0213）
基金托管银行下属基金托管部门名称	（2700）
公告依据51	（2631）
高管变更类型52	（2849）/（2850）/（2851）/（2852）/（2853）/（2854）/（2855）/（2856）/（2857）/（2839）/（2914）/（2915）/（2916）/（2917）

注53：（2645）

㊾　根据《证券投资基金信息披露管理办法》第二十三条第十项、《基金行业高级管理人员任职管理办法》制定本模板，主要适用于基金管理公司的董事长、总经理及其他高管发生变动情况下的临时公告，以及基金托管银行基金托管部门负责人发生变动情况下的临时公告；如果同一个披露文件中涉及多个高管变更的，则本模板表2和表3需根据实际情况填列多个，例如，同时新任2个副总经理，离任1个副总经理，则除了表1外，还需填列2张表2和1张表3；对于基金托管银行基金托管部门的负责人发生变动的，则由托管银行报送XBRL文档。

㊿　如果是基金管理公司的高管变更，则不必填列基金托管银行名称，同理，如果是基金托管银行公告其基金托管部门高管变更，则不必填列基金管理公司名称。

51　此处填列公告所依据的法规，如《证券投资基金信息披露管理办法》等。

52　本项填列高管变更的类型：第一大类是董事长变更，包括新/代任基金管理公司董事长、离任基金管理公司董事长、兼有新/代任和离任基金管理公司董事长三小类；第二大类是总经理变更，包括新/代任基金管理公司/基金托管部门总经理、离任基金管理公司/基金托管部门总经理、兼有新/代任和离任基金管理公司/基金托管部门总经理三小类；第三大类是副总经理变更，包括新任基金管理公司副总经理、离任基金管理公司副总经理、兼有新任和离任基金管理公司副总经理三小类；第四大类是督察长变更，包括新/代任基金管理公司督察长、离任基金管理公司督察长、兼有新/代任和离任基金管理公司督察长三小类；如果仅是新/代任，需要填表1和表2，如果仅是离任，需要填表1和表3，如果兼有新/代任和离任，需要填表1、2和表3。此处的代任是指根据《基金行业高级管理人员任职管理办法》第三十三条和第三十四条所规定的代为履行基金公司董事长、总经理或督察长职务的情形。

53　可在此处说明基金公司/托管银行审议通过/决定的会议及日期等信息。

2 新/代任高级管理人员的相关信息

新/代任高级管理人员职务[54]	(2723)/(2919)
新/代任高级管理人员姓名	(2724)/(2920)
是否经中国证监会核准取得高管任职资格	(2725)/(2921)
中国证监会核准高管任职资格的日期	(2830)/(2922)
任职日期[55]	(2871)/(2923)
过往从业经历[56]	(2726)/(2924)
取得的相关从业资格[57]	(2727)/(2925)
国籍	(2728)/(2926)
学历、学位	(2729)/(2927)

注:(2730)/(2928)

3 离任高级管理人员的相关信息

离任高级管理人员职务	(2732)
离任高级管理人员姓名	(2733)
离任原因	(2734)
离任日期[58]	(2872)
转任本公司其他工作岗位的说明[59]	(2735)

注:(2736)

4 其他需要说明的事项

(2646)

---

[54] 此处填列基金管理公司董事长、总经理、副总经理或督察长,或者基金托管银行基金托管部门总经理。

[55] 与基金经理的任职日期一样,此处的"任职日期"指基金管理公司/托管银行决定中的聘任日期。

[56] 本项填列新任高管的过往从业经历,例如曾任职的机构名称和期间(需列明起始日期)等。

[57] 本项及国籍、学历、学位可根据需要填列。

[58] 与基金经理的离任日期一样,此处的"离任日期"指基金管理公司/托管银行决定中的解聘日期。

[59] 本项可根据需要填列。

§6 非货币市场基金分红公告[60]

(0002)

公告送出日期:××××年××月××日[61](0003)

1 公告基本信息

基金名称		(0009)
基金简称		(0011)
基金主代码		(0012)/(0014)/(0015)
基金合同生效日		(0018)
基金管理人名称		(0186)
基金托管人名称		(0213)
公告依据[62]		(2631)
收益分配基准日		(2637)
截止收益分配基准日的相关指标	基准日基金份额净值(单位:)	(2638)
	基准日基金可供分配利润[63](单位:)	(2640)
	截止基准日按照基金合同约定的分红比例计算的应分配金额(单位:)[64]	(2814)

---

[60] 根据《证券投资基金信息披露管理办法》第二十三条第十七项制定本模板,主要适用于货币市场基金之外的其他开放式基金(包括 QDII 基金)、封闭式基金分红事项的临时信息披露;基金的分红公告需要经过托管人复核后方可对外披露;对于基金合同中约定的"基金收益分配后基金份额净值不能低于面值"的条款,其意为"基金收益分配基准日的基金份额净值减去每单位基金份额收益分配金额后不低于面值",因此,在披露日基本不存在不确定事项,可不再编制和披露分红预告。

[61] 此处的公告送出日期距基金收益分配基准日应尽可能短,除基金合同另有约定外,原则上不超过八个工作日。

[62] 此处填列分红公告所依据的法规和基金法律文件,如《证券投资基金信息披露管理办法》、《××基金合同》、《××基金招募说明书》等。

[63] 如果基金合同约定的涉及分红比例的基准为其他指标(如封闭式基金采用年度已实现收益指标),则仍需填列该指标,以便综合合同约定和法规规定,判断是否有足够的收益用于分配;该项计算参见《证券投资基金信息披露 XBRL 模板第 3 号〈年度报告和半年度报告〉》中"期末可供分配利润"指标的计算要求。

[64] 此项主要填列截止基准日按基金合同约定的分红比例计算的应分配金额,如封闭式基金分红不低于年度已实现收益的 90%,则此项填列截止基准日按照年度已实现收益的 90% 计算的金额,如不适用或在本次分红时尚不确定,可不填列,为便于投资者理解,应在表下对合同的约定及计算作适当说明。

续表

<table>
<tr><td colspan="2">本次分红方案(单位:元/10 份基金份额)[65]</td><td colspan="2">(2641)</td></tr>
<tr><td colspan="2">有关年度分红次数的说明[66]</td><td colspan="2">(2815)</td></tr>
<tr><td colspan="2">下属分级基金的基金简称[67]</td><td>(0011)</td><td>……(0011)</td></tr>
<tr><td colspan="2">下属分级基金的交易代码</td><td>(0012)/
(0014)/
(0015)</td><td>……
(0012)/
(0014)/
(0015)</td></tr>
<tr><td rowspan="3">截止基准日下属分级基金的相关指标</td><td>基准日下属分级基金份额净值(单位:　)</td><td>(2638)</td><td>(2638)</td></tr>
<tr><td>基准日下属分级基金可供分配利润(单位:　)</td><td>(2640)</td><td>(2640)</td></tr>
<tr><td>……[68](2812)</td><td>(2813)</td><td>(2813)</td></tr>
<tr><td colspan="2">本次下属分级基金分红方案(单位:元/10 份基金份额)</td><td>(2641)</td><td>(2641)</td></tr>
</table>

注:(2645)

2 与分红相关的其他信息

<table>
<tr><td>权益登记日[69]</td><td colspan="2">(2758)</td></tr>
<tr><td>除息日[70]</td><td>(2836)(场内)</td><td>(2759)(场外)</td></tr>
<tr><td>现金红利发放日[71]</td><td colspan="2">(2760)</td></tr>
<tr><td>分红对象</td><td colspan="2">(2761)</td></tr>
<tr><td>红利再投资相关事项的说明[72]</td><td colspan="2">(2762)</td></tr>
<tr><td>税收相关事项的说明</td><td colspan="2">(2764)</td></tr>
<tr><td>费用相关事项的说明</td><td colspan="2">(2765)</td></tr>
</table>

注:(2766)

3 其他需要提示的事项[73]

(2646)

---

[65] 此项表示每 10 份基金份额发放红利 × ×元,为便于投资者理解,可在表下标注说明。

[66] 此项结合基金合同关于年度分红次数的约定及本年实际分红次数的情况填列,如说明“本次分红为× ×年度的第×次分红”,不适用的以“ - ”填列。

[67] 此项直至“下属分级基金分红方案”主要适用于采用不同收益分配政策的分级基金,如不适用,以“ - ”填列。

[68] 此项用于填列基金合同约定的与分红相关的下属分级基金的相关指标。

[69] 权益登记日距离收益分配基准日应尽可能短。

[70] 正常情况下,此项只需填列一个空格,但对于 LOF 等同时具备场内除息日和场外除息日,且两除息日不为一日的,需要按场内和场外除息日顺序分别填列两个空格,并在表下标注说明。

[71] 除基金合同另有约定外,原则上红利发放日距离基准日不超过 15 个工作日。

[72] 此项主要说明红利再投资情况下现金红利按哪天的基金份额净值转换为基金份额,基金份额登记过户日以及红利再投资的基金份额可赎回起始日等。

[73] 此处填列涉及分红事项的其他信息,如相关销售机构的名称及联系方式等。

§7 货币市场基金收益支付公告[74]

(0002)

公告送出日期：××××年××月××日(0003)

1 公告基本信息

基金名称	(0009)
基金简称	(0011)
基金主代码	(0012)/(0014)/(0015)
基金合同生效日	(0018)
基金管理人名称	(0186)
公告依据	(2631)
收益集中支付并自动结转为基金份额的日期	(2642)
收益累计期间	自××××年××月××日(2643) 至××××年××月××日止(2644)

注：(2645)

2 与收益支付相关的其他信息

累计收益计算公式	(2768)
收益结转的基金份额可赎回起始日	(2769)
收益支付对象	(2770)
收益支付办法	(2771)
税收相关事项的说明	(2772)
费用相关事项的说明	(2773)

注：(2774)

3 其他需要提示的事项

(2646)

---

[74] 本模板主要适用于根据基金合同或招募说明书约定需要发布收益支付公告的货币市场基金。

§8　基金份额净值计价错误公告[75]

(0002)

公告送出日期:××××年××月××日(0003)

1　公告基本信息

<table>
<tr><td>基金名称</td><td colspan="2">(0009)</td></tr>
<tr><td>基金简称</td><td colspan="2">(0011)</td></tr>
<tr><td>基金主代码</td><td colspan="2">(0012)/(0014)/(0015)</td></tr>
<tr><td>基金管理人名称</td><td colspan="2">(0186)</td></tr>
<tr><td>基金托管人名称</td><td colspan="2">(0213)</td></tr>
<tr><td>公告依据</td><td colspan="2">(2631)</td></tr>
<tr><td>计价错误的日期</td><td colspan="2">(2846)</td></tr>
<tr><td>原计价错误的基金份额净值(单位：　)</td><td colspan="2">(2858)</td></tr>
<tr><td>正确的基金份额净值(单位：　)</td><td colspan="2">(0506)</td></tr>
<tr><td>计价错误占基金份额净值的比例[76]</td><td colspan="2">(2859)</td></tr>
<tr><td>计价错误的具体原因</td><td colspan="2">(2860)</td></tr>
<tr><td>下属分级基金的基金简称[77]</td><td>(0011)</td><td>……(0011)</td></tr>
<tr><td>下属分级基金的交易代码</td><td>(0012)/(0014)/(0015)</td><td>……(0012)/(0014)/(0015)</td></tr>
<tr><td>下属分级基金是否出现计价错误</td><td>(2888)</td><td>(2888)</td></tr>
<tr><td>下属分级基金原计价错误的基金份额净值(单位：　)</td><td>(2858)</td><td>(2858)</td></tr>
</table>

---

[75] 按《证券投资基金法》第五十六条、《证券投资基金信息披露管理办法》第二十三条第十九项制定本模板,按规定,基金份额净值计价错误达0.5%时,需要在事件发生之日起2日内编制并披露临时公告,该临时公告在披露前需经托管行复核。

[76] 以百分数形式显示。

[77] 此项直至“下属分级基金计价错误的具体原因”主要适用于采用不同收益分配政策的分级基金,如不适用,以“－”填列。

续表

下属分级基金正确的基金份额净值(单位：)	(0506)	(0506)
下属分级基金计价错误占基金份额净值的比例[78]	(2859)	(2859)
下属分级基金计价错误的具体原因	(2860)	(2860)

注:(2645)

2 其他需要提示的事项[79]

(2646)

[78] 以百分数形式显示。

[79] 此处填列给基金造成损失的赔偿情况、改进情况等事项。

§9　货币市场基金偏离度绝对值达到/超过0.5%公告[80]

(0002)

公告送出日期：××××年××月××日(0003)

1　公告基本信息

基金名称	(0009)
基金简称	(0011)
基金主代码	(0012)/(0014)/(0015)
基金管理人名称	(0186)
基金托管人名称	(0213)
公告依据	(2631)
偏离度绝对值达到/超过0.5%的日期	(2861)
偏离度[81]	(2862)
偏离的具体原因	(2863)
对偏离的处理方法	(2864)

注：(2645)

2　其他需要提示的事项

(2646)

---

[80] 按《证券投资基金信息披露编报规则第5号〈货币市场基金信息披露特别规定〉》第四条制定本模板，按规定，货币市场基金影子定价与摊余成本确定的基金资产净值的偏离度的绝对值达到或超过0.5%时，需要在事件发生之日起2日内编制并披露临时公告，该临时公告在披露前需经托管行复核。

[81] 以百分数形式列示，正偏离填正值，负偏离填负值。

§10　基金管理公司/基金托管银行法定名称、住所变更公告[82]

(0002)

公告送出日期:××××年××月××日(0003)

1　公告基本信息

基金管理公司名称	(0186)
基金托管银行名称	(0213)
公告依据	(2631)
法定名称变更日期	(2865)
变更前基金管理公司/基金托管银行法定名称	(0186)/(0213)
变更后基金管理公司/基金托管银行法定名称	(0186)/(0213)
住所变更日期	(2866)
变更前基金管理公司/基金托管银行住所	(0189)/(0224)
变更后基金管理公司/基金托管银行住所	(0189)/(0224)

注:(2645)

2　其他需要提示的事项

(2646)

---

[82] 根据《证券投资基金信息披露管理办法》第二十三条第七项制定本模板。

§11 涉及基金管理公司/基金财产/基金托管业务诉讼的公告[83]

(0002)

公告送出日期:××××年××月××日(0003)

1 公告基本信息

基金管理公司名称		(0186)
基金托管银行名称		(0213)
基金名称		(0009)
基金主代码		(0012)/(0014)/(0015)
公告依据		(2631)
诉讼当事人	原告	(2867)
	被告	(2868)
	……(2831)	(2776)
诉讼具体事项		(2775)

注:(2645)

2 其他需要提示的事项

(2646)

[83] 根据《证券投资基金信息披露管理办法》第二十三条第十三项制定本模板。

§12　基金改聘会计师事务所公告[84]

（0002）

公告送出日期：××××年××月××日（0003）

1　公告基本信息

<table>
<tr><td colspan="2">基金管理人名称</td><td>（0186）</td></tr>
<tr><td colspan="2">公告依据</td><td>（2631）</td></tr>
<tr><td colspan="2">改聘日期</td><td>（2717）</td></tr>
<tr><td colspan="2">改聘前会计师事务所名称</td><td>（0294）</td></tr>
<tr><td colspan="2">改聘后会计师事务所名称</td><td>（0294）</td></tr>
<tr><td>基金名称[85]</td><td>基金简称</td><td>基金主代码</td></tr>
<tr><td>（2881）</td><td>（2882）</td><td>（2883）</td></tr>
<tr><td>…</td><td>…</td><td>…</td></tr>
</table>

注：（2645）

2　其他需要提示的事项

（2646）

---

[84] 根据《证券投资基金信息披露管理办法》第二十三条第二十项制定本模板。

[85] 如果同一管理人管理的多只基金同时更改会计师事务所，且各基金更改的情况一致，即更改前会计师事务所相同，更改后的会计师事务所也相同，可在此表中同时列举该多只基金。但如果各基金更改的情况不一致，则应分不同的公告列示。

附　录

附录一

司 法 解 释

最高人民法院关于审理外商投资企业纠纷案件若干问题的规定(一)

(2010 年 8 月 5 日 法释〔2010〕9 号)

《最高人民法院关于审理外商投资企业纠纷案件若干问题的规定(一)》已于 2010 年 5 月 17 日由最高人民法院审判委员会第 1487 次会议通过,现予公布,自 2010 年 8 月 16 日起施行。

为正确审理外商投资企业在设立、变更等过程中产生的纠纷案件,保护当事人的合法权益,根据《中华人民共和国民法通则》、《中华人民共和国合同法》、《中华人民共和国物权法》、《中华人民共和国公司法》、《中华人民共和国中外合资经营企业法》、《中华人民共和国中外合作经营企业法》、《中华人民共和国外资企业法》等法律法规的规定,结合审判实践,制定本规定。

第 一 条 当事人在外商投资企业设立、变更等过程中订立的合同,依法律、行政法规的规定应当经外商投资企业审批机关批准后才生效的,自批准之日起生效;未经批准的,人民法院应当认定该合同未生效。当事人请求确认该合同无效的,人民法院不予支持。

前款所述合同因未经批准而被认定未生效的,不影响合同中当事人履行报批义务条款及因该报批义务而设定的相关条款的效力。

第 二 条 当事人就外商投资企业相关事项达成的补充协议对已获批准的合同不构成重大或实质性变更的,人民法院不应以未经外商投资企业审批机关批准为由认定该补充协议未生效。

前款规定的重大或实质性变更包括注册资本、公司类型、经营范围、营业期限、股东认缴的出资额、出资方式的变更以及公司合并、公司分立、股权转让等。

第 三 条 人民法院在审理案件中,发现经外商投资企业审批机关批准的外商投资企业合同具有法律、行政法规规定的无效情形的,应当认定合同无效;该合同具有法律、行政法规规定的可撤销情形,当事人请求撤销的,人民法院应予支持。

第 四 条 外商投资企业合同约定一方当事人以需要办理权属变更登记的标的物出资或者提供合作条件,标的物已交付外商投资企业实际使用,且负有办理权属变更登记义务的一方当事人在人民法院指定的合理期限内完成了登记的,人民法院应当认定该方当事人履行了出资或者提供合作条件的义务。外商投资企业或其股东以该方当事人未履行出资义务为由主张该方当事人不享有股东权益的,人民法院不予支持。

外商投资企业或其股东举证证明该方当事人因迟延办理权属变更登记给外商投资企业造成损失并请求赔偿的,人民法院应予支持。

第 五 条 外商投资企业股权转让合同成立后,转让方和外商投资企业不履行报批义务,经受让方催告后在合理的期限内仍未履行,受让方请求解除合同并由转让方返还其已支付的转让款、赔偿因未履行报批义务而造成的实际损失的,人民法院应予支持。

第 六 条 外商投资企业股权转让合同成立后,转让方和外商投资企业不履行报批义务,受让方以转让方为被告、以外商投资企业为第三人提起诉讼,请求转让方与外商投资企业在一定期限内共同履行报批义务的,人民法院应予支持。受让方同时请求在转让方和外商投资企业于生效判决确定的期限内不履行报批义务时自行报批的,人民法院应予支持。

转让方和外商投资企业拒不根据人民法院生效判决确定的期限履行报批义务,受让方另行起诉,请求解除合同并赔偿损失的,人民法院应予支持。赔偿损失的范围可以包括股权的差价损失、股权收益及其他合理损失。

第 七 条 转让方、外商投资企业或者受让方根据本规定第六条第一款的规定就外商投资企业股权转让合同报批,未获外商投资企业审批机关批准,受让方另行起诉,请求转让方返还其已支付的转让款的,人民法院应予支持。受让方请求转让方赔偿因此造成的损失的,人民法院应根据转让方是否存在过错以及过错大小认定其是否承担赔偿责任及具体赔偿数额。

第 八 条 外商投资企业股权转让合同约定受让方支付转让款后转

让方才办理报批手续，受让方未支付股权转让款，经转让方催告后在合理的期限内仍未履行，转让方请求解除合同并赔偿因迟延履行而造成的实际损失的，人民法院应予支持。

第九条 外商投资企业股权转让合同成立后，受让方未支付股权转让款，转让方和外商投资企业亦未履行报批义务，转让方请求受让方支付股权转让款的，人民法院应当中止审理，指令转让方在一定期限内办理报批手续。该股权转让合同获得外商投资企业审批机关批准的，对转让方关于支付转让款的诉讼请求，人民法院应予支持。

第十条 外商投资企业股权转让合同成立后，受让方已实际参与外商投资企业的经营管理并获取收益，但合同未获外商投资企业审批机关批准，转让方请求受让方退出外商投资企业的经营管理并将受让方因实际参与经营管理而获得的收益在扣除相关成本费用后支付给转让方的，人民法院应予支持。

第十一条 外商投资企业一方股东将股权全部或部分转让给股东之外的第三人，应当经其他股东一致同意，其他股东以未征得其同意为由请求撤销股权转让合同的，人民法院应予支持。具有以下情形之一的除外：

（一）有证据证明其他股东已经同意；

（二）转让方已就股权转让事项书面通知，其他股东自接到书面通知之日满三十日未予答复；

（三）其他股东不同意转让，又不购买该转让的股权。

第十二条 外商投资企业一方股东将股权全部或部分转让给股东之外的第三人，其他股东以该股权转让侵害了其优先购买权为由请求撤销股权转让合同的，人民法院应予支持。其他股东在知道或者应当知道股权转让合同签订之日起一年内未主张优先购买权的除外。

前款规定的转让方、受让方以侵害其他股东优先购买权为由请求认定股权转让合同无效的，人民法院不予支持。

第十三条 外商投资企业股东与债权人订立的股权质押合同，除法律、行政法规另有规定或者合同另有约定外，自成立时生效。未办理质权登记的，不影响股权质押合同的效力。

当事人仅以股权质押合同未经外商投资企业审批机关批准为由主张合同无效或未生效的，人民法院不予支持。

股权质押合同依照物权法的相关规定办理了出质登记的，股权质权自登记时设立。

第十四条 当事人之间约定一方实际投资、另一方作为外商投资企业名义股东，实际投资者请求确认其在外商投资企业中的股东身份或者请求变更外商投资企业股东的，人民法院不予支持。同时具备以下条件的除外：

（一）实际投资者已经实际投资；

（二）名义股东以外的其他股东认可实际投资者的股东身份；

（三）人民法院或当事人在诉讼期间就将实际投资者变更为股东征得了外商投资企业审批机关的同意。

第十五条 合同约定一方实际投资、另一方作为外商投资企业名义股东，不具有法律、行政法规规定的无效情形的，人民法院应认定该合同有效。一方当事人仅以未经外商投资企业审批机关批准为由主张该合同无效或者未生效的，人民法院不予支持。

实际投资者请求外商投资企业名义股东依据双方约定履行相应义务的，人民法院应予支持。

双方未约定利益分配，实际投资者请求外商投资企业名义股东向其交付从外商投资企业获得的收益的，人民法院应予支持。外商投资企业名义股东向实际投资者请求支付必要报酬的，人民法院应酌情予以支持。

第十六条 外商投资企业名义股东不履行与实际投资者之间的合同，致使实际投资者不能实现合同目的，实际投资者请求解除合同并由外商投资企业名义股东承担违约责任的，人民法院应予支持。

第十七条 实际投资者根据其与外商投资企业名义股东的约定，直接向外商投资企业请求分配利润或者行使其他股东权利的，人民法院不予支持。

第十八条 实际投资者与外商投资企业名义股东之间的合同被认定无效，名义股东持有的股权价值高于实际投资额，实际投资者请求名义股东向其返还投资款并根据其实际投资情况以及名义股东参与外商投资企业经营管理的情况对股权收益在双方之间进行合理分配的，人民法院应予支持。

外商投资企业名义股东明确表示放弃股权或者拒绝继续持有股权的，人民法院可以判令以拍卖、变卖名义股东持有的外商投资企业股权所得向实际投资者返还投资款，其余款项根据实际投资者的实际投资情况、名义股东参与外商投资企业经营管理的情况在双方之间进行合理分配。

第十九条 实际投资者与外商投资企业名义股东之间的合同被认定无效，名义股东持有的股权价值低于实际投资额，实际投资者请求名义股东向其返还现有股权的等值价款的，人民法院应予支持；外商投资企业名义股东明确表示放弃股权或者拒绝继续持有股权的,人民法院可以判令以拍卖、变卖名义股东持有的外商投资企业股权所得向实际投资者返还投资款。

实际投资者请求名义股东赔偿损失的,人民法院应当根据名义股东对合同无效是否存在过错及过错大小认定其是否承担赔偿责任及具体赔偿数额。

第二十条 实际投资者与外商投资企业名义股东之间的合同因恶意串通,损害国家、集体或者第三人利益,被认定无效的,人民法院应当将因此取得的财产收归国家所有或者返还集体、第三人。

第二十一条 外商投资企业一方股东或者外商投资企业以提供虚假材料等欺诈或者其他不正当手段向外商投资企业审批机关申请变更外商投资企业批准证书所载股东,导致外商投资企业他方股东丧失股东身份或原有股权份额,他方股东请求确认股东身份或原有股权份额的,人民法院应予支持。第三人已经善意取得该股权的除外。

他方股东请求侵权股东或者外商投资企业赔偿损失的,人民法院应予支持。

第二十二条 人民法院审理香港特别行政区、澳门特别行政区、台湾地区的投资者、定居在国外的中国公民在内地投资设立企业产生的相关纠纷案件,参照适用本规定。

第二十三条 本规定施行后,案件尚在一审或者二审阶段的,适用本规定;本规定施行前已经终审的案件,人民法院进行再审时,不适用本规定。

第二十四条 本规定施行前本院作出的有关司法解释与本规定相抵触的,以本规定为准。

最高人民法院关于开展行政诉讼简易程序试点工作的通知

（2010年11月17日　法〔2010〕446号）

各省、自治区、直辖市高级人民法院，新疆维吾尔自治区高级人民法院生产建设兵团分院：

为保障和方便当事人依法行使诉讼权利，减轻当事人诉讼负担，保证人民法院公正、及时审理行政案件，经中央批准，现就在部分基层人民法院开展行政诉讼简易程序试点工作的有关问题通知如下：

一、下列第一审行政案件中，基本事实清楚、法律关系简单、权利义务明确的，可以适用简易程序审理：

（一）涉及财产金额较小，或者属于行政机关当场作出决定的行政征收、行政处罚、行政给付、行政许可、行政强制等案件；

（二）行政不作为案件；

（三）当事人各方自愿选择适用简易程序，经人民法院审查同意的案件。

发回重审、按照审判监督程序再审的案件不适用简易程序。

二、适用简易程序审理的案件，被告应当在收到起诉状副本或者口头起诉笔录副本之日起10日内提交答辩状，并提供作出行政行为时的证据、依据。被告在期限届满前提交上述材料的，人民法院可以提前安排开庭日期。

三、适用简易程序审理的案件，经当事人同意，人民法院可以实行独任审理。

四、人民法院可以采取电话、传真、电子邮件、委托他人转达等简便方式传唤当事人。经人民法院合法传唤，原告无正当理由拒不到庭的，视为撤诉；被告无正当理由拒不到庭的，可以缺席审判。

前述传唤方式，没有证据证明或者未经当事人确认已经收到传唤内容的，不得按撤诉处理或者缺席审判。

五、适用简易程序审理的案件，一般应当一次开庭并当庭宣判。法庭调查和辩论可以围绕主要争议问题进行，庭审环节可以适当简化或者合并。

六、适用简易程序审理的行政案件，应当在立案之日起45日内结案。

七、当事人就适用简易程序提出异议且理由成立的，或者人民法院认为不宜继续适用简易程序的，应当转入普通程序审理。

八、最高人民法院确定的行政审判联系点法院（不包括中级人民法院）可以开展行政诉讼简易程序试点。

各高级人民法院可以选择法治环境较好、行政审判力量较强和行政案件数量较多的基层人民法院开展行政诉讼简易程序试点，并报最高人民法院备案。

最高人民法院关于审理期货纠纷案件若干问题的规定(二)

(2010年12月27日最高人民法院审判委员会第1507次会议通过　法释〔2011〕1号)

为解决相关期货纠纷案件的管辖、保全与执行等法律适用问题,根据《中华人民共和国民事诉讼法》等有关法律、行政法规的规定以及审判实践的需要,制定本规定。

第一条　以期货交易所为被告或者第三人的因期货交易所履行职责引起的商事案件,由期货交易所所在地的中级人民法院管辖。

第二条　期货交易所履行职责引起的商事案件是指:

(一)期货交易所会员及其相关人员、保证金存管银行及其相关人员、客户、其他期货市场参与者,以期货交易所违反法律法规以及国务院期货监督管理机构的规定,履行监督管理职责不当,造成其损害为由提起的商事诉讼案件;

(二)期货交易所会员及其相关人员、保证金存管银行及其相关人员、客户、其他期货市场参与者,以期货交易所违反其章程、交易规则、实施细则的规定以及业务协议的约定,履行监督管理职责不当,造成其损害为由提起的商事诉讼案件;

(三)期货交易所因履行职责引起的其他商事诉讼案件。

第三条　期货交易所为债务人,债权人请求冻结、划拨以下账户中资金或者有价证券的,人民法院不予支持:

(一)期货交易所会员在期货交易所保证金账户中的资金;

(二)期货交易所会员向期货交易所提交的用于充抵保证金的有价证券。

第四条　期货公司为债务人,债权人请求冻结、划拨以下账户中资金或者有价证券的,人民法院不予支持:

(一)客户在期货公司保证金账户中的资金;

(二)客户向期货公司提交的用于充抵保证金的有价证券。

第五条 实行会员分级结算制度的期货交易所的结算会员为债务人，债权人请求冻结、划拨结算会员以下资金或者有价证券的，人民法院不予支持：

（一）非结算会员在结算会员保证金账户中的资金；

（二）非结算会员向结算会员提交的用于充抵保证金的有价证券。

第六条 有证据证明保证金账户中有超过上述第三条、第四条、第五条规定的资金或者有价证券部分权益的，期货交易所、期货公司或者期货交易所结算会员在人民法院指定的合理期限内不能提出相反证据的，人民法院可以依法冻结、划拨超出部分的资金或者有价证券。

有证据证明期货交易所、期货公司、期货交易所结算会员自有资金与保证金发生混同，期货交易所、期货公司或者期货交易所结算会员在人民法院指定的合理期限内不能提出相反证据的，人民法院可以依法冻结、划拨相关账户内的资金或者有价证券。

第七条 实行会员分级结算制度的期货交易所或者其结算会员为债务人，债权人请求冻结、划拨期货交易所向其结算会员依法收取的结算担保金的，人民法院不予支持。

有证据证明结算会员在结算担保金专用账户中有超过交易所要求的结算担保金数额部分的，结算会员在人民法院指定的合理期限内不能提出相反证据的，人民法院可以依法冻结、划拨超出部分的资金。

第八条 人民法院在办理案件过程中，依法需要通过期货交易所、期货公司查询、冻结、划拨资金或者有价证券的，期货交易所、期货公司应当予以协助。应当协助而拒不协助的，按照《中华人民共和国民事诉讼法》第一百零三条之规定办理。

第九条 本规定施行前已经受理的上述案件不再移送。

第十条 本规定施行前本院作出的有关司法解释与本规定不一致的，以本规定为准。

附录二

其他部委发布的相关部门规章及规范性文件

关于切实加强广播电视证券节目管理的通知

（2010 年 7 月 12 日　广发〔2010〕59 号）

各省、自治区、直辖市广播影视局，新疆生产建设兵团广播电视局，中央三台、中国教育电视台：

据有关部门调查反映，2007 年以来，个别地方卫视的股评栏目与企业实行商业化合作，收费播出这些企业提供的股评内容，且这些企业均无证券资询业务资格，甚至为空壳企业。上述行为严重违反了 2006 年中国证监会和总局联合下发的《关于规范证券投资咨询机构和广播电视证券节目的通知》（以下简称《通知》）的有关规定。为确保广播电视宣传导向正确，切实维护广大群众的切身利益和广播电视节目的公信力、影响力，现就广播电视证券节目有关规定重申如下：

一、各级广播电视行政管理部门和播出机构要牢固树立政治意识、大局意识、责任意识，坚决服从和服务于我国资本市场改革开放和稳定发展大局，坚持把证券节目的社会效益放在首位，严格按照《广播电视条例》、《通知》及有关规定，加强管理，进一步规范广播电视证券节目，切实维护广大人民群众利益，为我国证券市场的健康有序发展提供积极的舆论支持。

二、各级广播电台、电视台所办证券节目须为播出机构自制自播，不得出租、转让时段，不得播出咨询机构提供的节目，不得在证券节目中与咨询机构进行商业化合作。

三、各级广播电台、电视台对参与证券节目的咨询机构和人员要严格把关。要按照《通知》有关规定，向证监部门详细核实咨询机构和人员的资质、资格、合规经营、业务投诉等情况，并在节目中明确公示相关信息。无证券投资咨询相关资格的机构和人员不得参与证券节目，材料不实、证监部门提出异议的咨询机构和个人不得参与证券节目。证券节目编辑、记者、主持人、播音员应具有广播电视从业资格，咨询机构工作人员不得以广播电视从业者身份从事采访活动。

四、广播电视证券节目的内容必须符合广播电视节目管理规定、证券投资咨询相关法律法规、证券监管要求和行业自律规范，不得宣传虚假、片面和误导性信息，不得播出客户招揽内容，不得播出参与证券节目的机构和人员的电话、传真、短信平台、网址等联络方式，不得宣传过往荐股业绩、产品、参与机构和人员的能力，不得对具体证券或者证券相关产品的价格涨跌或者市场走势做出确定性判断。节目中须以显著、清晰的方式进行风险提示。

五、各级广播电台、电视台应当按照《广告法》、《广播电视广告播出管理办法》的规定，加强对提供证券信息的软件、终端等证券信息类产品广告的管理。在广播电台、电视台播出证券信息类产品广告前，相关产品的运营机构应当向当地证监局报告有关广告内容，播出证券信息类产品广告，应当含有“投资有风险”等警示内容。广播电台、电视台不得播出未经证监局审查的证券信息类产品广告。

六、各级广播电台、电视台应当加强证券节目档案管理，妥善保存播出的证券节目和证券信息类产品广告的音像资料，保存期限至少 3 年。

七、各级广播电视行政管理部门和当地证监局应当建立沟通协作工作机制，及时通报广播电视证券节目管理信息和相关证券监管信息，认真核实相关机构和人员资格，及时停播违规证券节目，妥善处理投资者投诉事宜，维护社会稳定。

八、违反《通知》等有关广播电视证券节目管理的规定和本通知要求，出租或转让时段、播出咨询机构所提供证券节目的，或者播出证券节目内容违反有关规定的，将依据《广播电视管理条例》等有关规定予以处罚。

九、各级广播电视行政管理部门要切实履行职责，加强对播出机构证券节目的管理和违规行为的查处力度。各级广播电视播出机构要提高认识，严肃纪律，严格把关，杜绝证券节目中的违规行为。

十、自接到本通知之日起，各级广播电视行政管理部门和播出机构要对照相关规定，对本辖区内播出机构证券节目情况进行全面自查，发现问题，立即整改并向总局报告。

特此通知。

关于印发《企业会计准则解释第4号》的通知

（2010年7月14日　财会〔2010〕15号）

国务院有关部委、有关直属机构，各省、自治区、直辖市、计划单列市财政厅（局），新疆生产建设兵团财务局，有关中央管理企业：

为了深入贯彻实施企业会计准则，解决执行中出现的问题，同时，实现会计准则持续趋同和等效，我部制定了《企业会计准则解释第4号》，现予印发，请遵照执行。

中华人民共和国财政部
二〇一〇年七月十四日

企业会计准则解释第4号

一、同一控制下的企业合并中，合并方发生的审计、法律服务、评估咨询等中介费用以及其他相关管理费用，应当于发生时计入当期损益。非同一控制下的企业合并中，购买方发生的上述费用，应当如何进行会计处理？

答：非同一控制下的企业合并中，购买方为企业合并发生的审计、法律服务、评估咨询等中介费用以及其他相关管理费用，应当于发生时计入当期损益；购买方作为合并对价发行的权益性证券或债务性证券的交易费用，应当计入权益性证券或债务性证券的初始确认金额。

二、非同一控制下的企业合并中，购买方在购买日取得被购买方可辨认资产和负债，应当如何进行分类或指定？

答：非同一控制下的企业合并中，购买方在购买日取得被购买方可辨认资产和负债，应当根据企业会计准则的规定，结合购买日存在的合同条款、经营政策、并购政策等相关因素进行分类或指定，主要包括被购买方的金融资产和金融负债的分类、套期关系的指定、嵌入衍生工具的分拆等。但是,合并中如涉及租赁合同和保险合同且在购买日对合同条款作出修订的,购买方应当根据企业会计准则的规定,结合修订的条款和其他因素对合同进行分类。

三、企业通过多次交易分步实现非同一控制下企业合并的,对于购买日之前持有的被购买方的股权,应当如何进行会计处理?

答:企业通过多次交易分步实现非同一控制下企业合并的,应当区分个别财务报表和合并财务报表进行相关会计处理:

(一)在个别财务报表中,应当以购买日之前所持被购买方的股权投资的账面价值与购买日新增投资成本之和,作为该项投资的初始投资成本;购买日之前持有的被购买方的股权涉及其他综合收益的,应当在处置该项投资时将与其相关的其他综合收益(例如,可供出售金融资产公允价值变动计入资本公积的部分,下同)转入当期投资收益。

(二)在合并财务报表中,对于购买日之前持有的被购买方的股权,应当按照该股权在购买日的公允价值进行重新计量,公允价值与其账面价值的差额计入当期投资收益;购买日之前持有的被购买方的股权涉及其他综合收益的,与其相关的其他综合收益应当转为购买日所属当期投资收益。购买方应当在附注中披露其在购买日之前持有的被购买方的股权在购买日的公允价值、按照公允价值重新计量产生的相关利得或损失的金额。

四、企业因处置部分股权投资或其他原因丧失了对原有子公司控制权的,对于处置后的剩余股权应当如何进行会计处理?

答:企业因处置部分股权投资或其他原因丧失了对原有子公司控制权的,应当区分个别财务报表和合并财务报表进行相关会计处理:

(一)在个别财务报表中,对于处置的股权,应当按照《企业会计准则第2号——长期股权投资》的规定进行会计处理;同时,对于剩余股权,应当按其账面价值确认为长期股权投资或其他相关金融资产。处置后的剩余股权能够对原有子公司实施共同控制或重大影响的,按有关成本法转为权益法的相关规定进行会计处理。

(二)在合并财务报表中,对于剩余股权,应当按照其在丧失控制权日的公允价值进行重新计量。处置股权取得的对价与剩余股权公允价值之和,减去按原持股比例计算应享有原有子公司自购买日开始持续计算的净资产的份额之间的差额,计入丧失控制权当期的投资收益。与原有子公司股权投资相关的其他综合收益,应当在丧失控制权时转为当期投资收益。企业应当在附注中披露处置后的剩余股权在丧失控制权日的公允价值、按照公允价值重新计量产生的相关利得或损失的金额。

五、在企业合并中，购买方对于因企业合并而产生的递延所得税资产，应当如何进行会计处理？

答：在企业合并中，购买方取得被购买方的可抵扣暂时性差异，在购买日不符合递延所得税资产确认条件的，不应予以确认。购买日后 12 个月内，如取得新的或进一步的信息表明购买日的相关情况已经存在，预期被购买方在购买日可抵扣暂时性差异带来的经济利益能够实现的，应当确认相关的递延所得税资产，同时减少商誉，商誉不足冲减的，差额部分确认为当期损益；除上述情况以外，确认与企业合并相关的递延所得税资产，应当计入当期损益。

六、在合并财务报表中，子公司少数股东分担的当期亏损超过了少数股东在该子公司期初所有者权益中所享有的份额的，其余额应当如何进行会计处理？

答：在合并财务报表中，子公司少数股东分担的当期亏损超过了少数股东在该子公司期初所有者权益中所享有的份额的，其余额仍应当冲减少数股东权益。

七、企业集团内涉及不同企业的股份支付交易应当如何进行会计处理？

答：企业集团（由母公司和其全部子公司构成）内发生的股份支付交易，应当按照以下规定进行会计处理：

（一）结算企业以其本身权益工具结算的，应当将该股份支付交易作为权益结算的股份支付处理；除此之外，应当作为现金结算的股份支付处理。

结算企业是接受服务企业的投资者的，应当按照授予日权益工具的公允价值或应承担负债的公允价值确认为对接受服务企业的长期股权投资，同时确认资本公积（其他资本公积）或负债。

（二）接受服务企业没有结算义务或授予本企业职工的是其本身权益工具的，应当将该股份支付交易作为权益结算的股份支付处理；接受服务企业具有结算义务且授予本企业职工的是企业集团内其他企业权益工具的，应当将该股份支付交易作为现金结算的股份支付处理。

八、融资性担保公司应当执行何种会计标准？

答：融资性担保公司应当执行企业会计准则，并按照《企业会计准则——应用指南》有关保险公司财务报表格式规定，结合公司实际情况，编制财务报表并对外披露相关信息，不再执行《担保企业会计核算办法》（财会〔2005〕17 号）。

融资性担保公司发生的担保业务，应当按照《企业会计准则第 25 号——原保险合同》、《企业会计准则第 26 号——再保险合同》、《保险合同相关会计处理规定》（财会〔2009〕15 号）等有关保险合同的相关规定进行会计处理。

九、企业发生的融资融券业务，应当执行何种会计标准？

答：融资融券业务，是指证券公司向客户出借资金供其买入证券或者出借证券供其卖出，并由客户交存相应担保物的经营活动。企业发生的融资融券业务，分为融资业务和融券业务两类。

关于融资业务，证券公司及其客户均应当按照《企业会计准则第 22 号——金融工具确认和计量》有关规定进行会计处理。证券公司融出的资金，应当确认应收债权，并确认相应利息收入；客户融入的资金，应当确认应付债务，并确认相应利息费用。

关于融券业务，证券公司融出的证券，按照《企业会计准则第 23 号——金融资产转移》有关规定，不应终止确认该证券，但应确认相应利息收入；客户融入的证券，应当按照《企业会计准则第 22 号——金融工具确认和计量》有关规定进行会计处理，并确认相应利息费用。

证券公司对客户融资融券并代客户买卖证券时，应当作为证券经纪业务进行会计处理。

证券公司及其客户发生的融资融券业务，应当按照《企业会计准则第 37 号——金融工具列报》有关规定披露相关会计信息。

十、企业根据《企业会计准则解释第 2 号》（财会〔2008〕11 号）的规定，对认股权和债券分离交易的可转换公司债券中的认股权，单独确认了一项权益工具（资本公积—其他资本公积）。认股权持有人没有行权的，原计入资本公积（其他资本公积）的部分，应当如何进行会计处理？

答：企业发行的认股权和债券分离交易的可转换公司债券，认股权持有人到期没有行权的，应当在到期时将原计入资本公积（其他资本公积）的部分转入资本公积（股本溢价）。

十一、本解释一至四条的规定，自 2010 年 1 月 1 日起施行；五至十条的规定，应当进行追溯调整，追溯调整不切实可行的除外。

国家税务总局关于发布《企业重组业务企业所得税管理办法》的公告

(2010年7月26日　2010年第4号)

现将《企业重组业务企业所得税管理办法》予以发布，自2010年1月1日起施行。

本办法发布时企业已经完成重组业务的，如适用《财政部　国家税务总局关于企业重组业务企业所得税处理若干问题的通知》(财税〔2009〕59号)特殊税务处理，企业没有按照本办法要求准备相关资料的，应补备相关资料；需要税务机关确认的，按照本办法要求补充确认。2008、2009年度企业重组业务尚未进行税务处理的，可按本办法处理。

特此公告。

企业重组业务企业所得税管理办法

第一章　总则及定义

第 一 条　为规范和加强对企业重组业务的企业所得税管理，根据《中华人民共和国企业所得税法》(以下简称《税法》)及其实施条例(以下简称《实施条例》)、《中华人民共和国税收征收管理法》及其实施细则(以下简称《征管法》)、《财政部　国家税务总局关于企业重组业务企业所得税处理若干问题的通知》(财税〔2009〕59号)(以下简称《通知》)等有关规定，制定本办法。

第 二 条　本办法所称企业重组业务，是指《通知》第一条所规定的企业法律形式改变、债务重组、股权收购、资产收购、合并、分立等各类重组。

第 三 条　企业发生各类重组业务，其当事各方，按重组类型，分别指以下企业：

（一）债务重组中当事各方，指债务人及债权人。

（二）股权收购中当事各方，指收购方、转让方及被收购企业。

（三）资产收购中当事各方，指转让方、受让方。

（四）合并中当事各方，指合并企业、被合并企业及各方股东。

（五）分立中当事各方，指分立企业、被分立企业及各方股东。

第 四 条 同一重组业务的当事各方应采取一致税务处理原则，即统一按一般性或特殊性税务处理。

第 五 条 《通知》第一条第（四）项所称实质经营性资产，是指企业用于从事生产经营活动、与产生经营收入直接相关的资产，包括经营所用各类资产、企业拥有的商业信息和技术、经营活动产生的应收款项、投资资产等。

第 六 条 《通知》第二条所称控股企业，是指由本企业直接持有股份的企业。

第 七 条 《通知》中规定的企业重组，其重组日的确定，按以下规定处理：

（一）债务重组，以债务重组合同或协议生效日为重组日。

（二）股权收购，以转让协议生效且完成股权变更手续日为重组日。

（三）资产收购，以转让协议生效且完成资产实际交割日为重组日。

（四）企业合并，以合并企业取得被合并企业资产所有权并完成工商登记变更日期为重组日。

（五）企业分立，以分立企业取得被分立企业资产所有权并完成工商登记变更日期为重组日。

第 八 条 重组业务完成年度的确定，可以按各当事方适用的会计准则确定，具体参照各当事方经审计的年度财务报告。由于当事方适用的会计准则不同导致重组业务完成年度的判定有差异时，各当事方应协商一致，确定同一个纳税年度作为重组业务完成年度。

第 九 条 本办法所称评估机构，是指具有合法资质的中国资产评估机构。

第二章 企业重组一般性税务处理管理

第 十 条 企业发生《通知》第四条第（一）项规定的由法人转变为个人独资企业、合伙企业等非法人组织，或将登记注册地转移至中华人民共和国境外（包括港澳台地区），应按照《财政部 国家税务总局关于企业清算业务企业所得税处理若干问题的通知》(财税〔2009〕60 号)规定进行清算。

企业在报送《企业清算所得纳税申报表》时,应附送以下资料:

(一)企业改变法律形式的工商部门或其他政府部门的批准文件;

(二)企业全部资产的计税基础以及评估机构出具的资产评估报告;

(三)企业债权、债务处理或归属情况说明;

(四)主管税务机关要求提供的其他资料证明。

第十一条 企业发生《通知》第四条第(二)项规定的债务重组,应准备以下相关资料,以备税务机关检查。

(一)以非货币资产清偿债务的,应保留当事各方签订的清偿债务的协议或合同,以及非货币资产公允价格确认的合法证据等;

(二)债权转股权的,应保留当事各方签订的债权转股权协议或合同。

第十二条 企业发生《通知》第四条第(三)项规定的股权收购、资产收购重组业务,应准备以下相关资料,以备税务机关检查。

(一)当事各方所签订的股权收购、资产收购业务合同或协议;

(二)相关股权、资产公允价值的合法证据。

第十三条 企业发生《通知》第四条第(四)项规定的合并,应按照财税〔2009〕60 号文件规定进行清算。

被合并企业在报送《企业清算所得纳税申报表》时,应附送以下资料:

(一)企业合并的工商部门或其他政府部门的批准文件;

(二)企业全部资产和负债的计税基础以及评估机构出具的资产评估报告;

(三)企业债务处理或归属情况说明;

(四)主管税务机关要求提供的其他资料证明。

第十四条 企业发生《通知》第四条第(五)项规定的分立,被分立企业不再继续存在,应按照财税〔2009〕60 号文件规定进行清算。

被分立企业在报送《企业清算所得纳税申报表》时,应附送以下资料:

(一)企业分立的工商部门或其他政府部门的批准文件;

(二)被分立企业全部资产的计税基础以及评估机构出具的资产评估报告;

(三)企业债务处理或归属情况说明;

（四）主管税务机关要求提供的其他资料证明。

第十五条 企业合并或分立，合并各方企业或分立企业涉及享受《税法》第五十七条规定中就企业整体（即全部生产经营所得）享受的税收优惠过渡政策尚未期满的，仅就存续企业未享受完的税收优惠，按照《通知》第九条的规定执行；注销的被合并或被分立企业未享受完的税收优惠，不再由存续企业承继；合并或分立而新设的企业不得再承继或重新享受上述优惠。合并或分立各方企业按照《税法》的税收优惠规定和税收优惠过渡政策中就企业有关生产经营项目的所得享受的税收优惠承继问题，按照《实施条例》第八十九条规定执行。

第三章 企业重组特殊性税务处理管理

第十六条 企业重组业务，符合《通知》规定条件并选择特殊性税务处理的，应按照《通知》第十一条规定进行备案；如企业重组各方需要税务机关确认，可以选择由重组主导方向主管税务机关提出申请，层报省税务机关给予确认。

采取申请确认的，主导方和其他当事方不在同一省（自治区、市）的，主导方省税务机关应将确认文件抄送其他当事方所在地省税务机关。

省税务机关在收到确认申请时，原则上应在当年度企业所得税汇算清缴前完成确认。特殊情况，需要延长的，应将延长理由告知主导方。

第十七条 企业重组主导方，按以下原则确定：

（一）债务重组为债务人；

（二）股权收购为股权转让方；

（三）资产收购为资产转让方；

（四）吸收合并为合并后拟存续的企业，新设合并为合并前资产较大的企业；

（五）分立为被分立的企业或存续企业。

第十八条 企业发生重组业务，按照《通知》第五条第（一）项要求，企业在备案或提交确认申请时，应从以下方面说明企业重组具有合理的商业目的：

（一）重组活动的交易方式。即重组活动采取的具体形式、交易背景、交易时间、在交易之前和之后的运作方式和有关的商业常规；

（二）该项交易的形式及实质。即形式上交易所产生的法律权利和责任，也是该项交易的法律后果。另外，交易实际上或商业上产生的最终结果；

（三）重组活动给交易各方税务状况带来的可能变化；

（四）重组各方从交易中获得的财务状况变化；

（五）重组活动是否给交易各方带来了在市场原则下不会产生的异常经济利益或潜在义务；

（六）非居民企业参与重组活动的情况。

第十九条 《通知》第五条第（三）和第（五）项所称“企业重组后的连续12个月内”，是指自重组日起计算的连续12个月内。

第二十条 《通知》第五条第（五）项规定的原主要股东，是指原持有转让企业或被收购企业20%以上股权的股东。

第二十一条 《通知》第六条第（四）项规定的同一控制，是指参与合并的企业在合并前后均受同一方或相同的多方最终控制，且该控制并非暂时性的。能够对参与合并的企业在合并前后均实施最终控制权的相同多方，是指根据合同或协议的约定，对参与合并企业的财务和经营政策拥有决定控制权的投资者群体。在企业合并前，参与合并各方受最终控制方的控制在12个月以上，企业合并后所形成的主体在最终控制方的控制时间也应达到连续12个月。

第二十二条 企业发生《通知》第六条第（一）项规定的债务重组，根据不同情形，应准备以下资料：

（一）发生债务重组所产生的应纳税所得额占该企业当年应纳税所得额50%以上的，债务重组所得要求在5个纳税年度的期间内，均匀计入各年度应纳税所得额的，应准备以下资料：

1. 当事方的债务重组的总体情况说明（如果采取申请确认的，应为企业的申请，下同），情况说明中应包括债务重组的商业目的；

2. 当事各方所签订的债务重组合同或协议；

3. 债务重组所产生的应纳税所得额、企业当年应纳税所得额情况说明；

4. 税务机关要求提供的其他资料证明。

（二）发生债权转股权业务，债务人对债务清偿业务暂不确认所得或损失，债权人对股权投资的计税基础以原债权的计税基础确定，应准备以下资料：

1. 当事方的债务重组的总体情况说明。情况说明中应包括债务重组的商业目的；

2. 双方所签订的债转股合同或协议；

3. 企业所转换的股权公允价格证明；

4. 工商部门及有关部门核准相关企业股权变更事项证明材料；

5. 税务机关要求提供的其他资料证明。

第二十三条 企业发生《通知》第六条第（二）项规定的股权收购业务，应准备以下资料：

（一）当事方的股权收购业务总体情况说明，情况说明中应包括股权收购的商业目的；

（二）双方或多方所签订的股权收购业务合同或协议；

（三）由评估机构出具的所转让及支付的股权公允价值；

（四）证明重组符合特殊性税务处理条件的资料，包括股权比例，支付对价情况，以及12个月内不改变资产原来的实质性经营活动和原主要股东不转让所取得股权的承诺书等；

（五）工商等相关部门核准相关企业股权变更事项证明材料；

（六）税务机关要求的其他材料。

第二十四条 企业发生《通知》第六条第（三）项规定的资产收购业务，应准备以下资料：

（一）当事方的资产收购业务总体情况说明，情况说明中应包括资产收购的商业目的；

（二）当事各方所签订的资产收购业务合同或协议；

（三）评估机构出具的资产收购所体现的资产评估报告；

（四）受让企业股权的计税基础的有效凭证；

（五）证明重组符合特殊性税务处理条件的资料，包括资产收购比例，支付对价情况，以及12个月内不改变资产原来的实质性经营活动、原主要股东不转让所取得股权的承诺书等；

（六）工商部门核准相关企业股权变更事项证明材料；

（七）税务机关要求提供的其他材料证明。

第二十五条 企业发生《通知》第六条第（四）项规定的合并，应准备以下资料：

（一）当事方企业合并的总体情况说明。情况说明中应包括企业合并的商业目的；

（二）企业合并的政府主管部门的批准文件；

（三）企业合并各方当事人的股权关系说明；

（四）被合并企业的净资产、各单项资产和负债及其账面价值和计税基础等相关资料；

（五）证明重组符合特殊性税务处理条件的资料，包括合并前企业各股东取得股权支付比例情况以及12个月内不改变资产原来的实质性经营活动、原主要股东不转让所取得股权的承诺书等；

（六）工商部门核准相关企业股权变更事项证明材料；

（七）主管税务机关要求提供的其他资料证明。

第二十六条 《通知》第六条第（四）项所规定的可由合并企业弥补的被合并企业亏损的限额，是指按《税法》规定的剩余结转年限内，每年可由合并企业弥补的被合并企业亏损的限额。

第二十七条 企业发生《通知》第六条第（五）项规定的分立，应准备以下资料：

（一）当事方企业分立的总体情况说明。情况说明中应包括企业分立的商业目的；

（二）企业分立的政府主管部门的批准文件；

（三）被分立企业的净资产、各单项资产和负债账面价值和计税基础等相关资料；

（四）证明重组符合特殊性税务处理条件的资料，包括分立后企业各股东取得股权支付比例情况以及12个月内不改变资产原来的实质性经营活动、原主要股东不转让所取得股权的承诺书等；

（五）工商部门认定的分立和被分立企业股东股权比例证明材料；分立后，分立和被分立企业工商营业执照复印件；分立和被分立企业分立业务账务处理复印件；

（六）税务机关要求提供的其他资料证明。

第二十八条 根据《通知》第六条第（四）项第2目规定，被合并企业合并前的相关所得税事项由合并企业承继，以及根据《通知》第六条第（五）项第2目规定，企业分立，已分立资产相应的所得税事项由分立企业承继，这些事项包括尚未确认的资产损失、分期确认收入的处理以及尚未享受期满的税收优惠政策承继处理问题等。其中，对税收优惠政策承继处理问题，凡属于依照《税法》第五十七条规定中就企业整体（即全部生产经营所得）享受税收优惠过渡政策的，合并或分立后的企业性质及适用税收优惠条件未发生改变的，可以继续享受合并前各企业或分立前被分立企业剩余期限的税收优惠。合并前各企业剩余的税收优惠年限不一致的，合并后企业每年度的应纳税所得额，应统一按合并日各合并前企业资产占合并后企业总资产的比例进行划分，再分别按相应的剩余优惠计算应纳税额。合并前各企业或分立前被分立企业按照《税法》的税收优惠规定以及税收优惠过渡政策中就有关生产经营项目所得享受的税收优惠承继处理问题,按照《实施条例》第八十九条规定执行。

第二十九条 适用《通知》第五条第(三)项和第(五)项的当事各方应在完成重组业务后的下一年度的企业所得税年度申报时,向主管税务机关提交书面情况说明,以证明企业在重组后的连续12个月内,有关符合特殊性税务处理的条件未发生改变。

第三十条 当事方的其中一方在规定时间内发生生产经营业务、公司性质、资产或股权结构等情况变化,致使重组业务不再符合特殊性税务处理条件的,发生变化的当事方应在情况发生变化的30天内书面通知其他所有当事方。主导方在接到通知后30日内将有关变化通知其主管税务机关。

上款所述情况发生变化后60日内,应按照《通知》第四条的规定调整重组业务的税务处理。原交易各方应各自按原交易完成时资产和负债的公允价值计算重组业务的收益或损失,调整交易完成纳税年度的应纳税所得额及相应的资产和负债的计税基础,并向各自主管税务机关申请调整交易完成纳税年度的企业所得税年度申报表。逾期不调整申报的,按照《征管法》的相关规定处理。

第三十一条 各当事方的主管税务机关应当对企业申报或确认适用特殊性税务处理的重组业务进行跟踪监管,了解重组企业的动态变化情况。发现问题,应及时与其他当事方主管税务机关沟通联系,并按照规定给予调整。

第三十二条 根据《通知》第十条规定,若同一项重组业务涉及在连续12个月内分步交易,且跨两个纳税年度,当事各方在第一步交易完成时预计整个交易可以符合特殊性税务处理条件,可以协商一致选择特殊性税务处理的,可在第一步交易完成后,适用特殊性税务处理。主管税务机关在审核有关资料后,符合条件的,可以暂认可适用特殊性税务处理。第二年进行下一步交易后,应按本办法要求,准备相关资料确认适用特殊性税务处理。

第三十三条 上述跨年度分步交易,若当事方在首个纳税年度不能预计整个交易是否符合特殊性税务处理条件,应适用一般性税务处理。在下一纳税年度全部交易完成后,适用特殊性税务处理的,可以调整上一纳税年度的企业所得税年度申报表,涉及多缴税款的,各主管税务机关应退税,或抵缴当年应纳税款。

第三十四条 企业重组的当事各方应该取得并保管与该重组有关的

凭证、资料，保管期限按照《征管法》的有关规定执行。

第四章　跨境重组税收管理

第三十五条　发生《通知》第七条规定的重组，凡适用特殊性税务处理规定的，应按照本办法第三章相关规定执行。

第三十六条　发生《通知》第七条第（一）、（二）项规定的重组，适用特殊税务处理的，应按照《国家税务总局关于印发〈非居民企业所得税源泉扣缴管理暂行办法〉的通知》（国税发〔2009〕3 号）和《国家税务总局关于加强非居民企业股权转让所得企业所得税管理的通知》（国税函〔2009〕698 号）要求，准备资料。

第三十七条　发生《通知》第七条第（三）项规定的重组，居民企业应向其所在地主管税务机关报送以下资料：

1. 当事方的重组情况说明，申请文件中应说明股权转让的商业目的；
2. 双方所签订的股权转让协议；
3. 双方控股情况说明；
4. 由评估机构出具的资产或股权评估报告。报告中应分别列示涉及的各单项被转让资产和负债的公允价值；
5. 证明重组符合特殊性税务处理条件的资料，包括股权或资产转让比例，支付对价情况，以及 12 个月内不改变资产原来的实质性经营活动、不转让所取得股权的承诺书等；
6. 税务机关要求的其他材料。

保险资金运用管理暂行办法

（2010年7月30日　保监会令2010年第9号）

第一章　总　　则

第一条　为了规范保险资金运用行为，防范保险资金运用风险，维护保险当事人合法权益，促进保险业持续、健康发展，根据《中华人民共和国保险法》（以下简称《保险法》）等法律、行政法规，制定本办法。

第二条　在中国境内依法设立的保险集团（控股）公司、保险公司从事保险资金运用活动适用本办法规定。

第三条　本办法所称保险资金，是指保险集团（控股）公司、保险公司以本外币计价的资本金、公积金、未分配利润、各项准备金及其他资金。

第四条　保险资金运用必须稳健，遵循安全性原则，符合偿付能力监管要求，根据保险资金性质实行资产负债管理和全面风险管理，实现集约化、专业化、规范化和市场化。

第五条　中国保险监督管理委员会（以下简称中国保监会）依法对保险资金运用活动进行监督管理。

第二章　资金运用形式

第一节　资金运用范围

第六条　保险资金运用限于下列形式：

（一）银行存款；

（二）买卖债券、股票、证券投资基金份额等有价证券；

（三）投资不动产；

（四）国务院规定的其他资金运用形式。

保险资金从事境外投资的，应当符合中国保监会有关监管规定。

第 七 条 保险资金办理银行存款的，应当选择符合下列条件的商业银行作为存款银行：

（一）资本充足率、净资产和拨备覆盖率等符合监管要求；

（二）治理结构规范、内控体系健全、经营业绩良好；

（三）最近三年未发现重大违法违规行为；

（四）连续三年信用评级在投资级别以上。

第 八 条 保险资金投资的债券，当达到中国保监会认可的信用评级机构评定的，且符合规定要求的信用级别，主要包括政府债券、金融债券、企业（公司）债券、非金融企业债务融资工具以及符合规定的其他债券。

第 九 条 保险资金投资的股票，主要包括公开发行并上市交易的股票和上市公司向特定对象非公开发行的股票。

投资创业板上市公司股票和以外币认购及交易的股票由中国保监会另行规定。

第 十 条 保险资金投资证券投资基金的，其基金管理人应当符合下列条件：

（一）公司治理良好，净资产连续三年保持在人民币一亿元以上；

（二）依法履行合同，维护投资者合法权益，最近三年没有不良记录；

（三）建立有效的证券投资基金和特定客户资产管理业务之间的防火墙机制；

（四）投资团队稳定，历史投资业绩良好，管理资产规模或者基金份额相对稳定。

第十一条 保险资金投资的不动产，是指土地、建筑物及其他附着于土地上的定着物。具体办法由中国保监会制定。

第十二条 保险资金投资的股权，应当为境内依法设立和注册登记，且未在证券交易所公开上市的股份有限公司和有限责任公司的股权。

第十三条 保险集团（控股）公司、保险公司不得使用各项准备金购置自用不动产或者从事对其他企业实现控股的股权投资。

第十四条 保险集团（控股）公司、保险公司对其他企业实现控股的股权投资，应当满足有关偿付能力监管规定。保险集团（控股）公司的保险子公司不符合中国保监会偿付能力监管要求的，该保险集团（控股）公司不得向非保险类金融企业投资。

实现控股的股权投资应当限于下列企业：

（一）保险类企业，包括保险公司、保险资产管理机构以及保险专业代理机构、保险经纪机构；

（二）非保险类金融企业；

（三）与保险业务相关的企业。

第十五条 保险集团（控股）公司、保险公司从事保险资金运用，不得有下列行为：

（一）存款于非银行金融机构；

（二）买入被交易所实行“特别处理”、“警示存在终止上市风险的特别处理”的股票；

（三）投资不具有稳定现金流回报预期或者资产增值价值、高污染等不符合国家产业政策项目的企业股权和不动产；

（四）直接从事房地产开发建设；

（五）从事创业风险投资；

（六）将保险资金运用形成的投资资产用于向他人提供担保或者发放贷款，个人保单质押贷款除外；

（七）中国保监会禁止的其他投资行为。

中国保监会可以根据有关情况对保险资金运用的禁止性规定进行适当调整。

第十六条 保险集团（控股）公司、保险公司从事保险资金运用应当符合下列比例要求：

（一）投资于银行活期存款、政府债券、中央银行票据、政策性银行债券和货币市场基金等资产的账面余额，合计不低于本公司上季末总资产的5%；

（二）投资于无担保企业（公司）债券和非金融企业债务融资工具的账面余额，合计不高于本公司上季末总资产的20%；

（三）投资于股票和股票型基金的账面余额，合计不高于本公司上季末总资产的20%；

（四）投资于未上市企业股权的账面余额，不高于本公司上季末总资产的5%；投资于未上市企业股权相关金融产品的账面余额，不高于本公司上季末总资产的4%，两项合计不高于本公司上季末总资产的5%；

（五）投资于不动产的账面余额，不高于本公司上季末总资产的10%；投资于不动产相关金融产品的账面余额，不高于本公司上季末总资产的3%，两项合计不高于本公司上季末总资产的10%；

（六）投资于基础设施等债权投资计划的账面余额不高于本公司上季末总资产的10%；

（七）保险集团（控股）公司、保险公司对其他企业实现控股的股权投资，累计投资成本不得超过其净资产。

前款（一）至（六）项所称总资产应当扣除债券回购融入资金余额、投资连结保险和非寿险非预定收益投资型保险产品资产；保险集团（控股）公司总资产应当为集团母公司总资产。

非金融企业债务融资工具是指具有法人资格的非金融企业在银行间债券市场发行的，约定在一定期限内还本付息的有价证券；

未上市企业股权相关金融产品是指股权投资管理机构依法在中国境内发起设立或者发行的以未上市企业股权为基础资产的投资计划或者投资基金等；

不动产相关金融产品是指不动产投资管理机构依法在中国境内发起设立或者发行的以不动产为基础资产的投资计划或者投资基金等；

基础设施等债权投资计划是指保险资产管理机构等专业管理机构根据有关规定，发行投资计划受益凭证，向保险公司等委托人募集资金，投资基础设施项目等，按照约定支付本金和预期收益的金融工具。

保险集团（控股）公司、保险公司应当控制投资工具、单一品种、单一交易对手、关联企业以及集团内各公司投资同一标的的比例，防范资金运用集中度风险。

保险资金运用的具体管理办法，由中国保监会制定。中国保监会可以根据有关情况对保险资金运用的投资比例进行适当调整。

第十七条　投资连结保险产品和非寿险非预定收益投资型保险产品的资金运用，应当在资产隔离、资产配置、投资管理、人员配备、投资交易和风险控制等环节，独立于其他保险产品资金，具体办法由中国保监会制定。

第二节　资金运用模式

第十八条　保险集团（控股）公司、保险公司应当按照“集中管理、统一配置、专业运作”的要求，实行保险资金的集约化、专业化管理。

保险资金应当由法人机构统一管理和运用，分支机构不得从事保险资金运用业务。

第十九条　保险集团（控股）公司、保险公司应当选择符合条件的商业银行等专业机构，实施保险资金运用第三方托管和监督，具体办法由中国保监会制定。

托管的保险资产独立于托管机构固有资产,并独立于托管机构托管的其他资产。托管机构因依法解散、被依法撤销或者被依法宣告破产等原因进行清算的,托管资产不属于其清算财产。

第二十条 托管机构从事保险资金托管的,主要职责包括:

(一)保险资金的保管、清算交割和资产估值;

(二)监督投资行为;

(三)向有关当事人披露信息;

(四)依法保守商业秘密;

(五)法律、法规、中国保监会规定和合同约定的其他职责。

第二十一条 托管机构从事保险资金托管,不得有下列行为:

(一)挪用托管资金;

(二)混合管理托管资金和自有资金或者混合管理不同托管账户资金;

(三)利用托管资金及其相关信息谋取非法利益;

(四)其他违法行为。

第二十二条 保险集团(控股)公司、保险公司的投资管理能力应当符合中国保监会规定的相关标准。

保险集团(控股)公司、保险公司根据投资管理能力和风险管理能力,可以自行投资或者委托保险资产管理机构进行投资。

第二十三条 保险集团(控股)公司、保险公司委托保险资产管理机构投资的,应当订立书面合同,约定双方权利与义务,确保委托人、受托人、托管人三方职责各自独立。

保险集团(控股)公司、保险公司应当履行制定资产战略配置指引、选择受托人、监督受托人执行情况、评估受托人投资绩效等职责。

保险资产管理机构应当执行委托人资产配置指引,根据保险资金特性构建投资组合,公平对待不同资金。

第二十四条 保险集团(控股)公司、保险公司委托保险资产管理机构投资的,不得有下列行为:

(一)妨碍、干预受托机构正常履行职责;

(二)要求受托机构提供其他委托机构信息;

(三)要求受托机构提供最低投资收益保证;

(四)非法转移保险利润;

(五)其他违法行为。

第二十五条 保险资产管理机构受托管理保险资金的,不得有下列行为：

（一）违反合同约定投资；

（二）不公平对待不同资金；

（三）混合管理自有、受托资金或者不同委托机构资金；

（四）挪用受托资金；

（五）向委托机构提供最低投资收益承诺；

（六）以保险资金及其投资形成的资产为他人设定担保；

（七）其他违法行为。

第二十六条 保险资产管理机构根据中国保监会相关规定，可以将保险资金运用范围的投资品种作为基础资产，开展保险资产管理产品业务。

保险集团（控股）公司、保险公司委托投资或者购买保险资产管理产品，保险资产管理机构应当根据合同约定，及时向有关当事人披露资金投向、投资管理、资金托管、风险管理和重大突发事件等信息，并保证披露信息的真实、准确和完整。

保险资产管理机构应当根据受托资产规模、资产类别、产品风险特征、投资业绩等因素，按照市场化原则，以合同方式与委托或者投资机构，约定管理费收入计提标准和支付方式。

保险资产管理产品业务，是指由保险资产管理机构为发行人和管理人，向保险集团（控股）公司、保险公司以及保险资产管理机构等投资人发售产品份额，募集资金，并选聘商业银行等专业机构为托管人，为投资人利益开展的投资管理活动。

第三章 决策运行机制

第一节 组织结构与职责

第二十七条 保险集团（控股）公司、保险公司应当建立健全公司治理，在公司章程和相关制度中明确规定股东大会、董事会、监事会和经营管理层的保险资金运用职责，实现保险资金运用决策权、运营权、监督权相互分离，相互制衡。

第二十八条 保险资金运用实行董事会负责制。保险公司董事会应当对资产配置和投资政策、风险控制、合规管理承担最终责任，主要履行下列职责：

（一）审定保险资金运用管理制度；

（二）确定保险资金运用的管理方式；

（三）审定投资决策程序和授权机制；

（四）审定资产战略配置规划、年度投资计划和投资指引及相关调整方案；

（五）决定重大投资事项；

（六）审定新投资品种的投资策略和运作方案；

（七）建立资金运用绩效考核制度；

（八）其他相关职责。

董事会应当设立资产负债管理委员会（投资决策委员会）和风险管理委员会。

第二十九条 保险集团（控股）公司、保险公司决定委托投资，以及投资无担保债券、股票、股权和不动产等重大保险资金运用事项，应当经董事会审议通过。

第三十条 保险集团（控股）公司、保险公司经营管理层根据董事会授权，应当履行下列职责：

（一）负责保险资金运用的日常运营和管理工作；

（二）建立保险资金运用与财务、精算、产品和风控等部门之间的协商机制；

（三）审议资产管理部门拟定的保险资产战略配置规划和年度资产配置策略，并提交董事会审定；

（四）控制和管理保险资金运用风险；

（五）执行经董事会审定的资产配置规划和年度资产配置策略；

（六）提出调整资产战略配置调整方案；

（七）其他职责。

第三十一条 保险集团（控股）公司、保险公司应当设置专门的保险资产管理部门，并独立于财务、精算、风险控制等其他业务部门，履行下列职责：

（一）拟定保险资金运用管理制度；

（二）拟定资产战略配置规划和年度资产配置策略；

（三）拟定资产战略配置调整方案；

（四）执行年度资产配置计划；

（五）实施保险资金运用风险管理措施；

（六）其他职责。

保险集团(控股)公司、保险公司自行投资的,保险资产管理部门应当负责日常投资和交易管理;委托投资的,保险资产管理部门应当履行委托人职责,监督投资行为和评估投资业绩等职责。

第三十二条 保险集团(控股)公司、保险公司的资产管理部门应当在投资研究、资产清算、风险控制、业绩评估、相关保障等环节设置岗位,建立防火墙体系,实现专业化、规范化、程序化运作。

保险集团(控股)公司、保险公司自行投资的,资产管理部门应当设置投资、交易等与资金运用业务直接相关的岗位。

第三十三条 保险集团(控股)公司、保险公司风险管理部门以及具有相应管理职能的部门,应当履行下列职责:

(一)拟定保险资金运用风险管理制度;

(二)审核和监控保险资金运用合法合规性;

(三)识别、评估、跟踪、控制和管理保险资金运用风险;

(四)定期报告资金运用风险管理状况;

(五)其他职责。

第三十四条 保险资产管理机构应当设立首席风险管理执行官。

首席风险管理执行官为公司高级管理人员,负责组织和指导保险资产管理机构风险管理,履职范围应当包括保险资产管理机构运作的所有业务环节,独立向董事会、中国保监会报告有关情况,提出防范和化解重大风险建议。

首席风险管理执行官不得主管投资管理。如需更换,应当于更换前至少五个工作日向中国保监会书面说明理由和其履职情况。

第二节 资金运用流程

第三十五条 保险集团(控股)公司、保险公司应当建立健全保险资金运用的管理制度和内部控制机制,明确各个环节、有关岗位的衔接方式及操作标准,严格分离前、中、后台岗位责任,定期检查和评估制度执行情况,做到权责分明、相对独立和相互制衡。相关制度包括但不限于:

(一)资产配置相关制度;

(二)投资研究、决策和授权制度;

(三)交易和结算管理制度;

(四)绩效评估和考核制度;

(五)信息系统管理制度;

（六）风险管理制度等。

第三十六条 保险集团（控股）公司、保险公司应当以独立法人为单位，统筹境内境外两个市场，综合偿付能力约束、外部环境、风险偏好和监管要求等因素，分析保险资金成本、现金流和期限等负债指标，选择配置具有相应风险收益特征、期限及流动性的资产。

第三十七条 保险集团（控股）公司、保险公司应当建立专业化分析平台，并利用外部研究成果，研究制定涵盖交易对手管理和投资品种选择的模型和制度，构建投资池、备选池和禁投池体系，实时跟踪并分析市场变化，为保险资金运用决策提供依据。

第三十八条 保险集团（控股）公司、保险公司应当建立健全相对集中、分级管理、权责统一的投资决策和授权制度，明确授权方式、权限、标准、程序、时效和责任，并对授权情况进行检查和逐级问责。

第三十九条 保险集团（控股）公司、保险公司应当建立和完善公平交易机制，有效控制相关人员操作风险和道德风险，防范交易系统的技术安全疏漏，确保交易行为的合规性、公平性和有效性。公平交易机制至少应当包括以下内容：

（一）实行集中交易制度，严格隔离投资决策与交易执行；

（二）构建符合相关要求的集中交易监测系统、预警系统和反馈系统；

（三）建立完善的交易记录制度；

（四）在账户设置、研究支持、资源分配、人员管理等环节公平对待不同资金等。

第四十条 保险集团（控股）公司、保险公司应当建立以资产负债管理为核心的绩效评估体系和评估标准，定期开展保险资金运用绩效评估和归因分析，推进长期投资、价值投资和分散化投资，实现保险资金运用总体目标。

第四十一条 保险集团（控股）公司、保险公司应当建立保险资金运用信息管理系统，减少或者消除人为操纵因素，自动识别、预警报告和管理控制资产管理风险，确保实时掌握风险状况。

信息管理系统应当设定合规性和风险指标阈值，将风险监控的各项要素固化到相关信息技术系统之中，降低操作风险、防止道德风险。

信息管理系统应当建立全面风险管理数据库，收集和整合市场基础资料，记录保险资金管理和投资交易的原始数据，保证信息平台共享。

第四章　风险管控

第四十二条　保险集团（控股）公司、保险公司应当建立全面覆盖、全程监控、全员参与的保险资金运用风险管理组织体系和运行机制，改进风险管理技术和信息技术系统，通过管理系统和稽核审计等手段，分类、识别、量化和评估各类风险，防范和化解风险。

第四十三条　保险集团（控股）公司、保险公司应当管理和控制资产负债错配风险，以偿付能力约束和保险产品负债特性为基础，加强成本收益管理、期限管理和风险预算，确定保险资金运用风险限额，采用缺口分析、敏感性和情景测试等方法，评估和管理资产错配风险。

第四十四条　保险集团（控股）公司、保险公司应当管理和控制流动性风险，根据保险业务特点和风险偏好，测试不同状况下可以承受的流动性风险水平和自身风险承受能力，制定流动性风险管理策略、政策和程序，防范流动性风险。

第四十五条　保险集团（控股）公司、保险公司应当管理和控制市场风险，评估和管理利率风险、汇率风险以及金融市场波动风险，建立有效的市场风险评估和管理机制，实行市场风险限额管理。

第四十六条　保险集团（控股）公司、保险公司应当管理和控制信用风险，建立信用风险管理制度，及时跟踪评估信用风险，跟踪分析持仓信用品种和交易对手，定期组织回测检验。

第四十七条　保险集团（控股）公司、保险公司应当加强同业拆借、债券回购和融资融券业务管理，严格控制融资规模和使用杠杆，禁止投机或者用短期拆借资金投资高风险和流动性差的资产。保险资金参与衍生产品交易，仅限于对冲风险，不得用于投机和放大交易，具体办法由中国保监会制定。

第四十八条　保险集团（控股）公司、保险公司应当发挥内部稽核和外部审计的监督作用，每年至少进行一次保险资金运用内部全面稽核审计。内控审计报告应当揭示保险资金运用管理的合规情况和风险状况。主管投资的高级管理人员、保险资金运用部门负责人和重要岗位人员离职前，应当进行离任审计。

保险集团（控股）公司、保险公司应当定期向中国保监会报告保险资金运用内部稽核审计结果和有关人员离任审计结果。

第四十九条　保险集团（控股）公司、保险公司应当建立保险资金运用风险处置机制，制定应急预案，及时控制和化解风险隐患。投资资产发生大幅贬值或者出现债权不能清偿的，应当制定处置方案，并及时报告中国保监会。

第五十条 保险集团（控股）公司、保险公司应当确保风险管控相关岗位和人员具有履行职责所需知情权和查询权，有权查阅、询问所有与保险资金运用业务相关的数据、资料和细节，并列席与保险资金运用相关的会议。

第五章 监督管理

第五十一条 中国保监会对保险资金运用的监督管理，采取现场监管与非现场监管相结合的方式。

第五十二条 中国保监会应当根据公司治理结构、偿付能力、投资管理能力和风险管理能力，对保险集团（控股）公司、保险公司保险资金运用实行分类监管、持续监管和动态评估。

中国保监会应当强化对保险公司的资本约束，确定保险资金运用风险监管指标体系，并根据评估结果，采取相应监管措施，防范和化解风险。

第五十三条 保险集团（控股）公司、保险公司分管投资的高级管理人员、资产管理部门的主要负责人、保险资产管理机构的董事、监事、高级管理人员，应当在任职前取得中国保监会核准的任职资格。

第五十四条 保险集团（控股）公司、保险公司的重大股权投资，应当报中国保监会核准。

保险资产管理机构发行或者发起设立的保险资产管理产品，实行初次申报核准，同类产品事后报告。

中国保监会按照有关规定对上述事项进行合规性、程序性审核。

重大股权投资，是指对拟投资非保险类金融企业或者与保险业务相关的企业实施控制的投资行为。

第五十五条 中国保监会有权要求保险集团（控股）公司、保险公司提供报告、报表、文件和资料。

提交报告、报表、文件和资料，应当及时、真实、准确、完整。

第五十六条 保险集团（控股）公司、保险公司的股东大会、股东会、董事会的重大投资决议，应当在决议作出后 5 个工作日内向中国保监会报告，中国保监会另有规定的除外。

第五十七条 中国保监会有权要求保险集团（控股）公司、保险公司将保险资金运用的有关数据与中国保监会的监管信息系统动态连接。

第五十八条 保险集团(控股)公司和保险公司的偿付能力状况不符合中国保监会要求的,中国保监会可以限制其资金运用的形式、比例。

第五十九条 保险集团(控股)公司、保险公司违反资金运用形式和比例有关规定的,由中国保监会责令限期改正。

第六十条 中国保监会有权对保险集团(控股)公司、保险公司的董事、监事、高级管理人员和资产管理部门负责人进行监管谈话,要求其就保险资金运用情况、风险控制、内部管理等有关重大事项作出说明。

第六十一条 保险集团(控股)公司、保险公司严重违反资金运用有关规定的,中国保监会可以责令调整负责人及有关管理人员。

第六十二条 保险集团(控股)公司、保险公司严重违反保险资金运用有关规定,被责令限期改正逾期未改正的,中国保监会可以决定选派有关人员组成整顿组,对公司进行整顿。

第六十三条 保险集团(控股)公司、保险公司违反本规定运用保险资金的,由中国保监会依法给予行政处罚。

第六十四条 保险资金运用的其他当事人在参与保险资金运用活动中,违反有关法律、行政法规和本办法规定的,中国保监会应当记录其不良行为,并将有关情况通报其行业主管部门;情节严重的,中国保监会可以通报保险集团(控股)公司、保险公司3年内不得与其从事相关业务,并商有关监管部门依法给予行政处罚。

第六十五条 中国保监会工作人员滥用职权、玩忽职守,或者泄露所知悉的有关单位和人员的商业秘密的,依法追究法律责任。

第六章 附 则

第六十六条 保险资产管理机构管理运用保险资金参照本办法执行。

第六十七条 保险公司缴纳的保险保障基金等运用,从其规定。

第六十八条 中国保监会对保险集团(控股)公司资金运用另有规定的,从其规定。

第六十九条 本办法由中国保监会负责解释和修订。

第七十条 本办法自2010年8月31日起施行。原有的有关政策和规定,凡与本办法不一致的,一律以本办法为准。

关于调整保险资金投资政策有关问题的通知

（2010 年 7 月 31 日　保监发〔2010〕66 号）

各保险公司、保险资产管理公司：

为加强负债管理，优化资产结构，分散投资风险，根据《中华人民共和国保险法》、《保险资金运用管理暂行办法》及相关规定，我会决定调整保险资金投资政策。现就有关事项通知如下：

一、保险公司应当加强流动性管理，配置银行活期存款、中央银行票据、政府债券、政策性银行债券和货币市场基金等资产的余额，不低于该保险公司上季末总资产的 5%。

二、保险公司应当根据负债需要，配置固定收益类资产，并符合下列规定：

（一）将可投资有担保债券的品种，调整为有担保的企业债券、有担保的公司债券、有担保的可转换公司债券和有担保的公开发行的证券公司债券。将投资有担保企业（公司）类债券的信用等级，调整为具有国内信用评级机构评定的 A 级或者相当于 A 级以上的长期信用级别。

投资商业银行金融债券、商业银行次级债券、商业银行次级定期债务、国际开发机构人民币债券以及有担保的企业（公司）类债券，可自主确定投资总额；投资上述债券同一期单品种的份额，不超过该期单品种发行额的 20%。

投资保险公司次级定期债务，仍执行现行有关规定。

（二）将可投资无担保债券的品种，调整为无担保企业债券、非金融企业债务融资工具和商业银行发行的无担保可转换公司债券。将投资中国境内发行的无担保企业（公司）类债券的信用等级，调整为具有国内信用评级机构评定的 AA 级或者相当于 AA 级以上的长期信用级别。

投资无担保企业（公司）类债券的余额，不超过该保险公司上季末总资产的 20%；投资上述债券同一期单品种的份额，不超过该期单品种发行额的 10%。

（三）投资本条第（一）和（二）项所列债券，还应当符合下列规定：

投资同一发行人发行债券的余额，不超过该发行人最近一个会计年度末净资产的20%。投资具有关联关系企业（公司）发行债券的余额，不超过该保险公司最近一个会计年度末净资产的20%。同一保险集团的保险公司，投资同一期单品种债券的份额，合计不超过该期单品种发行额的60%。

（四）投资可转换公司债券和有担保的证券公司债券，其托管银行应当为结算参与人。投资同一发行人的债券，同时具有境内两家或以上外部信用评级机构信用评级的，应当采用孰低原则确认外部信用级别；同时具有国内信用评级和国际信用评级的，应当以国内信用级别为准。本项所称同时，是指同一发行人在同一会计核算期间获得的信用评级。

三、保险公司应当根据权益类投资计划，在上季末总资产20%的比例内，自主投资股票和股票型基金，并符合下列规定：

（一）投资同一上市公司的股票，不超过该公司总股本的10%；超过10%的仅限于实现控股的重大投资，适用《保险资金运用管理暂行办法》有关重大股权投资的规定。

（二）保险公司投资证券投资基金的余额，不超过该保险公司上季末总资产的15%，且投资证券投资基金和股票的余额，合计不超过该保险公司上季末总资产的25%。

（三）投资单一证券投资基金的余额，不超过该保险公司上季末总资产的3%；投资单一封闭式基金的份额，不超过该基金发行份额的10%。

四、保险公司投资境外市场的范围，调整为境外资本市场公开发行的债券和证券投资基金，以及公开发行并上市的股票。保险公司投资境外市场、金融产品及管理方式另行规定。

保险公司投资香港市场，股票品种调整为公开发行并在主板上市的股票，债券品种调整为主板市场上市公司以及大型国有企业在港公开发行的债券。

保险公司境外投资的余额，不超过该保险公司上季末总资产的15%，单项投资比例参照境内同类品种执行。

五、保险公司投资基础设施债权投资计划的余额，不超过该保险公司上季末总资产的10%，单项投资比例执行现行有关规定。

六、保险公司投资各类金融产品的比例，按照境内外各类债券、股票和证券投资基金实际配置的资产统一计算，并确保符合监管规定。

保险公司应当制定分散投资管理制度和风险控制措施，严格控制投资资产的行业集中度和单一品种集中度，有关制度规定经公司董事会审定后报中国保监会备案。违反规定投资，造成重大风险和损失的，将予以处罚。

七、保险公司投资同一法人主体的余额，不超过该法人主体最近一个会计年度末净资产的50%，且不超过该保险公司上季末总资产的20%。

八、本通知所称的投资余额，是指执行新企业会计准则的相关规定，总资产为扣除债券回购融入资金余额、投资连结保险和非寿险非预定收益投资型保险产品资产的余额。投资连结保险和非寿险非预定收益投资型保险等产品的投资政策另行规定。

九、保险资金投资范围、投资品种、投资比例以及信用等级等，与本通知规定不一致的，以本通知为准；投资能力和风险控制等标准，仍执行现行有关规定。

关于加强保险业反洗钱工作的通知

（2010年8月10日　保监发〔2010〕70号）

各保监局，各保险公司、保险资产管理公司、保险中介机构：

为加强保险业反洗钱工作，防范保险洗钱风险，现就反洗钱工作的有关事项通知如下：

一、投资入股和股权变更时的投资资金来源应当符合反洗钱法律法规

投资入股保险机构①和保险机构股权变更时，投资资金来源应当符合中国反洗钱法律法规的相关要求。

监管部门应当严格审查投资资金来源，必要时，可以要求提交投资资金来源符合反洗钱法律法规的证明材料。

（一）投资人为境内企业法人的，证明材料包括：

1. 投资资金来源情况说明以及投资资金来源符合中国反洗钱法律法规的声明；

2. 投资人最近三年未受反洗钱重大行政处罚②的声明；

3. 中国保监会规定的其他证明材料。

（二）投资人为境外金融机构的，证明材料包括：

1. 投资人采取的反洗钱措施以及接受金融机构所在地反洗钱监管的情况；

2. 投资资金来源情况说明以及投资资金来源符合中国反洗钱法律法规的声明；

3. 投资人最近三年未受金融机构所在地反洗钱重大行政处罚的声明；

4. 中国保监会规定的其他证明材料。

---

① 本通知中所称的“保险机构”包括保险公司、保险集团公司和保险资产管理公司。

② 本通知中的“反洗钱重大行政处罚”是指反洗钱主管部门或者保险监管部门对检查对象做出的下列反洗钱行政处罚：（一）对机构处以50万元人民币以上罚款、责令停业整顿或者吊销其经营许可证；（二）对个人处以5万元人民币以上罚款、取消任职资格或者禁止进入保险业。境外受到的“反洗钱重大行政处罚”由中国保监会比照上述标准解释和执行。

申请人应当保证上述材料真实、准确、完整。

二、机构设立和重组改制的反洗钱要求

监管部门应当加强对保险机构设立和重组改制申请的反洗钱审查，新设保险机构、分支机构以及重组改制后的保险机构应当符合相应的反洗钱要求。

（一）申请筹建保险机构的反洗钱要求：

1. 投资资金来源正当合法；

2. 风险控制体系规划中包含反洗钱安排；

3. 具备反洗钱内控制度方案以及筹建期间拟建立的反洗钱内控制度目录；

4. 组织机构框架中包含反洗钱负责机构；

5. 信息系统规划中具备反洗钱功能；

6. 反洗钱法律法规和监管规定的其他要求。

（二）申请保险机构开业和保险机构重组改制的反洗钱要求：

1. 建立了客户身份识别、客户身份资料和交易记录保存、大额交易和可疑交易报告、培训宣传、审计、保密、协助监督检查和行政调查等反洗钱内控制度；

2. 反洗钱内控制度有效转化为承保、保全或批改、退保、赔付以及收付费等业务环节的操作规程，开业验收时能够演示反洗钱内部操作流程；

3. 设置了反洗钱负责机构；

4. 人员配备到位并已接受必要的反洗钱培训；

5. 信息系统做好反洗钱运行测试准备工作；

6. 反洗钱法律法规和监管规定的其他要求。

（三）申请设立分支机构的反洗钱要求：

1. 总公司具备比较健全的反洗钱内控制度和操作规程并对分支机构的执行力具有较强的管控能力；

2. 总公司信息系统建设水平足以支持分支机构的反洗钱工作；

3. 申请人最近两年未受反洗钱重大行政处罚，不存在因涉嫌洗钱正在受到刑事诉讼的情形；

4. 申请设立省级分公司以外的分支机构，在拟设地所在的省、自治区、直辖市，省级分公司最近两年未受反洗钱重大行政处罚；

5. 具备执行总公司反洗钱内控制度和操作规程的实施方案；

6. 组织机构框架中包含反洗钱负责机构；

7. 反洗钱法律法规和监管规定的其他要求。

(四)提交分支机构开业验收报告的反洗钱要求:

1. 制定了执行总公司反洗钱内控制度和操作规程的实施细则,开业验收时能够演示反洗钱内部操作流程;

2. 设置了反洗钱负责机构;

3. 相关人员配备到位并已接受必要的反洗钱培训;

4. 信息系统做好反洗钱运行测试准备工作;

5. 反洗钱法律法规和监管规定的其他要求。

三、保险中介机构[①]的反洗钱要求

(一)投资入股保险中介机构和保险中介机构股权变更时,投资资金来源应当符合中国反洗钱法律法规的相关要求。

监管部门应当审查投资资金来源,必要时,可以比照保险机构相关规定[②]要求提交投资资金来源符合反洗钱法律法规的证明材料;

(二)监管部门应当加强对保险中介机构设立和重组改制申请的反洗钱审查,新设保险中介机构、保险中介分支机构以及重组改制后的保险中介机构应当符合以下反洗钱要求:

1. 建立了客户身份识别、客户身份资料和交易记录保存、培训宣传、审计、保密、协助监督检查和行政调查等内控制度和操作规程;

2. 设置了专门的反洗钱岗位并明确岗位职责;

3. 反洗钱岗位人员配备到位并已接受必要的反洗钱培训;

4. 相关监管规定的其他要求。

四、高管人员准入和履职的反洗钱要求

(一)保险机构和保险中介机构高管人员的任职资格核准申请材料中应当包含申请人最近两年未受反洗钱重大行政处罚的声明;申请人有境外金融机构从业经验的,应当提交最近两年未受金融机构所在地反洗钱重大行政处罚的声明。

(二)核准保险机构和保险中介机构高管人员任职资格申请时,监管部门应当测试反洗钱法律法规的相关内容,考查拟任人员对反洗钱工作的基本认识和执行反洗钱内控制度的工作设想等。

(三)保险机构和保险中介机构高管人员在履职过程中应当认真履行职责范围内的反洗钱工作。保险机构和保险中介机构负责人应当对反

---

① 保险中介机构包括保险专业代理机构、保险经纪机构、保险公估机构。

② 保险中介机构的投资人为境内自然人或单位的,比照保险机构投资人为境内企业法人的相关规定;保险中介机构的投资人为境外机构的,比照保险机构投资人为境外金融机构的相关规定。

洗钱内控制度的有效实施负责。

五、依法开展反洗钱检查处罚

监管部门应当按照《反洗钱法》和国务院批准实施的《反洗钱工作部际联席会议制度》赋予的反洗钱职责，有计划地组织开展反洗钱检查。根据需要，可以配合反洗钱主管部门开展对保险机构和保险中介机构的反洗钱检查。反洗钱检查可以包含以下内容：

（一）反洗钱内控制度是否完整有效；反洗钱内控制度是否转化为各业务环节的操作规程并有效执行；

（二）反洗钱机构设置和人员配备情况；

（三）履行客户身份识别、客户身份资料和交易记录保存、大额交易和可疑交易报告、反洗钱宣传培训、审计等反洗钱义务的情况；

（四）保险机构与兼业代理机构签订的代理协议是否符合有关监管要求；

（五）反洗钱法律法规和监管规定要求的其他内容。

保险机构违反反洗钱法律法规，情节严重的，监管部门可经反洗钱主管部门建议或直接依法责令保险机构对直接负责的高管人员给予纪律处分；保险机构违反反洗钱义务致使洗钱后果发生，情节特别严重的，监管部门可经反洗钱主管部门建议或直接依法责令保险机构对直接负责的高管人员给予纪律处分，或者依法取消其任职资格、禁止进入保险业。

保险中介机构违反有关监管规定，致使洗钱犯罪后果发生的，监管部门可禁止直接负责的高管人员进入保险业。

六、建立健全反洗钱信息报送制度

监管部门应当建立健全反洗钱信息报送制度，开展非现场信息监测，加强反洗钱信息分析研究，为现场检查提供依据，不断提高反洗钱监管工作的科学性和有效性。

各保险机构和保险中介机构应当定期收集、汇总上报本机构的反洗钱信息，及时掌握反洗钱工作开展情况，注重防范化解洗钱风险。

七、加强反洗钱工作培训、宣传和交流

监管部门应当统筹开展反洗钱培训宣传，注重培养保险消费者的反洗钱意识，不断提高监管人员和从业人员的反洗钱水平。监管部门应当主动加强与反洗钱主管部门的沟通协调，推动完善监管信息交流机制和反洗钱工作协作机制。

各保险机构和保险中介机构应当认真开展反洗钱培训宣传，不断强化反洗钱意识、提高反洗钱水平。

八、协助可疑交易活动和涉嫌洗钱犯罪案件调查

监管部门和各保险机构、保险中介机构发现涉嫌洗钱犯罪的交易活动，应当及时向反洗钱主管部门和公安机关报告，积极协助反洗钱行政调查和涉嫌洗钱犯罪案件的调查活动。

关于印发《保险公司内部控制基本准则》的通知

（2010年8月10日 保监发〔2010〕69号）

各保险公司、各保监局：

为加强保险公司内部控制建设，提高保险公司风险防范能力和经营管理水平，促进保险公司合规、稳健、有效经营，我会制定了《保险公司内部控制基本准则》。现予印发，请遵照执行。

中国保险监督管理委员会
二〇一〇年八月十日

保险公司内部控制基本准则

第一章 总 则

第 一 条 为加强保险公司内部控制建设，提高保险公司风险防范能力和经营管理水平，促进保险公司合规、稳健、有效经营，保护保险公司和被保险人等其他利益相关者合法权益，依据《保险法》、《企业内部控制基本规范》和其他相关规定，制定本准则。

第 二 条 本准则所称内部控制，是指保险公司各层级的机构和人员，依据各自的职责，采取适当措施，合理防范和有效控制经营管理中的各种风险，防止公司经营偏离发展战略和经营目标的机制和过程。

第 三 条 保险公司内部控制的目标包括：

（一）行为合规性目标。保证保险公司的经营管理行为遵守法律法规、监管规定、行业规范、公司内部管理制度和诚信准则；

（二）资产安全性目标。保证保险公司资产安全可靠，防止公司资产被非法使用、处置和侵占；

（三）信息真实性目标。保证保险公司财务报告、偿付能力报告等业务、财务及管理信息的真实、准确、完整；

（四）经营有效性目标。增强保险公司决策执行力，提高管理效率，改善经营效益；

（五）战略保障性目标。保障保险公司实现发展战略，促进稳健经营和可持续发展，保护股东、被保险人及其他利益相关者的合法权益。

第 四 条 保险公司建立和实施内部控制，应当遵循以下原则：

（一）全面和重点相统一。保险公司应当建立全面、系统、规范化的内部控制体系，覆盖所有业务流程和操作环节，贯穿经营管理全过程。在全面管理的基础上，对公司重要业务事项和高风险领域实施重点控制。

（二）制衡和协作相统一。保险公司内部控制应当在组织架构、岗位设置、权责分配、业务流程等方面，通过适当的职责分离、授权和层级审批等机制，形成合理制约和有效监督。在制衡的基础上，各职能部门和业务单位之间应当相互配合，密切协作，提高效率，避免相互推诿或工作遗漏。

（三）权威性和适应性相统一。保险公司内部控制应当与绩效考核和问责相挂钩，任何人不得拥有不受内部控制约束的权力，未经授权不得更改内部控制程序。在确保内部控制权威性的基础上，公司应当及时调整和定期优化内部控制流程，使之不断适应经营环境和管理要求的变化。

（四）有效控制和合理成本相统一。保险公司内部控制应当与公司实际风险状况相匹配，确保内部控制措施满足管理需求，风险得到有效防范。在有效控制的前提下，合理配置资源，尽可能降低内部控制成本。

第 五 条 保险公司内部控制体系包括以下三个组成部分：

（一）内部控制基础。包括公司治理、组织架构、人力资源、信息系统和企业文化等；

（二）内部控制程序。包括识别评估风险、设计实施控制措施等；

（三）内部控制保证。包括信息沟通、内控管理、内部审计应急机制和风险问责等。

第 六 条 内部控制基础。保险公司应当加强内部控制基础建设，为有效实施内部控制营造良好环境。

保险公司应当建立规范的公司治理，形成授权清晰、运作规范、科学有效的决策、执行、监督机制。公司董事会、监事会和管理层应当对内部控制高度重视，带头认真履行内控职能。

保险公司应当根据保险业务流程和内部控制的需要，建立合理的组织架构。按照便于管理、易于考核、简化层级、避免交叉的原则，科学设置内设机构、分支机构和工作岗位,明确职责分工,规定清晰的报告路线。

保险公司应当建立与内部控制需要相适应的人力资源政策,确保关键岗位的人员具有专业胜任能力并定期接受相关培训,公司关键岗位的考核、薪酬、奖惩、晋升等人力资源政策应当与内部控制成效相挂钩。

保险公司应当建立安全实用、覆盖所有业务环节的信息系统,尽可能使各项业务活动信息化、流程化、自动化,减少或消除人为干预和操作失误,为内部控制提供技术保障和系统支持。

保险公司应当培育领导高度重视、内控人人有责和违规必受追究的内控企业文化,形成以风险控制为导向的管理理念和经营风格,提高全体员工的风险防范意识,使内控制度得到自觉遵守。

第七条 内部控制程序。保险公司应当根据风险规律,合理设计内嵌于业务活动的内部控制流程,努力实现对风险的过程控制。

保险公司应当对经营管理和业务活动中可能面临的风险因素进行全面系统的识别分析,发现并确定风险点,同时对重要风险点的发生概率、诱发因素、扩散规律和可能损失进行定性和定量评估,确定风险应对策略和控制重点。

保险公司应当根据风险识别评估的结果,科学设计内部控制政策、程序和措施并严格执行,同时根据控制效果不断改进内部控制流程,将风险控制在预定目标或可承受的范围内。

第八条 内部控制保证。保险公司应当建立多层次、全方位的监控体系,实现对内部控制活动的事前、事中、事后有效监控,为实现内控目标提供保证。

保险公司应当建立信息和沟通机制,促进公司信息的广泛共享和及时充分沟通,提高经营管理透明度,防止舞弊事件的发生。

保险公司应当建立内控管理及评价机制,通过对公司内部控制的整体设计和统筹规划,推动各内部控制责任主体对风险进行实时监测和定期排查,并据此调整和改进公司的内部控制流程。

保险公司应当加强对内部控制的审计检查,定期根据检查结果对内部控制的健全性、合理性和有效性进行评估,并按照规定的报告路线及时向审计对象、合规管理职能部门和上级领导进行反馈和报告。

保险公司应当建立内控风险应急管理机制,制定周全和可操作性强的应急预案,明确各种风险情形下的应对措施,尽可能减少内控风险的影响和损失。

保险公司应当严格内部控制责任追究,对于违反内部控制要求的行为，不管是否造成损失，都要进行严肃处理，追究当事人和领导责任。

第 九 条 内部控制活动的层次。保险公司应当根据保险公司业务流程特点和资源优化配置要求，按照控制风险、提升服务、降低成本、提高效率的原则，科学建立和合理划分内部控制活动的重点和层次。

保险公司内部控制活动分为前台控制、后台控制和基础控制三个层次。前台控制是对直接面对市场和客户的营销及交易行为的控制活动；后台控制是对业务处理和后援支持等运营行为的控制活动；基础控制是对为公司经营运作提供决策支持和资源保障等管理行为的控制活动。

第二章 内部控制活动

第一节 销 售 控 制

第 十 条 销售控制的内容和基本要求。保险公司应当以市场和客户为导向，以业务品质和效益为中心，组织实施销售控制活动。

保险公司应当根据不同渠道和方式销售活动的特点，制定有针对性的内部控制制度，强化对销售过程的控制，防范销售风险。

销售控制主要包括销售人员和机构管理、销售过程管理、销售品质管理、佣金手续费管理等活动的全过程控制。

第十一条 销售人员和机构控制。保险公司应当建立并实施科学统一的销售人员管理制度，规范对各渠道销售人员的甄选录用、组织管理、教育培训、业绩考核、佣金和手续费、解约离司等。

保险公司应当建立代理机构合作管理制度，规范与代理机构合作过程中的资格审核、合同订立、保费划转和佣金手续费结算等。

第十二条 销售过程和品质控制。保险公司应当规范销售宣传行为，严格按照监管规定和内部权限编写、印制和发放各类宣传广告材料，确保宣传广告内容真实、合法，杜绝广告宣传中的误导行为。

保险公司应当规范销售展业行为，采取投保风险提示、客户回访、保单信息查询、佣金手续费控制、电话录音、定期排查及反洗钱监测等方式，建立销售过程和销售品质风险控制机制，有效发现、监控销售中的误导客户、虚假业务、侵占保费、不正当竞争、非法集资和洗钱等行为，提升业务品质。

保险公司应当规定客户回访的业务范围和条件、回访比例、回访频率、回访记录等回访要求及后续处理措施，加强销售风险监控。

保险公司应当规范与代理等中介机构的合作行为，严格实行保费收取与佣金支付收支两条线管理，定期对保费和重要单证进行清点对账，确保账账一致、账实相符，防止保费坐扣和单证流失。

第十三条 佣金手续费控制。保险公司应当严格规范佣金、手续费的计算和发放流程，防范虚列、套取、挪用、挤占佣金和手续费的行为。

保险公司应当杜绝任何形式的商业贿赂行为。

第二节 运营控制

第十四条 运营控制的内容和基本要求。保险公司应当以效率和风险控制为中心，按照集中化、专业化的要求，组织实施运营控制活动。

保险公司应当针对运营活动的不同环节，制定相应的管理制度，强化操作流程控制，确保业务活动正常运转，防范运营风险。

运营控制主要包括产品开发管理、承保管理、理赔管理、保全管理、收付费管理、再保险管理、业务单证管理、电话中心管理、会计处理和反洗钱等活动的全过程控制。

第十五条 产品控制。保险公司应当明确产品开发流程，规范客户需求和市场信息收集、分析论证、条款费率确定、审批报备、测试下发和跟踪管理等控制事项，提高保险公司的产品研发和创新能力，提高产品适应性，防范产品定价及条款法律风险。

保险公司应当建立产品开发职能部门及领导决策机构，规范产品开发的程序、条件、审批权限和职责，明确总精算师（精算责任人）和法律责任人的职责和权限，确保产品开发过程规范、严谨。

保险公司应当根据市场需求调查结果，从市场前景、盈利能力、定价和法律风险等方面对新产品进行科学论证和客观评价，依据评价结果和规定权限进行内部审查，并按照监管规定履行报批或报备义务。

第十六条 承保控制。保险公司应当建立清晰的承保操作流程，规范投保受理、核保、保单缮制和送达等控制事项。

保险公司在投保受理时，应当对投保资料进行初审，建立投保信息录入复核机制，确保投保资料填写正确、完整，录入准确。

保险公司应当明确核保的评点标准、分级审核权限、作业要求和核保人员资质条件等，明确承保调查的条件、程序和要求。

保险公司应当在满足规定条件的前提下缮制保单，采取适当校验和监控措施，确保保单内容准确，及时确实送达客户。

第十七条 理赔控制。保险公司应当建立标准、清晰的理赔操作流程和高效的理赔机制,规范报案受理、现场查勘、责任认定、损失理算、赔款复核、赔款支付和结案归档等控制事项,确保理赔质量和理赔时效。

保险公司在接到报案时应当及时登记录入,主动向客户提供简便、明确的理赔指引。

保险公司应当明确理赔的理算标准、分级处理权限、作业要求和理赔人员资质条件等,明确现场查勘的条件、时限、程序和要求,采取查勘与理算、理算与复核操作人员分离及利益相关方回避等措施,防止理赔错误和舞弊行为。

保险公司应当建立重大、疑难案件会商和复核调查制度,明确其识别标准和处理要求,防范虚假理赔或错误拒赔。

第十八条 保全控制。保险公司应当建立规范统一的保全管理制度,规范保险合同续期收费、合同内容及客户资料变更、合同复效、生存给付和退保等控制事项。

保险公司应当明确各项保全管理措施的操作流程、审查内容及标准、处理权限和作业要求等,防范侵占客户保费、冒领保险金、虚假业务和违规批单退费等侵害公司和客户权益的行为。

第十九条 收付费控制。保险公司应当建立规范统一的收付费管理制度,明确规定收付费的管理流程、作业要求和岗位职责,防止侵占、挪用及违规支付等行为,确保资金安全。

保险公司原则上实行收付费岗位与业务处理岗位人员及职责的分离。实行一站式服务等方式的,应当采取其他措施实施有效监控。

保险公司原则上采取非现金收付费方式,并确保将相关资金汇入保险合同确定的款项所有人或其授权账户。确有必要采取现金方式的,应当采取其他措施实施有效监控。

保险公司收付费时应当严格按照规定核对投保人、被保险人或受益人以及实际领款人的身份,确认其是否具备收付费主体的资格。

第二十条 再保险控制。保险公司应当建立再保险管理制度,规范再保险计划、合同订立、合同执行、再保险人资信跟踪管理等控制事项,完善业务风险分散和保障机制。

保险公司应当加强自身经营管理数据及再保险市场的跟踪分析,准确把握再保险需求,科学安排再保险计划,合理订立再保险合同,确保及时、足额分保,并及时准确向再保险人提供分保业务信息。

保险公司应当持续跟踪了解再保险人的资信状况,建立必要的应对措施，防范再保险信用风险。

第二十一条 业务单证控制。保险公司应当建立业务单证管理制度，规范投保单、保单、保险卡、批单、收据、发票等保险单证的设计、印制、存放、申领和发放、使用、核销、作废、遗失等控制事项。

保险公司应当全程监控分支机构、部门和个人申领重要有价空白单证的名称、时间、数量和流水号，严格控制重要有价空白单证的领用数量和持有期限，做到定期回缴、核销和盘点。

第二十二条 会计处理控制。保险公司应当规范会计核算流程，提高会计数据采集、账目和报表生成的自动化水平，实现业务系统和财务系统无缝连接，减少人工干预，确保会计处理的准确性和效率。

保险公司应当依据真实的业务事项进行会计处理，不得在违背业务真实性的情况下调整会计信息。保险公司应当加强原始凭证与财务数据的一致性核对，做到账账、账实和账表相符，确保会计信息真实、完整、准确。

保险公司应当加强会计原始凭证管理，逐步采取影像扫描等方式辅助归档保存。

第二十三条 客户服务电话中心控制。保险公司应当建立客户电话中心管理制度，规范电话咨询、查询、投诉受理、报案登记、挂失登记、客户回访、业务转办、业务办理跟踪反馈等控制事项。

保险公司应当建立统一的客户服务专线，二十四小时开通电话服务，保障电话接通率，统一服务礼仪和标准，及时将客户需求提交相关业务部门处理，提高客户服务质量。

第二十四条 反洗钱控制。保险公司应当依据《反洗钱法》及相关监管规定，建立健全反洗钱控制制度，明确反洗钱的职能机构、岗位职责和报告路线。

保险公司应建立客户身份识别、客户资料和交易记录保存、大额及可疑交易发现和报告等反洗钱内部操作规程，并通过宣传培训、定期演练和检查等方式，确保相关岗位工作人员严格遵守操作规程，及时将可疑信息上报有关机构。

第三节 基础管理控制

第二十五条 基础管理控制的内容和基本要求。基础管理控制主要包括战略规划、人力资源管理、计划财务、信息系统管理、行政管理、精算法律、分支机构管理和风险管理等活动的全过程控制。其中,风险管理既是保险公司基础管理的重要组成部分,也是内部控制监控的重要环节。

保险公司应当按照制度化、规范化的要求,组织实施基础管理控制活动。

保险公司应当针对基础管理的各项职能和活动,制定相应的管理制度并组织实施,确保基础管理有序运转、协调配合,为公司业务发展和正常运营提供支持和服务。

第二十六条 战略规划控制。保险公司应当强化战略规划职能,规范战略规划中的信息收集、战略决策制定、论证和审批、决策执行评估和跟踪反馈等控制事项,为研发机构提供必备的人力财力保障,提高战略研究的指导性和实用性,确保公司经营目标的合理性和决策的科学性。

保险公司应当加强对国内外宏观经济金融形势、自身经营活动及业务发展情况的及时分析和深入研究,合理制定、及时调整公司整体经营管理流程与组织架构设置,制定科学的业务发展规划,并为公司的承保和投资等业务活动提供及时、有效的决策支持。

保险公司应当加强对公司业务经营情况的实时分析,定期分析评估经营管理和财务状况,合理设定分支机构经营计划和绩效指标,并实时予以指导和监督,保证公司战略目标有效执行。

第二十七条 人力资源控制。保险公司应当建立人力资源管理制度,规范岗位职责及岗位价值设定、招聘、薪酬、绩效考核、培训、晋级晋职、奖惩、劳动保护、辞退与辞职等控制事项,为公司经营管理和持续发展提供人力资源支持。

保险公司应当根据经营管理需要,合理设定工作岗位及人员编制,制定清晰的岗位职责及报告路线,明确不同岗位的适任条件,适时进行岗位价值评估。

保险公司应当明确员工招聘、薪酬管理、轮岗晋级、辞职辞退等工作的标准、程序和要求,合理制定不同岗位的绩效考核指标、权重及考核方式和程序,建立与公司发展相适应的激励约束机制。

保险公司应当制定系统的员工培训计划,明确规定不同专业岗位员工培训的时间、内容、方式和保障等,提高员工的专业素质和胜任能力。

第二十八条 计划财务控制。保险公司应当建立严密的财务管理制度,规范公司预算、核算、费用控制、资金管理、资产管理、财务报告等控制事项,降低公司运营成本,提高资产创利能力。

保险公司应当建立预算制度,实行全面预算管理,明确预算的编制、执行、分析、调整、考核等操作流程和作业要求，严格预算执行与调整的审批权限，控制费用支出和预算偏差，确保预算执行。

保险公司应当建立完善的准备金精算制度，按照国家有关法律法规要求以及审慎性经营的原则，及时、足额计提准备金。保险公司应当加强公司偿付能力状况的分析，提高偿付能力管理的有效性。

保险公司应当明确现金、有价证券、空白凭证、密押、印鉴、固定资产等资金与资产的保管要求和职责权限。严格实行收支两条线，对包括分支机构在内的公司资金实行统一管理和实时监控，确保资金及时上划集中。定期核对现金和银行存款账户，定期盘点，确保各项资产的安全和完整。

保险公司应当建立信息统计管理制度，明确统计岗位职责，规范统计数据的收集、汇总、审核、分析、报送、管理等活动，有效满足公司内外部信息统计需求。

第二十九条 精算法律控制。保险公司应当完善精算和法律职能，配备足够的专业精算和法律人员，明确其在相关管理和服务工作中的流程、权限及作业要求，为公司业务经营和日常管理提供专业支持。

保险公司应当在产品开发、责任准备金计提、资产负债匹配管理等方面充分运用精算技术，提高经营管理的专业化、精细化水平，防范定价失误、准备金提取不足及资产负债不匹配等风险。

保险公司在制度制定、合同订立和管理、重大事项决策和处置、纠纷诉讼等方面，应当有法律职能部门和专业人员的提前介入和充分参与，防范法律风险。

第三十条 信息系统控制。保险公司应当建立信息系统管理制度，规范信息系统的统筹规划、设计开发、运行维护、安全管理、保密管理、灾难恢复管理等控制事项，提高业务和财务处理及办公的信息化水平，建立符合业务发展和管理需要的信息系统。

保险公司应当统筹规划信息系统的开发建设，整合公司的信息系统资源，形成不同业务单位、部门、人员广泛共享的信息平台。

保险公司应当对信息系统使用实行授权管理，及时更新和完善信息系统安全控制措施，加强保密管理和灾难恢复管理，提高信息系统运行的稳定性和安全性。

第三十一条 行政管理控制。保险公司应当分别制定相应制度，规范采购、招投标、品牌宣传、文件及印章管理、后勤保障等行政管理行为，提高行政管理效率，为公司高效运转提高有力支持。

保险公司应当明确采购及招投标的程序、条件和要求,规范采购行为,尽可能实现集中统一采购,降低采购成本,防范舞弊风险。

保险公司应当统筹规划、合理配置品牌宣传和商业广告资源,统一公司品牌标识、职场视觉形象、员工礼仪和服务规范等,整合、提升公司的品牌形象。

保险公司应当制定文件及印章管理制度,确保文件流转安全顺畅、保存完整,合理设置印章的种类,规范印章设计、刻制、领取、交接、保管、使用和销毁等控制事项,加强用印审批登记和档案管理。

第三十二条 分支机构控制。保险公司应当通过授权委托书或内部管理规定等方式,根据总公司的战略规划和管理能力,统一制定分支机构组织设置、职责权限和运营规则,建立健全分支机构管控制度,实现对分支机构的全面、动态、有效管控。

保险公司应当通过规范的授权方式,对不同层级分支机构的业务流程、财务和资金管理、人力资源管理、行政管理、内部控制建立统一、标准、明确的管理要求。保险公司可以根据不同分支机构的经营和管控能力,在有章可循和可调控的前提下,适度采取差异化的业务政策或控制权限,提高分支机构的业务发展能力。

保险公司应当通过信息技术手段和明确的报告要求,全面、实时、准确掌控分支机构经营管理信息,定期对分支机构的业务、财务和风险状况进行分析和监测,实现对分支机构经营管理的过程控制。

保险公司应当从业务、合规和风险等方面全面、科学设置分支机构考核目标,加强对分支机构及其高管人员的审计监督,严格执行公司问责制度,确保分支机构依法合规经营。

第四节 资金运用控制

第三十三条 资金运用控制的内容和基本要求。保险资金运用是保险公司经营活动中相对独立的组成部分,是内部控制的重点领域。资金运用控制包括资产战略配置、资产负债匹配、投资决策管理、投资交易管理和资产托管等活动的全过程控制。

保险公司应当以安全性、收益性、流动性为中心,按照集中、统一、专业、规范的要求,组织实施资金运用控制活动。

保险公司应当针对资金运用的不同环节,制定相应的管理制度,规范保险资金运用的决策和交易流程,防范资金运用中的市场风险、信用风险、流动性风险和操作风险及其他风险。

保险公司委托资产管理公司或其他机构运用保险资金的，应当确保其内部控制措施满足保险公司的内控要求。

第三十四条 资产战略配置控制。保险公司应当在法律法规要求的投资品种和比例范围内，根据经营战略和整体发展规划，在资本金和偿付能力约束下，制定中长期资产战略配置计划，明确投资限制和业绩基准，努力实现长期投资目标，有效控制资产配置战略风险。

第三十五条 资产负债匹配控制。保险公司应当以偿付能力和保险产品负债特性为基础，加强成本收益管理、期限管理和风险预算，确定保险资金运用风险限额，科学评估资产错配风险。

保险公司资金运用部门应当加强与公司产品开发、精算、财务和风险管理等职能部门的沟通，提高资产负债匹配管理的有效性。

第三十六条 投资决策控制。保险公司应当制定清晰的投资决策流程，明确权限分配，建立相对集中、分级管理、权责统一的投资决策授权制度，确定授权的标准、方式、时效和程序。

保险公司重要投资决策应当有充分依据和书面记录，重要投资决策应当事先进行充分研究并形成研究报告。保险公司应当规定研究工作的流程、决策信息的采集范围、报告的标准格式等，并采用先进的研究方法和科学的评价方式，确保研究报告独立、客观、准确。

第三十七条 交易行为控制。保险公司应当建立独立的投资交易执行部门或岗位，实行集中交易。对于非交易所内交易的，保险公司应当通过岗位分离等其他监控措施，有效监控交易过程中的询价、谈判等关键行为，防范操作风险。

保险公司应当建立完善的交易记录制度，完整准确记录交易过程和交易结果，定期进行核对并做好归档管理，其中对交易所内进行的交易应当每日核对。

保险公司在交易管理过程中，应当严格执行公平交易制度，确保不同性质和来源的资金利益得到公平对待。

第三十八条 资产托管控制。保险公司应当实行投资资产第三方托管和监督。

保险公司应当建立投资资产第三方托管制度，规范托管方甄选、合同订立和信息交换等控制事项。保险公司应当对托管机构的信用状况及资金清算、账户管理和风险控制等方面的能力素质进行严格考核和持续跟踪，确保托管机构资质符合监管要求及自身管理需要。

第三章　内部控制的组织实施与监控

第三十九条　内部控制的组织架构。保险公司应当建立由董事会负最终责任、管理层直接领导、内控职能部门统筹协调、内部审计部门检查监督、业务单位负首要责任的分工明确、路线清晰、相互协作、高效执行的内部控制组织体系。

第四十条　董事会的职责。保险公司董事会要对公司内控的健全性、合理性和有效性进行定期研究和评价。公司内部控制组织架构设置、主要内控政策、重大风险事件处置应当提交董事会讨论和审议。

董事会具体承担内部控制管理职责的专业委员会，应当有熟悉公司业务和管理流程、对内部控制具备足够专业知识和经验的专家成员，为董事会决策提供专业意见和建议。

第四十一条　监事会的职责。保险公司监事会负责监督董事会、管理层履行内部控制职责，对其疏于履行内部控制职能的行为进行质询。对董事及高管人员违反内部控制要求的行为，应当予以纠正并根据规定的程序实施问责。

监事会应当有具备履行职责所需专业胜任能力的成员。

第四十二条　管理层的职责。保险公司管理层应当根据董事会的决定，建立健全公司内部组织架构，完善内部控制制度，组织领导内部控制体系的日常运行，为内部控制提供必要的人力、财力、物力保证，确保内部控制措施得到有效执行。

保险公司应当明确合规负责人或董事会指定的管理层成员具体负责内部控制的统筹领导工作。

第四十三条　内控职能部门的职责。保险公司内控管理职能部门负责对保险公司内部控制的事前、事中的统筹规划，组织推动、实时监控和定期排查。

保险公司可以指定合规管理部门或风险管理部门作为内控管理职能部门，或者对现有管理资源进行整合，建立统一的内部控制、合规管理及风险管理职能力量。

第四十四条　业务单位的职责。保险公司直接负责经营管理、承担内部控制直接责任的业务单位、部门和人员，应当参与制定并严格执行内部控制制度，按照规定的流程和方式进行操作。同时对内部控制缺陷和经营管理中发生的风险问题，应当按照规定时间和路线进行报告，直至问题得到整改处理。

第四十五条 内部审计的职责。保险公司内部审计部门对内部控制履行事后检查监督职能。内部审计部门应当定期对公司内部控制的健全性、合理性和有效性进行审计,审计范围应覆盖公司所有主要风险点。审计结果应按照规定的时间和路线进行报告,并向同级内控管理职能部门反馈,确保内控缺陷及时彻底整改。

保险公司内部审计部门应当与内控管理职能部门分离。

第四十六条 内部控制问责。保险公司应当建立内控问责制度,根据内控违规行为的情节严重程度、损失大小和主客观因素等,明确划分责任等级,规定具体的处理措施和程序。

保险公司对已经发生的内控违规行为,应当严格执行内控问责制度,追究当事人责任。因内控程序设计缺陷导致风险事故发生的,要同时追究内控职能部门的责任。上级管理人员对内控违规行为姑息纵容或分管范围内同类内控事件频繁发生的,要承担管理责任。

第四十七条 透明度和反舞弊机制。保险公司应当加强透明度和反舞弊机制建设,防止责任主体隐瞒违规行为造成损失扩大或内控缺陷得不到及时整改,防范通过隐秘手法谋取不正当利益的故意违规行为。

保险公司应当通过专门措施加强内外部经营管理信息的收集和分析,并通过网络平台、内部刊物、定期沟通和会议交流等方式实现信息广泛共享。凡是不涉及商业秘密、知识产权和个人隐私的信息,都可以在企业内部公开。

保险公司应当建立举报投诉机制,设置便于举报投诉的途径,明确举报投诉的处理原则和程序并让所有员工知晓,保护举报投诉人的合法权益。

保险公司应当根据相关法律法规的要求对外披露内部控制信息,自觉接受社会公众的监督。

第四十八条 对外包业务的控制。保险公司将部分业务环节或管理职能授权或承包给外部机构实施完成的,应当确保外包机构符合保险公司的内控要求,并对其外包业务的内控风险承担责任。

外包业务的内控管理工作应当接受监管机构的监管。

第四章 内部控制的评价与监管

第四十九条 内控评价制度。保险公司应当制定内部控制评价制度，每年对内部控制体系的健全性、合理性和有效性进行综合评估，编制内部控制评估报告。

第五十条 内控评价制度的内容。保险公司内部控制评价制度应当包括实施内控评价的主体、时间、方式、程序、范围、频率、上报路线以及报告所揭示问题的处置和反馈等内容。

第五十一条 内控评价的实施主体和过程。保险公司内部控制评价应当由公司内部审计部门、内控管理职能部门和业务单位分工协作，配合完成。

保险公司应当将内部控制评价作为对公司经营管理风险点进行梳理排查和整改完善的持续性、系统性工作。

第五十二条 内控评估报告。保险公司实施完成内部控制评价工作以后，应当编制内部控制评估报告。保险公司可以根据本单位实际，指定内部审计部门或内控管理职能部门牵头负责评估报告的编制工作。

第五十三条 内控评估报告的内容。保险公司内部控制评估报告应当至少包括以下内容：

（一）本公司内部控制评价工作的基本情况，包括内部控制评价的程序、标准、方法和依据；

（二）本公司建立内部控制体系的工作情况，包括董事会、监事会和管理层在内部控制建设所做的具体工作；

（三）本公司内部控制的基本框架和主要政策；

（四）本公司内部控制存在的重大缺陷、面临的主要风险及其影响；

（五）本公司上一年度发生的违规行为和风险事件及其处理结果；

（六）对内控缺陷及主要风险拟采取的改进措施和风险应对方案；

（七）对本公司内部控制健全性、合理性、有效性的评价结果，并根据监管部门的评价标准，得出自评得分及等级。

第五十四条 评价结果分类。保险公司内控评价结果分以下四类：

（一）合格。合格是指保险公司内部控制基本健全、合理、有效；

（二）一般缺陷。一般缺陷是指保险公司内部控制设计基本合理，基本覆盖重要业务环节和高风险领域，但无法保证有效执行，存在运行缺陷；

（三）重大缺陷。重大缺陷是指保险公司内部控制未能完全覆盖重要业务环节和高风险领域，且无法保证有效执行，同时存在设计缺陷和运行缺陷；

（四）实质性漏洞。实质性漏洞是指保险公司因内部控制设计或运行的严重缺陷,导致公司发生重大风险事件或重大舞弊行为,造成公司财务或声誉损失,严重影响经营目标实现。

第五十五条 内部控制报告的审议和报备。保险公司内部控制评估报告应当提交董事会审议。审议通过后的内部控制评估报告,应当于每年四月三十日前以书面和电子文本方式同时报送中国保监会。

上报中国保监会的内控评估报告应当附董事会声明,声明内容包括:董事会对建立健全和有效实施内部控制履行了指导和监督职责。董事会及其全体成员对报告内容的真实性、准确性和完整性承担个别及连带责任。

保险公司不报、漏报、瞒报或提供虚假的内控评估报告的,依据《保险法》第一百七十一至一百七十三条及其他相关规定予以处罚。

第五十六条 内控评估报告的鉴证和披露。中国保监会可以根据监管需要,要求保险公司在内控评估报告报送前,取得外部审计机构的鉴证结论。

保险公司应当根据信息披露的相关规定,披露内控评估报告的全部或部分内容。

第五十七条 抽查和监管评价。中国保监会可以根据监管需要,对保险公司内部控制情况进行检查。检查方式包括对部分内控环节或业务单位进行抽查以及组织进行全面评价两种。

中国保监会采取全面评价方式,可以委托独立的中介机构进行,保险公司应当配合并承担相应费用。

中国保监会派出机构负责对辖区内保险公司分支机构内部控制进行检查。

第五十八条 检查结果处置。中国保监会对经检查发现内部控制存在重大缺陷及实质性漏洞的保险公司,应当下发监管意见函,要求公司限期整改并反馈。

对内控违规行为和风险事件负有直接责任和管理责任的当事人,应当按照监管规定予以处罚。公司内控存在严重问题,董事会、监事会及管理层成员负有责任的,应当追究其责任。

第五章　附　　则

第五十九条 本准则适用于在中华人民共和国境内成立的保险公司。保险集团公司、再保险公司和保险资产管理公司的内部控制,参照本准则执行。

第六十条 中国保监会依据本准则的规定制定控制活动的应用规范。

本准则自 2011 年 1 月 1 日起施行。中国保监会现行规定与本准则不一致的,依照本准则执行。中国保监会 1999 年 8 月 5 日发布的《保险公司内部控制制度建设指导原则》(保监发〔1999〕131 号)同时废止。

关于境外人民币清算行等三类机构运用人民币投资银行间债券市场试点有关事宜的通知

（2010年8月16日　银发〔2010〕217号）

中国人民银行上海总部，各分行、营业管理部，各省会（首府）城市中心支行、副省级城市中心支行；中国银行间市场交易商协会；全国银行间同业拆借中心、银行间市场清算所股份有限公司、中央国债登记结算有限责任公司：

为了配合跨境贸易人民币结算试点，拓宽人民币回流渠道，根据《中华人民共和国中国人民银行法》等有关法律法规，现就境外人民币清算行等三类机构运用人民币投资银行间债券市场试点有关事宜通知如下：

一、本通知所称境外人民币清算行等三类机构（以下简称境外机构）是指境外中央银行或货币当局（以下简称境外央行），香港、澳门地区人民币业务清算行（以下简称港澳人民币清算行），跨境贸易人民币结算境外参加银行（以下简称境外参加银行）。

参加跨境服务贸易试点的其他境外金融机构运用人民币投资银行间债券市场，适用本通知有关规定。

二、境外机构投资银行间债券市场的人民币资金应当为其依照有关规定开展央行货币合作、跨境贸易和投资人民币业务获得的人民币资金。

三、境外央行进入银行间债券市场应当向中国人民银行递交书面申请，并提交下列材料：

（一）本机构基本情况说明；

（二）人民币资金来源及规模说明；

（三）拟投资额度及计划书；

（四）债券投资相关负责人员基本情况表；

（五）中国人民银行要求的其他材料。

四、港澳人民币清算行和境外参加银行进入银行间债券市场应当向中国人民银行递交书面申请，并提交下列材料：

（一）上述（一）至（五）项列明的有关材料；

（二）与境内代理银行签署的人民币代理结算协议（如有）；

（三）所在国家或地区的登记注册文件或本国（地区）监管机构批准成立的证明；

（四）法定代表人或指定签字人的有效身份证件（复印件）；

（五）最近三年是否受到监管机构重大处罚的说明；

（六）最近三年经审计的财务报表。

五、经中国人民银行同意后，境外机构可在核准的额度内在银行间债券市场从事债券投资业务，具体方式为：

（一）境外央行和港澳人民币清算行可委托具备国际结算业务能力的银行间债券市场结算代理人进行债券交易和结算；也可直接向中央国债登记结算有限责任公司申请开立债券账户，向全国银行间同业拆借中心申请办理债券交易联网手续；

（二）境外参加银行应当委托具备国际结算业务能力的银行间债券市场结算代理人进行债券交易和结算。

六、境外机构应当按照《人民币银行结算账户管理办法》（中国人民银行令〔2003〕第5号）等相关账户管理规定，在境内银行开立人民币特殊账户，纳入人民币专用存款账户管理，专门用于债券交易的资金结算。每家境外机构只能开立一个人民币特殊账户，其开立人民币特殊账户应当出具中国人民银行的批复文件，无需出具基本存款账户开户许可证，并由开户银行报中国人民银行当地分支机构核准。

开户银行应当按照规定履行相关外债统计监测的义务，及时、准确地向中国人民银行和国家外汇管理局报送境外机构资金汇出入等情况的报表。

七、境外机构不得与其母公司或同一母公司下的其他子公司（分支机构）等关联企业进行债券交易。

八、境外机构在银行间债券市场从事债券投资业务，应当遵守中国法律法规和银行间债券市场有关规定，并接受中国银行间市场交易商协会的自律管理。

九、受托为境外机构代理债券交易和结算的结算代理人应当根据相关规定向中国人民银行上海总部备案。

十、全国银行间同业拆借中心和中央国债登记结算有限责任公司应当做好对境外机构在银行间债券市场交易结算行为的一线监测工作，将有关情况按季上报中国人民银行，并抄送中国银行间市场交易商协会，发现异常情况应当及时报告。

十一、中国银行间市场交易商协会应当做好对境外机构在银行间债券市场的交易结算等行为的自律管理工作。

十二、全国银行间同业拆借中心、中央国债登记结算有限责任公司应当根据本通知分别制订相关操作细则,报中国人民银行备案同意后实施。

十三、境外机构依照本通知办理进入银行间债券市场有关事宜应当使用中文,中文文本与外文文本不一致的,以中文文本为准。

十四、本通知自发布之日起施行。

请中国人民银行上海总部、各分行、营业管理部,各省会(首府)城市中心支行将本通知转发至辖区内具有债券结算代理业务资格的金融机构。

信托公司净资本管理办法

（2010年8月24日　银监会令2010年第5号）

第一章　总　　则

第 一 条　为加强对信托公司的风险监管，促进信托公司安全、稳健发展，根据《中华人民共和国银行业监督管理法》、《中华人民共和国信托法》等有关法律法规，制定本办法。

第 二 条　本办法适用于在中华人民共和国境内依法设立的信托公司。

第 三 条　本办法所称净资本，是指根据信托公司的业务范围和公司资产结构的特点，在净资产的基础上对各固有资产项目、表外项目和其他有关业务进行风险调整后得出的综合性风险控制指标。对信托公司实施净资本管理的目的，是确保信托公司固有资产充足并保持必要的流动性，以满足抵御各项业务不可预期损失的需要。

本办法所称风险资本，是指信托公司按照一定标准计算并配置给某项业务用于应对潜在风险的资本。

第 四 条　信托公司应当按照本办法的规定计算净资本和风险资本。

第 五 条　信托公司应当根据自身资产结构和业务开展情况，建立动态的净资本管理机制，确保净资本等各项风险控制指标符合规定标准。

第 六 条　中国银行业监督管理委员会可以根据市场发展情况和审慎监管原则，对信托公司净资本计算标准及最低要求、风险控制指标、风险资本计算标准等进行调整。

对于本办法未规定的新产品、新业务，信托公司在设计该产品或开展该业务前，应当按照规定事前向中国银行业监督管理委员会报告。中国银行业监督管理委员会根据信托公司新产品、新业务的特点和风险状况，审慎确定相应的比例和计算标准。

第 七 条　中国银行业监督管理委员会按照本办法对信托公司净资

本管理及相关风险控制指标状况进行监督检查。

第二章　净资本计算

第 八 条　净资本计算公式为:净资本 = 净资产 - 各类资产的风险扣除项 - 或有负债的风险扣除项 - 中国银行业监督管理委员会认定的其他风险扣除项。

第 九 条　信托公司应当在充分计提各类资产减值准备的基础上,按照中国银行业监督管理委员会规定的信托公司净资本计算标准计算净资本。

第 十 条　信托公司应当根据不同资产的特点和风险状况,按照中国银行业监督管理委员会规定的系数对资产项目进行风险调整。信托公司计算净资本时,应当将不同科目中核算的同类资产合并计算,按照资产的属性统一进行风险调整。

(一)金融产品投资应当根据金融产品的类别和流动性特点按照规定的系数进行调整。信托公司以固有资金投资集合资金信托计划或其他理财产品的,应当根据承担的风险相应进行风险调整;

(二)股权投资应当根据股权的类别和流动性特点按照规定的系数进行风险调整;

(三)贷款等债权类资产应当根据到期日的长短和可回收情况按照规定的系数进行风险调整。

资产的分类中同时符合两个或两个以上分类标准的,应当采用最高的扣除比例进行调整。

第十一条　对于或有事项,信托公司在计算净资本时应当根据出现损失的可能性按照规定的系数进行风险调整。

信托公司应当对期末或有事项的性质(如未决诉讼、未决仲裁、对外担保等)、涉及金额、形成原因和进展情况、可能发生的损失和预计损失的会计处理情况等在净资本计算表的附注中予以充分披露。

第三章　风险资本计算

第十二条　由于信托公司开展的各项业务存在一定风险并可能导致资本损失,所以应当按照各项业务规模的一定比例计算风险资本并与净资本建立对应关系,确保各项业务的风险资本有相应的净资本来支撑。

第十三条　信托公司开展固有业务、信托业务和其他业务,应当计算风险资本。

风险资本计算公式为:风险资本 = 固有业务风险资本 + 信托业务风险资本 + 其他业务风险资本

固有业务风险资本 = 固有业务各项资产净值 × 风险系数

信托业务风险资本 = 信托业务各项资产余额 × 风险系数

其他业务风险资本 = 其他各项业务余额 × 风险系数

各项业务的风险系数由中国银行业监督管理委员会另行发布。

第十四条 信托公司应当按照有关业务的规模和规定的风险系数计算各项业务风险资本。

第四章 风险控制指标

第十五条 信托公司净资本不得低于人民币 2 亿元。

第十六条 信托公司应当持续符合下列风险控制指标:

(一)净资本不得低于各项风险资本之和的 100%;

(二)净资本不得低于净资产的 40%。

第十七条 信托公司可以根据自身实际情况,在不低于中国银行业监督管理委员会规定标准的基础上,确定相应的风险控制指标要求。

第五章 监 督 检 查

第十八条 信托公司董事会承担本公司净资本管理的最终责任,负责确定净资本管理目标,审定风险承受能力,制定并监督实施净资本管理规划。

第十九条 信托公司高级管理人员负责净资本管理的实施工作,包括制定本公司净资本管理的规章制度,完善风险识别、计量和报告程序,定期评估净资本充足水平,并建立相应的净资本管理机制。

第二十条 信托公司应当编制净资本计算表、风险资本计算表和风险控制指标监管报表。

中国银行业监督管理委员会可以根据监管需要,要求信托公司以合并数据为基础编制净资本计算表、风险资本计算表和风险控制指标监管报表。

第二十一条 信托公司应当在每季度结束之日起 18 个工作日内,向中国银行业监督管理委员会报送季度净资本计算表、风险资本计算表和风险控制指标监管报表。如遇影响净资本等风险控制指标的特别重大事项,应当及时向中国银行业监督管理委员会报告。

第二十二条 信托公司总经理应当至少每年将净资本管理情况向董事会书面报告一次。

第二十三条 信托公司董事长、总经理应当对公司年度净资本计算表、风险资本计算表和风险控制指标监管报表签署确认意见,并保证报表真实、准确、完整,不存在虚假记载、误导性陈述和重大遗漏。

第二十四条 信托公司应当在年度报告中披露净资本、风险资本以及风险控制指标等情况。

第二十五条 信托公司净资本等相关风险控制指标与上季度相比变化超过30%或不符合规定标准的,应当在该情形发生之日起5个工作日内,向中国银行业监督管理委员会书面报告。

第二十六条 信托公司净资本等相关风险控制指标不符合规定标准的,中国银行业监督管理委员会可以视情况采取下列措施:

(一)要求信托公司制定切实可行的整改计划、方案,明确整改期限;

(二)要求信托公司采取措施调整业务和资产结构或补充资本,提高净资本水平;

(三)限制信托公司信托业务增长速度;

第二十七条 对未按要求完成整改的信托公司,中国银行业监督管理委员会可以进一步采取下列措施:

(一)限制分配红利;

(二)限制信托公司开办新业务;

(三)责令暂停部分或全部业务。

第二十八条 对信托公司净资本等风险控制指标继续恶化,严重危及该信托公司稳健运行的,除采取第二十七条规定的相关措施外,中国银行业监督管理委员会还可以采取下列措施:

(一)责令调整董事、监事及高级管理人员;

(二)责令控股股东转让股权或限制有关股东行使股东权利;

(三)责令停业整顿;

(四)依法对信托公司实行接管或督促机构重组,直至予以撤销。

第六章 附 则

第二十九条 本办法由中国银行业监督管理委员会负责解释。

第三十条 本办法自公布之日起施行。

关于保险保障基金有关税收问题的通知

（2010 年 9 月 6 日　财税〔2010〕77 号）

各省、自治区、直辖市、计划单列市财政厅（局）、国家税务局、地方税务局，新疆生产建设兵团财务局：

经国务院批准，现对保险保障基金有关税收政策问题通知如下：

一、对中国保险保障基金有限责任公司（以下简称保险保障基金公司）根据《保险保障基金管理办法》（以下简称《管理办法》）取得的下列收入，免征企业所得税：

1. 境内保险公司依法缴纳的保险保障基金；

2. 依法从撤销或破产保险公司清算财产中获得的受偿收入和向有关责任方追偿所得，以及依法从保险公司风险处置中获得的财产转让所得；

3. 捐赠所得；

4. 银行存款利息收入；

5. 购买政府债券、中央银行、中央企业和中央级金融机构发行债券的利息收入；

6. 国务院批准的其他资金运用取得的收入。

二、对保险保障基金公司根据《管理办法》取得的下列收入，免征营业税：

1. 境内保险公司依法缴纳的保险保障基金；

2. 依法从撤销或破产保险公司清算财产中获得的受偿收入和向有关责任方追偿所得。

三、对保险保障基金公司下列应税凭证，免征印花税：

1. 新设立的资金账簿；

2. 对保险公司风险处置和在破产救助过程中签订的产权转移书据；

3. 在风险处置过程中与中国人民银行签订的再贷款合同；

4. 以保险保障基金自有财产和接收的受偿资产与保险公司签订的

财产保险合同；

5. 对与保险保障基金公司签订上述应税合同或产权转移书据的其他当事人照章征收印花税。

四、本通知自2009年1月1日起至2011年12月31日止执行。对保险保障基金公司在2009年1月1日至文到之日已缴纳的应予免征的营业税，从以后应缴纳的营业税税款中抵减。

财政部　国家税务总局

二〇一〇年九月六日

融资性担保公司董事、监事、高级管理人员任职资格管理暂行办法

（2010 年 9 月 27 日　银监会令 2010 年第 6 号）

第一章　总　　则

第 一 条　为加强对融资性担保公司董事、监事、高级管理人员的任职资格管理，促进融资性担保行业合法、稳健运行，根据《中华人民共和国公司法》、《融资性担保公司管理暂行办法》等有关规定，制定本办法。

第 二 条　本办法所称董事是指融资性担保公司的董事长、副董事长、独立董事和其他董事会成员。

本办法所称监事是指融资性担保公司的监事长、副监事长和其他监事会成员。

本办法所称高级管理人员是指融资性担保公司的总经理、副总经理、首席风险官、首席合规官、财务负责人以及其他对公司经营管理具有决策权或者对公司风险控制起重要作用的人员。

未担任前三款所列职务或虽称谓不同，但实际履行董事、监事、高级管理人员职责的人员，应当纳入本办法的任职资格管理。

融资性担保公司分支机构总经理的任职资格管理适用本办法关于高级管理人员的有关规定。

第 三 条　担任融资性担保公司董事、监事、高级管理人员，应当报经监管部门核准任职资格。

第 四 条　本办法所称监管部门是指省、自治区、直辖市人民政府确定的负责监督管理本辖区融资性担保公司的部门。

第二章　董事、监事、高级管理人员任职资格条件

第 五 条　融资性担保公司董事、监事、高级管理人员应当具备以下

条件：

（一）具有完全民事行为能力；

（二）遵纪守法，诚实守信，勤勉尽职，具有良好的职业操守、品行和声誉；

（三）熟悉经济、金融、担保的法律法规，具有良好的合规意识和审慎经营意识；

（四）具备与拟任职务相适应的知识、经验和能力。

第六条 下列人员不得担任融资性担保公司董事、监事、高级管理人员：

（一）有故意或重大过失犯罪记录的；

（二）因违反职业操守或者工作严重失职给所任职的机构造成重大损失或者恶劣影响的；

（三）最近五年担任因违法经营而被撤销、接管、合并、宣告破产或者吊销营业执照的机构的董事、监事、高级管理人员，并负有个人责任的；

（四）曾在履行工作职责时有提供虚假信息等违反诚信原则行为，或指使、参与所任职机构对抗依法监管或案件查处，情节严重的；

（五）被取消董事、监事、高级管理人员任职资格或禁止从事担保或金融行业工作的年限未满的；

（六）提交虚假申请材料或明知不具备本办法规定的任职资格条件，采用欺骗、贿赂等不正当手段获得任职资格核准的；

（七）个人或配偶有数额较大的到期未偿还债务的；

（八）法律、法规规定的其他情形。

第七条 独立董事拟任人除符合本办法第五条、第六条规定外，还应当是法律、经济、金融、财会或担保方面的专业人士，并不得与拟任职的融资性担保公司存在利益冲突。

第八条 融资性担保公司高级管理人员应从事担保或金融工作三年以上，或从事相关行业工作五年以上。

融资性担保公司高级管理人员应当了解所任职务的职责，熟悉任职公司的管理框架、盈利模式，熟知任职公司的内控制度，具备与所任职务相适应的风险管理能力。

融资性担保公司高级管理人员不得在其他经济组织兼职，经监管部门同意的除外。

第三章　董事、监事、高级管理人员任职资格的管理

第 九 条　融资性担保公司申请核准董事、监事、高级管理人员任职资格，应当将下列申请材料报送监管部门：

（一）申请人授权签字人签署并加盖公章的致监管部门的申请书。申请书应当说明拟任人拟任的职务、职责、权限，以及该职务在公司组织结构中的位置。

（二）拟任人身份证明、学历证明的复印件，拟任人简历和未来履职计划。

（三）由拟任人签署的陈述书和任职之后将守法尽责的承诺书。陈述书应当包括拟任人无犯罪或其他不良行为记录，拟任人或其配偶无数额较大的到期未偿还债务，拟任人与拟担任职务不存在利益冲突等内容。

（四）法律、行政法规或公司章程规定任命董事、监事、高级管理人员应召开股东（大）会或董事会会议的，应当报送相应的会议决议。

（五）监管部门要求的其他材料。

第 十 条　监管部门可以约见董事、监事、高级管理人员拟任人进行任职前谈话或考试，对拟任人的资格进行审查。

第十一条　融资性担保公司或其分支机构新设立时，董事、监事、高级管理人员任职资格核准申请可以与该机构设立申请一并受理、审查并决定。

第十二条　跨省、自治区、直辖市的融资性担保公司分支机构总经理的任职资格，由分支机构所在地监管部门负责核准，并由总公司向其住所地监管部门备案。

第十三条　融资性担保公司的董事、监事、高级管理人员拟任人在监管部门核准其任职资格前不得履职。

第四章　附　　则

第十四条　公司制以外的融资性担保机构中实际履行董事、监事和高级管理人员职责的人员的任职资格管理参照本办法执行。

第十五条　省、自治区、直辖市融资性担保机构监管部门可以根据本办法的规定，制定实施细则。

第十六条 本办法颁布前已担任融资性担保公司董事、监事、高级管理人员的，应当向监管部门重新确认其任职资格。不具备本办法规定的资格条件但具备实际履职能力的，经监管部门考核认定后可以取得任职资格，具体认定办法由各省、自治区、直辖市融资性担保机构监管部门制定。

第十七条 本办法自公布之日起施行。

关于技术先进型服务企业有关企业所得税政策问题的通知

（2010年11月5日　财政部、国家税务总局、商务部、科技部、国家发展改革委　财税〔2010〕65号）

北京、天津、大连、黑龙江、上海、江苏、浙江、安徽、厦门、江西、山东、湖北、湖南、广东、深圳、重庆、四川、陕西省（直辖市、计划单列市）财政厅（局）、国家税务局、地方税务局、商务主管部门、科技厅（委、局）、发展改革委：

根据国务院有关文件精神，现就技术先进型服务企业有关企业所得税政策问题通知如下：

一、自2010年7月1日起至2013年12月31日止，在北京、天津、上海、重庆、大连、深圳、广州、武汉、哈尔滨、成都、南京、西安、济南、杭州、合肥、南昌、长沙、大庆、苏州、无锡、厦门等21个中国服务外包示范城市（以下简称示范城市）实行以下企业所得税优惠政策：

1. 对经认定的技术先进型服务企业，减按15%的税率征收企业所得税；

2. 经认定的技术先进型服务企业发生的职工教育经费支出，不超过工资薪金总额8%的部分，准予在计算应纳税所得额时扣除；超过部分，准予在以后纳税年度结转扣除。

二、享受本通知第一条规定的企业所得税优惠政策的技术先进型服务企业必须同时符合以下条件：

1. 从事《技术先进型服务业务认定范围（试行）》（详见附件）中的一种或多种技术先进型服务业务，采用先进技术或具备较强的研发能力；

2. 企业的注册地及生产经营地在示范城市（含所辖区、县、县级市等全部行政区划）内；

3. 企业具有法人资格，近两年在进出口业务管理、财务管理、税收管理、外汇管理、海关管理等方面无违法行为；

4. 具有大专以上学历的员工占企业职工总数的50%以上；

5. 从事《技术先进型服务业务认定范围（试行）》中的技术先进型服

务业务取得的收入占企业当年总收入的50%以上；

6. 从事离岸服务外包业务取得的收入不低于企业当年总收入的50%。

从事离岸服务外包业务取得的收入，是指企业根据境外单位与其签订的委托合同，由本企业或其直接转包的企业为境外单位提供《技术先进型服务业务认定范围（试行）》中所规定的信息技术外包服务（ITO）、技术性业务流程外包服务（BPO）和技术性知识流程外包服务（KPO），而从上述境外单位取得的收入。

三、技术先进型服务企业的认定管理

1. 示范城市人民政府科技部门会同本级商务、财政、税务和发展改革部门根据本通知规定制定具体管理办法，并报科技部、商务部、财政部、国家税务总局和国家发展改革委及所在省（直辖市、计划单列市）科技、商务、财政、税务和发展改革部门备案。

示范城市所在省（直辖市、计划单列市）科技部门会同本级商务、财政、税务和发展改革部门负责指导所辖示范城市的技术先进型服务企业认定管理工作；

2. 符合条件的技术先进型服务企业应向所在示范城市人民政府科技部门提出申请，由示范城市人民政府科技部门会同本级商务、财政、税务和发展改革部门联合评审并发文认定。认定企业名单应及时报科技部、商务部、财政部、国家税务总局和国家发展改革委及所在省（直辖市、计划单列市）科技、商务、财政、税务和发展改革部门备案；

3. 经认定的技术先进型服务企业，持相关认定文件向当地主管税务机关办理享受本通知第一条规定的企业所得税优惠政策事宜。享受企业所得税优惠的技术先进型服务企业条件发生变化的，应当自发生变化之日起15日内向主管税务机关报告；不再符合享受税收优惠条件的，应当依法履行纳税义务。主管税务机关在执行税收优惠政策过程中，发现企业不具备技术先进型服务企业资格的，应暂停企业享受税收优惠，并提请认定机构复核；

4. 示范城市人民政府科技、商务、财政、税务和发展改革部门及所在省（直辖市、计划单列市）科技、商务、财政、税务和发展改革部门对经认定并享受税收优惠政策的技术先进型服务企业应做好跟踪管理，对变更经营范围、合并、分立、转业、迁移的企业，如不符合认定条件的，应及时取消其享受税收优惠政策的资格。

四、示范城市人民政府财政、税务、商务、科技和发展改革部门要认真贯彻落实本通知的各项规定，切实搞好沟通与协作。在政策实施过程中发现的问题，要及时逐级反映上报财政部、国家税务总局、商务部、科技部和国家发展改革委。

五、《财政部　国家税务总局　商务部　科技部　国家发展改革委关于技术先进型服务企业有关税收政策问题的通知》（财税〔2009〕63号）自2010年7月1日起废止。

附件：技术先进型服务业务认定范围（试行）（略）

关于金融企业
贷款利息收入确认问题的公告

（2010 年 11 月 5 日　税务总局公告 2010 年第 23 号）

根据《中华人民共和国企业所得税法》及其实施条例的规定，现对金融企业贷款利息收入所得税处理问题公告如下：

一、金融企业按规定发放的贷款，属于未逾期贷款（含展期，下同），应根据先收利息后收本金的原则，按贷款合同确认的利率和结算利息的期限计算利息，并于债务人应付利息的日期确认收入的实现；属于逾期贷款，其逾期后发生的应收利息，应于实际收到的日期，或者虽未实际收到，但会计上确认为利息收入的日期，确认收入的实现。

二、金融企业已确认为利息收入的应收利息，逾期 90 天仍未收回，且会计上已冲减了当期利息收入的，准予抵扣当期应纳税所得额。

三、金融企业已冲减了利息收入的应收未收利息，以后年度收回时，应计入当期应纳税所得额计算纳税。

四、本公告自发布之日起 30 日后施行。

特此公告。

关于上海期货交易所开展期货保税交割业务有关增值税问题的通知

（2010 年 12 月 2 日　财政部、税务总局　财税〔2010〕108 号）

各省、自治区、直辖市、计划单列市财政厅（局）、国家税务局：

根据《国务院关于推进上海加快发展现代服务业和先进制造业建设国际金融中心和国际航运中心的意见》（国发〔2009〕19 号）有关精神，上海期货交易所将试点开展期货保税交割业务。现将有关增值税问题通知如下：

一、期货保税交割是指以海关特殊监管区域或场所内处于保税监管状态的货物为期货实物交割标的物的期货实物交割。

二、上海期货交易所的会员和客户通过上海期货交易所交易的期货保税交割标的物，仍按保税货物暂免征收增值税。

期货保税交割的销售方，在向主管税务机关申报纳税时，应出具当期期货保税交割的书面说明及上海期货交易所交割单、保税仓单等资料。

三、非保税货物发生的期货实物交割仍按《国家税务总局关于下发〈货物期货征收增值税具体办法〉的通知》（国税发〔1994〕244 号）的规定执行。

四、本通知自 2010 年 12 月 1 日起执行。

关于印发《金融企业选聘会计师事务所招标管理办法(试行)》的通知

(2010年12月3日 财金〔2010〕169号)

各中央管理金融企业,中国投资有限责任公司,各省、自治区、直辖市、计划单列市财政厅(局),新疆生产建设兵团财务局,财政部驻各省、自治区、直辖市、计划单列市财政监察专员办事处:

为加强国有金融资产管理,规范国有及国有控股金融企业选聘会计师事务所行为,提高会计信息质量,促进注册会计师行业的公平竞争,保护金融企业和会计师事务所的合法权益,现将《金融企业选聘会计师事务所招标管理办法(试行)》印发给你们,请遵照执行。

各省、自治区、直辖市、计划单列市财政厅(局)及新疆生产建设兵团财务局请将本文转发地方国有及国有控股金融企业执行。

金融企业选聘会计师事务所招标管理办法(试行)

第一章 总 则

第一条 为加强国有金融资产管理,规范金融企业选聘会计师事务所行为,提高会计信息质量,促进注册会计师行业的公平竞争,保护金融企业和会计师事务所的合法权益,根据《中华人民共和国招标投标法》、《中华人民共和国注册会计师法》及相关法律法规,制定本办法。

第二条 在中华人民共和国境内依法设立的国有及国有控股金融企业、中国投资有限责任公司适用本办法,其他金融企业参照本办法执行。

第三条 本办法所称金融企业,指获得金融业务(包括证券、保险业务)许可证的政策性银行、邮政储蓄银行、国有商业银行、股份制商业银行、城市商业银行、农村商业银行、农村合作银行、信用社、新型农村金融机构、信托投资公司、金融租赁公司、金融资产管理公司、财务公司、保险公司、证券公司、期货公司、基金管理公司,以及金融控股公司、融资性担保公司、金融监管部门所属的从事相关金融业务的企业等。

第 四 条 本办法所称金融企业选聘会计师事务所是指金融企业根据相关法律法规要求,聘用会计师事务所对财务报告(包括中国会计准则财务报告和国际会计准则财务报告,下同)发表审计意见、出具审计报告的行为。

第 五 条 金融企业选聘会计师事务所,服务费用达到或超过 100 万元的,应采用公开招标或邀请招标的采购方式;服务费用不足 100 万元的,可采用公开招标、邀请招标或竞争性谈判等采购方式。

第 六 条 金融企业合并资产总额在 5000 亿元及以内或者控股企业户数在 50 户及以内的,其全部企业原则上聘用同一家会计师事务所实施审计;金融企业合并资产总额在 5000 亿元以上,并且控股企业户数在 50 户以上的,其全部企业最多可聘用不超过 5 家会计师事务所审计。对于聘用多家会计师事务所审计的,应确定其中一家为主审会计师事务所。主审会计师事务所承担的审计业务量一般不低于 50%,并且金融企业母公司报表及合并报表必须由主审会计师事务所审计。参与审计的会计师事务所对各自审计的内容承担审计责任,主审会计师事务所对金融企业母公司报表及合并报表承担审计责任。

第 七 条 金融企业选聘会计师事务所招标投标活动应当遵循公开、公平、公正和诚实信用的原则。

任何单位和个人不得违反法律、行政法规规定,限制或者排斥会计师事务所参加投标,不得以任何方式非法干涉招标投标活动。

会计师事务所通过投标承接和执行审计业务的,应当遵守审计准则和职业道德规范,严格按照业务约定书履行义务、完成中标项目。

第二章　会计师事务所资质要求

第 八 条 金融企业聘用的会计师事务所要具备以下基本资质:

(一)在中国境内依法注册成立 3 年及以上,由有限责任制转为特殊的普通合伙制或普通合伙制的会计师事务所,延续转制前的经营年限;

(二)具有固定的工作场所,组织机构健全,内部管理和控制制度较为完善并且执行有效;

（三）具有良好的执业质量记录，按时保质完成审计工作任务，在审计工作中没有出现重大审计质量问题和不良记录，具备承担相应审计风险的能力；

（四）具有良好的职业道德记录和社会声誉，认真执行有关财务审计的法律、法规和政策规定；

（五）能够保守被审计金融企业的商业秘密，维护国家金融信息安全；

（六）财政部规定的其他条件。

第 九 条 承担金融企业审计业务的会计师事务所，注册会计师人数、经营年限、业务规模等资质条件必须与金融企业规模相适应。具体要符合以下条件：

（一）金融企业合并资产规模在 5000 亿元以上的，受聘会计师事务所注册会计师人数不少于 200 人，近 3 年内有连续从事金融企业审计相关经验；

（二）金融企业合并资产规模达 10000 亿元以上的，受聘会计师事务所注册会计师不少于 400 人，近 3 年内有连续从事金融企业审计相关经验。受聘会计师事务所在承接该项审计业务后，单项业务收入占事务所当年总收入的比例原则上不得超过 40%。

第 十 条 会计师事务所存在下列情况之一的，不得从事金融企业审计业务：

（一）近 3 年内因违法违规行为被财政部、省级财政部门或其他相关部门给予没收违法所得、罚款、暂停执行部分或全部业务、吊销有关执业许可证和撤销会计师事务所等行政处罚；

（二）近 3 年内因审计质量等问题被国家相关主管部门给予警告或通报批评两次（含）以上；

（三）财政部、省级财政部门根据会计师事务所执业质量，明确其不适合承担金融企业审计工作。

第十一条 金融企业在境外上市，应当优先选择有利于保障国家经济信息安全的大型会计师事务所提供相关服务。金融企业在境外上市，根据相关要求聘用境外会计师事务所的，受聘会计师事务所应具备良好的职业道德记录和社会声誉，并在中国境内设立有相关成员机构。该境内相关成员机构符合本办法第八条、第九条和第十条的规定。

第十二条 金融企业在选聘会计师事务所过程中，应按本办法规定要求投标会计师事务所提供有关资质证明文件，充分运用财政部门和注册会计师协会公开的行业信息，对会计师事务所进行资格审查。

第三章　招标、投标、开标、评标规范

第十三条　金融企业通过招标选聘会计师事务所，招标方式分为公开招标和邀请招标。

（一）公开招标，指通过在公开媒体发布招标公告，邀请会计师事务所投标的选聘方式；

（二）邀请招标，指通过投标邀请书，邀请3家及以上会计师事务所投标的选聘方式。

第十四条　金融企业负责组织内部相关业务部门编制选聘会计师事务所招标文件。招标文件应当包括下列内容：

（一）招标项目介绍；

（二）对投标会计师事务所资质审查的标准；

（三）投标报价要求；

（四）评标标准；

（五）拟签订业务约定书的主要条款。

招标单位应当在招标文件中详细披露便于投标会计师事务所确定工作量、制定工作方案、提出合理报价、编制投标文件的招标项目信息，包括金融企业的组织架构、所处行业、业务类型、地域分布、财务信息（如资产规模及结构、负债水平、年业务收入水平、其他相关财务指标）等。

第十五条　会计师事务所根据招标公告的要求或投标邀请书中的规定进行投标。会计师事务所应按照规定的程序及相关要求，在规定时间内将投标文件报送招标人。未按招标公告及相关要求密封的投标文件、迟报的投标文件均为无效投标。

第十六条　会计师事务所在投标书中对以下方面作出明确的承诺和陈述：

（一）会计师事务所的营业执照和执业证书复印件；

（二）同意承担招标书规定的工作内容；

（三）审计工作方案及保证措施；

（四）会计师事务所近3年年检情况及奖惩情况；

（五）项目小组人员构成、项目负责人及主要成员简介及其相关资格证书的复印件；

（六）收取费用预算及支付方式（费用预算中人工费用、差旅费用、其

他费用等应分别列示)；

(七)未经金融企业有关监管部门和被审计金融企业书面同意，不将审计工作底稿及审计过程中获得的有关被审计单位的相关信息在审计团队以外流传，根据法律、法规、职业道德守则要求向有关监管部门提供信息或披露信息的除外；

(八)其他需要报送的材料和情况。

第十七条 在会计师事务所按规定投标后，金融企业应密封保存，并于评标时在监票人员的监督下统一开标。

第十八条 金融企业应当组建评标专家库。专家库成员应由招标金融企业的代表和熟悉金融业务或财务会计业务的外部专家组成。

金融企业应从专家库成员中抽取5人以上单数组成评标委员会负责评标，其中熟悉金融业务或财务会计业务的外部专家一般不应少于成员总数的1/3。

评标委员会名单在中标结果确定前应当保密。

第十九条 金融企业应当采取必要的措施，保证评标在严格保密的情况下进行。任何单位和个人不得非法干预、影响评标的过程和结果。

第二十条 评标委员会应当制定评标标准，并在评标之前予以公布。评标标准至少应当包括：

(一)投标事务所的资质条件；

(二)投标事务所的工作方案、人员配备、相关工作经验、职业道德记录和质量控制水平、商务响应程度；

(三)投标事务所的报价；

(四)其他评标委员会认为应评定的标准。

评标委员会可参照附表(评标标准及权重设计参考表)设计适用于招标金融企业的评标标准及权重表。

第二十一条 评标委员会应当按照公平、公正、择优的原则进行评标，认真对投标会计师事务所的投标文件和陈述进行审核，依据评标标准对投标会计师事务所进行评分，按照得分高低次序排出名次，并根据名次向金融企业推荐中标候选事务所，同时提供书面评标报告。

第四章 金融企业决策程序规范

第二十二条 金融企业应在评标委员会推荐的中标候选会计师事务所中确定一名中标会计师事务所。

在同等条件下，对于符合下列条件之一的会计师事务所应优先考虑：

（一）高级管理团队关系和谐、年富力强的；

（二）运用信息化手段实施质量控制和内部管理的；

（三）由有限责任制转为特殊的普通合伙制的；

（四）由财政部和中国证监会推荐从事 H 股企业审计业务的；

（五）具有较强的执业责任承担能力的。

第二十三条 股份制金融企业，由金融企业经营管理层或董事会专门委员会初步确定中标会计师事务所后，应按企业章程规定，履行董事会或股东会（股东大会）审议程序，决定聘用中标会计师事务所，并确定会计师事务所的报酬。

第二十四条 股份制金融企业，如董事会或股东会（股东大会）未审议通过聘用中标会计师事务所，金融企业经营管理层或董事会专门委员会应在评标委员会推荐的中标候选会计师事务所中另行确定一名中标会计师事务所，重新提请董事会或股东会（股东大会）审议。如中标候选会计师事务所均未获通过，金融企业应重新启动会计师事务所选聘程序。

第二十五条 金融企业履行内部决策程序决定聘用中标会计师事务所后，应向中标会计师事务所发出中标通知书，同时将中标结果通知所有未中标的投标会计师事务所。

第五章　会计师事务所中标有效期

第二十六条 会计师事务所一经中标，有效期限最长为 3 年。在中标有效期内，金融企业续聘同一会计师事务所的，可以不再招标，按公司治理程序续聘。

第二十七条 会计师事务所在中标有效期内，存在以下情况的，金融企业有权终止与会计师事务所的业务约定：

（一）会计师事务所未按业务约定将审计报告等服务成果提交金融企业的；

（二）会计师事务所出具的审计报告不符合审计工作要求，存在明显审计质量问题的；

（三）会计师事务所将服务分包或转包给其他机构的；

（四）会计师事务所与金融企业有关人员串通，虚假投标的；

（五）会计师事务所资质条件发生变化，不符合本办法第八条、第九条、第十条规定的；

（六）其他违反法律、法规和业务约定的行为。

第二十八条 金融企业解聘、不再续聘会计师事务所，会计师事务所辞聘，会计师事务所中标有效期满，或金融企业连续聘用同一会计师事务达到规定年限的，金融企业应根据本办法规定，重新履行会计师事务所招标程序。

第二十九条 金融企业连续聘用同一会计师事务所（包括该事务所的相关成员单位）原则上不超过 5 年。连续聘用会计师事务所的起始年限从该会计师事务所实际承担金融企业财务报告审计业务的当年开始计算。

截至 2010 年 12 月 31 日，如果金融企业连续聘用同一会计师事务所年限已经达到或超过 5 年的，最长可延缓 3 年更换，但连续聘用年限最长不得超过 10 年。

第三十条 签字注册会计师连续承担同一金融企业审计业务不超过 5 年。

第六章 管理与监督

第三十一条 经履行本办法规定程序，金融企业决定聘用中标会计师事务所后 15 个工作日内，应将选聘会计师事务所情况报同级财政部门备案。备案内容包括招标、投标、评标、中标情况，以及履行内部审议程序的情况等。

第三十二条 除金融企业连续聘用同一会计师事务达到规定年限的情况外，在中标有效期满前，金融企业解聘会计师事务所或会计师事务所辞聘的，金融企业应将有关情况报同级财政部门备案。备案内容包括金融企业解聘会计师事务所或会计师事务所辞聘的主要原因，金融企业对该会计师事务所执业质量和职业道德等情况的基本评价，会计师事务所的陈述意见，以及其他需要说明的情况。

第三十三条 各级财政部门负责对同级金融企业选聘会计师事务所的行为实施监督和管理，对相关违规行为及时予以制止和纠正，并依法进行处理。

第七章 附 则

第三十四条 金融企业聘用会计师事务所从事其他审计、审阅、鉴证、咨询等业务，以及聘用其他中介机构（包括评估机构、律师事务所、咨询公司等）参照本办法执行。

第三十五条 本办法由财政部负责解释。金融企业可以根据本办法制定本企业选聘会计师事务所管理实施细则，并报同级财政部门备案。

第三十六条 本办法自 2011 年 1 月 1 日起施行。

附表：

评标标准及其权重设计参考表

评审内容	权　重
工作方案	15%
人员配备	20%
报价	25%
相关工作经验	15%
职业道德记录和质量控制水平	10%
会计师事务所资质	10%
商务响应程度	5%

注：

1. 对于报价的评审，应当以报价与平均报价差异的绝对值作为评审标准，差异绝对值越小，所得分值越高。

2. 评标委员会可根据招标金融企业的特点及业务需求对评标表中及其权重予以适当调整，调整幅度在参考权重标准的 20% 以内。

关于印发《科技型中小企业创业投资引导基金股权投资收入收缴暂行办法》的通知

(2010年12月9日 财企〔2010〕361号)

各省、自治区、直辖市、计划单列市财政厅(局)、科技厅(委、局):

为规范科技型中小企业创业投资引导基金股权投资收入的收缴工作,我们制定了《科技型中小企业创业投资引导基金股权投资收入收缴暂行办法》,现印发给你们,请遵照执行。执行中有何问题,请及时向我们反映。

科技型中小企业创业投资引导基金股权投资收入收缴暂行办法

第一条 为规范科技型中小企业创业投资引导基金(以下简称引导基金)股权投资收入的收缴工作,根据《中华人民共和国预算法》、《财政部 科技部关于印发〈科技型中小企业创业投资引导基金管理暂行办法〉的通知》(财企〔2007〕128号)及有关财政管理制度,制定本办法。

第二条 本办法适用于引导基金通过阶段参股方式投资于创业投资企业,以及通过跟进投资方式投资于科技型中小企业所产生的各项收入的收缴管理工作。

第三条 引导基金股权投资收入包括:引导基金股权退出应收回的原始投资及应取得的收益;引导基金通过跟进投资方式投资,在持有股权期间应取得的收益;被投资企业清算时,引导基金应取得的剩余财产清偿收入。

第四条 引导基金股权投资收入上缴中央国库,纳入中央一般预算管理,列《政府收支分类科目》103类“非税收入”06款“国有资本经营收入”下一般预算收入相关科目。其中：

（一）引导基金股权退出应收回的原始投资及应取得的收益，列“产权转让收入”下“其他产权转让收入”（预算科目编码：103060399）；

（二）引导基金通过跟进投资方式投资，在持有股权期间应取得的收益，列“股利、股息收入”下“其他股利、股息收入”（预算科目编码：103060299）；

（三）被投资企业清算时，引导基金应取得的剩余财产清偿收入，列“其他国有资本经营收入”（预算科目编码：1030699）。

第 五 条 财政部是引导基金股权投资收入收缴管理职能部门，对引导基金股权投资收入收缴情况进行监督检查。

第 六 条 科技部负责对所属执收单位及引导基金股权投资收入收缴工作实施管理和监督。

第 七 条 科技部科技型中小企业技术创新基金管理中心（以下简称创新基金管理中心）作为执收单位，负责引导基金股权投资收入的收缴管理工作。

第 八 条 引导基金股权投资收入上缴金额分别依据以下内容确定：

（一）引导基金股权退出应收回的原始投资，按照财政部、科技部有关引导基金立项、拨款文件及引导基金投资企业收到中央财政引导基金拨款收入凭证等确定；

（二）引导基金股权退出应取得的收益，按照引导基金投资企业收到中央财政引导基金拨款收入凭证及引导基金股权转让协议等确定；

（三）引导基金通过跟进投资方式投资，在持有股权期间应取得的收益，按照引导基金投资企业经会计师事务所审计的会计报表、股东会利润分配决议等确定；

（四）引导基金取得的剩余财产清偿收入，根据有关法律程序确定。

第 九 条 引导基金股权投资收入按以下程序上缴：

（一）创新基金管理中心在监督检查引导基金项目实施情况的基础上，与引导基金投资企业、引导基金股权受让方（或受托管理单位）等商议股权投资退出、收益分配及清算等事宜，并对引导基金投资企业项目实施情况专项审计报告、受让引导基金股权申请以及确认收入所依据的相关资料等进行审核；

（二）创新基金管理中心根据商议及审核结果，提出引导基金股权退出及收入收缴实施方案报科技部、财政部审定；

（三）创新基金管理中心根据科技部、财政部审定意见，办理股权转让、收入收缴等手续，向有关缴款单位发送缴款通知。收取时，使用《非税收入一般缴款书》，并加强对引导基金股权投资收入上缴的监督管理，确保收入按照有关规定及时、足额上缴；

（四）引导基金有关缴款单位在收到缴款通知后的30个工作日内，直接将应缴的引导基金股权投资收入，缴入财政部为创新基金管理中心开设的中央财政汇缴专户。

第 十 条 创新基金管理中心定期向科技部和财政部报告引导基金股权投资收入上缴情况，财政部、科技部不定期组织开展对引导基金股权投资收入上缴情况进行检查。

第十一条 任何单位、个人不得隐瞒、滞留、截留、挤占、挪用引导基金股权投资收入，一经查实，除收回有关资金外，将按照《财政违法行为处罚处分条例》（国务院令第427号）的相关规定进行处理。

第十二条 本办法由财政部会同科技部负责解释。

第十三条 本办法自印发之日起施行。

商业银行董事履职评价办法

（2010年12月10日　银监会令2010年第7号）

第一章　总　　则

第 一 条　为了进一步完善商业银行公司治理机制，规范董事履职行为，保护商业银行、存款人和其他客户的合法权益，根据《中华人民共和国公司法》、《中华人民共和国银行业监督管理法》、《中华人民共和国商业银行法》等法律法规，制定本办法。

第 二 条　本办法所称董事履职评价是指商业银行依照法律法规和有关规定，对董事的履职情况进行评价的行为。

本办法所称董事是指经银行业监督管理机构核准任职资格的商业银行董事。

第 三 条　董事履职评价应当遵循依法合规、客观公正、科学有效的原则。

第 四 条　商业银行应当建立健全董事履职评价制度，按照规定开展评价工作。

第 五 条　商业银行监事会对董事履职评价工作负最终责任，银行业监督管理机构对商业银行董事履职评价工作进行监督。

第二章　评 价 内 容

第 六 条　董事对商业银行负有忠实义务和勤勉义务。董事应当按照相关法律、法规、规章及商业银行章程的要求，专业、高效地履行职责，维护商业银行利益，推动商业银行履行社会责任。

第 七 条　董事应当具备履职所必需的专业知识、工作经验和基本素质，具有良好的职业道德。

第 八 条　董事应当保守商业银行秘密，不得在履职过程中接受不正当利益，不得利用董事地位谋取私利，不得为股东利益损害商业银行利益。

第 九 条 董事应当如实告知商业银行本职、兼职情况，并保证所任职务与其在商业银行的任职不存在利益冲突。

董事不得在可能发生利益冲突的金融机构兼任董事。

第 十 条 董事应当按照相关监管规定，如实向董事会、监事会报告关联关系情况，并按照相关要求及时报告上述事项的变动情况。

董事个人直接或者间接与商业银行业务有关联关系时，应当及时告知关联关系的性质和程度，并按照相关规定履行回避义务。

第十一条 董事任职前应当书面签署尽职承诺，任职期间应当恪守承诺，勤勉履职。

第十二条 商业银行应当对董事在商业银行的工作时间规定最低要求。

独立董事和董事会专门委员会主任委员每年在商业银行工作的时间不得少于 15 个工作日。

第十三条 董事每年应当亲自出席三分之二以上的董事会会议。董事因故不能出席，应当书面委托其他董事代为出席，委托书中应当载明授权范围。

第十四条 董事应当持续了解和分析商业银行的运行情况，定期阅读商业银行各项经营报告、财务报告以及风险管理的相关报告，全面把握监管机构、外部审计和社会公众对商业银行的评价，对商业银行事务做出独立、专业、客观的判断，并通过合法渠道提出自己的意见和建议。商业银行应当建立健全相关制度，为董事履职提供必要的信息和资源。

第十五条 董事在履职过程中，应当重点关注以下事项：

（一）商业银行战略规划的制定和实施；

（二）商业银行高级管理层的选聘和监督；

（三）商业银行资本管理和资本补充；

（四）商业银行风险偏好、风险战略和风险管理制度；

（五）商业银行重大对外投资和资产处置项目；

（六）商业银行薪酬和绩效考核制度及其执行情况；

（七）商业银行高级管理层的执行力。

第十六条 董事参加董事会专门委员会期间，应当持续深入跟踪专门委员会职责范围内商业银行相关事项的变化情况及影响，并按照议事规则及时提出专业意见，提请专门委员会予以关注。

第十七条 董事担任董事会专门委员会的主任委员期间，应当按照职责权限认真开展专门委员会工作，按照规定及时召开专门委员会会议形成专业意见，或者根据董事会授权对专门事项提出审议意见。

第十八条 执行董事应当完整、真实、及时地向董事会报告商业银行经营情况及相关信息，保证董事会及其成员充分了解商业银行运行状况。

第十九条 执行董事应当严格执行董事会决议，并将执行情况及时报告董事会。执行董事应当认真研究决议执行中出现的问题，提出科学可行的意见和建议供董事会讨论决策。

第二十条 非执行董事应当从商业银行长远利益出发，做好商业银行与股东的沟通工作，不得将股东自身利益置于商业银行和其他股东利益之上。

第二十一条 非执行董事应当重点关注高级管理层对董事会决议的落实情况。如商业银行审慎监管指标不能达到监管要求，或近期可能出现偏差时，非执行董事应当支持商业银行及时整改。

第二十二条 非执行董事应当关注股东与商业银行的关联交易情况，支持商业银行完善关联交易管理系统，确保关联交易合法合规。

第二十三条 独立董事应当对董事会讨论事项发表客观、公正的独立意见，注重维护存款人和中小股东权益。

第二十四条 独立董事在履职过程中，应当特别关注以下事项：

（一）商业银行关联交易的合法性和公允性；

（二）商业银行年度利润分配方案；

（三）商业银行信息披露的完整性和真实性；

（四）可能造成商业银行重大损失的事项；

（五）可能损害存款人和中小股东利益的事项。

第三章 评 价 方 法

第二十五条 商业银行应当按照本办法要求，建立健全董事履职的监督评价体系和董事履职跟踪记录制度，完善履职档案，制定明确的评价制度和实施细则。

第二十六条 商业银行应当按年度对所有在职董事进行履职评价。对于评价年度内任职机构或任职岗位发生变化的董事，应当在综合履职信息的基础上进行评价。

第二十七条 商业银行应当建立健全评价操作体系，科学合理地确定各项评价要素的内容，充分列示对每一要素的评价依据。

第二十八条 商业银行应当按照本办法对董事履职情况做出评价，评价要素不得少于本办法第二章的要求。

第二十九条 商业银行董事履职评价应当充分发挥监事的作用，评价工作可以包括董事自评、董事互评、董事会评价、监事会评价等环节，由监事会形成最终评价结果。

第三十条 商业银行应当依据评价结果将董事划分为称职、基本称职和不称职三个级别。

第三十一条 董事履职过程中出现下列情形之一的，董事当年履职评价不得评为称职：

（一）董事该年度内未能亲自出席三分之二（含）以上的董事会会议的；

（二）董事表达反对意见时，不能正确行使表决权的；

（三）董事会违反章程、议事规则和决策程序议决重大事项，董事未提出反对意见的；

（四）商业银行资本充足率、资产质量等主要审慎监管指标未达到监管要求，董事未能及时提请董事会有效整改的；

（五）商业银行经营战略出现重大偏差，董事未能及时提出意见或修正要求的；

（六）商业银行风险管理政策出现重大失误，董事未能及时提出意见或修正要求的；

（七）银行业监督管理机构认定的其他情形。

第三十二条 董事履职过程中出现下列情形之一的，董事当年履职评价应当为不称职：

（一）泄露商业秘密，损害商业银行合法利益的；

（二）在履职过程中获取不正当利益，或者利用董事地位谋取私利的；

（三）董事会决议违反法律、法规或者商业银行章程，致使商业银行遭受严重损失，董事没有提出异议的；

（四）银行业监管管理机构认定的其他严重失职行为。

第四章 评 价 应 用

第三十三条 监事会应当将评价结果通报股东大会和董事会，并通知董事本人，根据评价结果提出工作建议或处理意见。

被评为基本称职的董事,董事会和监事会应当组织会谈,向董事本人提出限期改进要求;董事会应当组织培训,帮助董事提高履职能力。如长期未能有效改进,商业银行应当更换董事。

被评为不称职的董事,商业银行应当及时更换。

第三十四条 商业银行应当在每个年度终了四个月内,将各环节的董事履职评价结果和全部评价依据报告银行业监督管理机构。

第三十五条 银行业监督管理机构应当对商业银行董事履职评价进行监督。

商业银行评价制度、程序不符合规定,或评价结果严重失真的,银行业监督管理机构应当要求商业银行限期改正,并视情况追究商业银行评价责任。

第三十六条 银行业监督管理机构可根据董事履职评价结果组织开展专项现场检查,督促商业银行完善公司治理。

第三十七条 银行业监督管理机构应当将商业银行董事的年度履职评价结果及时录入银行业金融机构董事和高级管理人员监督管理系统。

第五章 附 则

第三十八条 本办法适用于中华人民共和国境内设立的商业银行,城市信用合作社、农村信用合作社、金融资产管理公司、信托投资公司、财务公司、金融租赁公司以及经银行业监督管理机构批准设立的其他金融机构参照执行。

第三十九条 本办法由中国银行业监督管理委员会解释。

第四十条 本办法自公布之日起实施。

工商行政管理机关禁止垄断协议行为的规定

（2010年12月31日　工商总局令第53号）

第一条　为了制止经济活动中的垄断协议行为，根据《中华人民共和国反垄断法》（以下简称《反垄断法》），制定本规定。

第二条　禁止经营者在经济活动中达成垄断协议。

垄断协议是指违反《反垄断法》第十三条、第十四条、第十六条的规定，经营者之间达成的或者行业协会组织本行业经营者达成的排除、限制竞争的协议、决定或者其他协同行为。

协议或者决定包括书面形式和口头形式。

其他协同行为是指经营者虽未明确订立书面或者口头形式的协议或者决定，但实质上存在协调一致的行为。

第三条　认定其他协同行为，应当考虑下列因素：

（一）经营者的市场行为是否具有一致性；

（二）经营者之间是否进行过意思联络或者信息交流；

（三）经营者能否对一致行为作出合理的解释。

认定其他协同行为，还应当考虑相关市场的结构情况、竞争状况、市场变化情况、行业情况等。

第四条　禁止具有竞争关系的经营者就限制商品的生产数量或者销售数量达成下列垄断协议：

（一）以限制产量、固定产量、停止生产等方式限制商品的生产数量或者限制商品特定品种、型号的生产数量；

（二）以拒绝供货、限制商品投放量等方式限制商品的销售数量或者限制商品特定品种、型号的销售数量。

第五条　禁止具有竞争关系的经营者就分割销售市场或者原材料采购市场达成下列垄断协议：

（一）划分商品销售地域、销售对象或者销售商品的种类、数量；

（二）划分原料、半成品、零部件、相关设备等原材料的采购区域、种类、数量；

(三)划分原料、半成品、零部件、相关设备等原材料的供应商。

第 六 条 禁止具有竞争关系的经营者就限制购买新技术、新设备或者限制开发新技术、新产品达成下列垄断协议：

(一)限制购买、使用新技术、新工艺；

(二)限制购买、租赁、使用新设备；

(三)限制投资、研发新技术、新工艺、新产品；

(四)拒绝使用新技术、新工艺、新设备；

(五)拒绝采用新的技术标准。

第 七 条 禁止具有竞争关系的经营者就联合抵制交易达成以下垄断协议：

(一)联合拒绝向特定经营者供货或者销售商品；

(二)联合拒绝采购或者销售特定经营者的商品；

(三)联合限定特定经营者不得与其具有竞争关系的经营者进行交易。

第 八 条 本规定未明确规定的其他垄断协议，除价格垄断协议外，由国家工商行政管理总局依法认定。

第 九 条 禁止行业协会以下列方式组织本行业的经营者从事本规定禁止的垄断协议行为：

(一)制定、发布含有排除、限制竞争内容的行业协会章程、规则、决定、通知、标准等；

(二)召集、组织或者推动本行业的经营者达成含有排除、限制竞争内容的协议、决议、纪要、备忘录等。

第 十 条 经营者违反本规定第四条至第八条规定，达成并实施垄断协议的，由工商行政管理机关责令停止违法行为，没收违法所得，并处上一年度销售额百分之一以上百分之十以下的罚款；尚未实施所达成的垄断协议的，可以处五十万元以下的罚款。

行业协会违反本规定第九条规定，组织本行业的经营者达成垄断协议的，工商行政管理机关可以对其处五十万元以下的罚款；情节严重的，工商行政管理机关可以提请社会团体登记管理机关依法撤销登记。

工商行政管理机关确定具体罚款数额时，应当考虑违法行为的性质、情节、程度、持续的时间等因素。

经营者之间串通或者行业协会组织经营者串通，尚未达成垄断协议的，工商行政管理机关应当及时予以制止。

经营者主动停止垄断协议行为的，工商行政管理机关可以酌情减轻或者免除对该经营者的处罚。

第十一条 经营者主动向工商行政管理机关报告所达成垄断协议的有关情况并提供重要证据的，工商行政管理机关可以酌情减轻或者免除对该经营者的处罚。

工商行政管理机关决定减轻或者免除处罚，应当根据经营者主动报告的时间顺序、提供证据的重要程度、达成、实施垄断协议的有关情况以及配合调查的情况确定。

重要证据是指能够对工商行政管理机关启动调查或者对认定垄断协议行为起到关键性作用的证据，包括参与垄断协议的经营者、涉及的产品范围、达成协议的内容和方式、协议的具体实施情况等。

第十二条 对第一个主动报告所达成垄断协议的有关情况、提供重要证据并全面主动配合调查的经营者，免除处罚。对主动向工商行政管理机关报告所达成垄断协议的有关情况并提供重要证据的其他经营者，酌情减轻处罚。

第十三条 本规定第十一条、第十二条所称的减轻或者免除处罚，主要是指对《反垄断法》第四十六条规定的罚款的减轻或者免除。

第十四条 经营者能够提供材料，证明所达成的协议符合《反垄断法》第十五条规定的，经工商行政管理机关认定，不适用本规定。

第十五条 对工商行政管理机关依照本规定作出的行政处罚等决定不服的，可以依法申请行政复议或者提起行政诉讼。

第十六条 工商行政管理机关反垄断执法人员应当按照《工商行政管理机关查处垄断协议、滥用市场支配地位案件程序规定》的规定，严格依法办案。

工商行政管理机关反垄断执法人员滥用职权、玩忽职守、徇私舞弊或者泄露执法过程中知悉的商业秘密的，依照有关规定处理。

第十七条 农业生产者及农村经济组织在农产品生产、加工、销售、运输、储存等经营活动中实施的联合或者协同行为，不适用本规定。

第十八条 本规定所称商品包括服务。

第十九条 本规定由国家工商行政管理总局负责解释。

第二十条 本规定自 2011 年 2 月 1 日起施行。

工商行政管理机关
禁止滥用市场支配地位行为的规定

(2010 年 12 月 31 日　工商总局令第 54 号)

第 一 条　为了制止经济活动中的滥用市场支配地位行为,根据《中华人民共和国反垄断法》(以下简称《反垄断法》),制定本规定。

第 二 条　禁止具有市场支配地位的经营者在经济活动中滥用市场支配地位,排除、限制竞争。

第 三 条　市场支配地位是指经营者在相关市场内具有能够控制商品价格、数量或者其他交易条件,或者能够阻碍、影响其他经营者进入相关市场能力的市场地位。

本条所称其他交易条件是指除商品价格、数量之外能够对市场交易产生实质影响的其他因素,包括商品品质、付款条件、交付方式、售后服务等。

本条所称能够阻碍、影响其他经营者进入相关市场,是指排除其他经营者进入相关市场,或者延缓其他经营者在合理时间内进入相关市场,或者其他经营者虽能够进入该相关市场,但进入成本提高难以在市场中开展有效竞争等。

第 四 条　禁止具有市场支配地位的经营者没有正当理由,通过下列方式拒绝与交易相对人进行交易:

(一)削减与交易相对人的现有交易数量;

(二)拖延、中断与交易相对人的现有交易;

(三)拒绝与交易相对人进行新的交易;

(四)设置限制性条件,使交易相对人难以继续与其进行交易;

(五)拒绝交易相对人在生产经营活动中以合理条件使用其必需设施。

在认定前款第(五)项时,应当综合考虑另行投资建设、另行开发建造该设施的可行性、交易相对人有效开展生产经营活动对该设施的依赖程度、该经营者提供该设施的可能性以及对自身生产经营活动造成的影响等因素。

第 五 条 禁止具有市场支配地位的经营者没有正当理由,实施下列限定交易行为:

(一)限定交易相对人只能与其进行交易;

(二)限定交易相对人只能与其指定的经营者进行交易;

(三)限定交易相对人不得与其竞争对手进行交易。

第 六 条 禁止具有市场支配地位的经营者没有正当理由搭售商品,或者在交易时附加其他不合理的交易条件:

(一)违背交易惯例、消费习惯等或者无视商品的功能,将不同商品强制捆绑销售或者组合销售;

(二)对合同期限、支付方式、商品的运输及交付方式或者服务的提供方式等附加不合理的限制;

(三)对商品的销售地域、销售对象、售后服务等附加不合理的限制;

(四)附加与交易标的无关的交易条件。

第 七 条 禁止具有市场支配地位的经营者没有正当理由,对条件相同的交易相对人在交易条件上实行下列差别待遇:

(一)实行不同的交易数量、品种、品质等级;

(二)实行不同的数量折扣等优惠条件;

(三)实行不同的付款条件、交付方式;

(四)实行不同的保修内容和期限、维修内容和时间、零配件供应、技术指导等售后服务条件。

第 八 条 工商行政管理机关认定本规定第四条至第七条所称的正当理由,应当综合考虑下列因素:

(一)有关行为是否为经营者基于自身正常经营活动及正常效益而采取;

(二)有关行为对经济运行效率、社会公共利益及经济发展的影响。

第 九 条 本规定未明确规定的其他滥用市场支配地位行为,除价格垄断行为外,由国家工商行政管理总局依法认定。

第 十 条 认定经营者具有市场支配地位,应当依据下列因素:

(一)该经营者在相关市场的市场份额,以及相关市场的竞争状况。

市场份额是指一定时期内经营者的特定商品销售额、销售数量等指标在相关市场所占的比重。

分析相关市场竞争状况应当考虑相关市场的发展状况、现有竞争者的数量和市场份额、商品差异程度以及潜在竞争者的情况等。

（二）该经营者控制销售市场或者原材料采购市场的能力。

认定经营者控制销售市场或者原材料采购市场的能力，应当考虑该经营者控制销售渠道或者采购渠道的能力，影响或者决定价格、数量、合同期限或者其他交易条件的能力，以及优先获得企业生产经营所必需的原料、半成品、零部件及相关设备等原材料的能力。

（三）该经营者的财力和技术条件。

认定经营者的财力和技术条件，应当考虑该经营者的资产规模、财务能力、盈利能力、融资能力、研发能力、技术装备、技术创新和应用能力、拥有的知识产权等。

对于经营者的财力和技术条件的分析认定，应当同时考虑其关联方的财力和技术条件。

（四）其他经营者对该经营者在交易上的依赖程度。

认定其他经营者对该经营者在交易上的依赖程度，应当考虑其他经营者与该经营者之间的交易量、交易关系的持续时间、转向其他交易相对人的难易程度等。

（五）其他经营者进入相关市场的难易程度。

认定其他经营者进入相关市场的难易程度，应当考虑市场准入制度、拥有必需设施的情况、销售渠道、资金和技术要求以及成本等。

（六）与认定该经营者市场支配地位有关的其他因素。

第十一条　有下列情形之一的，可以推定经营者具有市场支配地位：

（一）一个经营者在相关市场的市场份额达到二分之一的；

（二）两个经营者在相关市场的市场份额合计达到三分之二的；

（三）三个经营者在相关市场的市场份额合计达到四分之三的。

有前款第二项、第三项规定的情形，其中有的经营者市场份额不足十分之一的，不应当推定该经营者具有市场支配地位。

第十二条　被推定具有市场支配地位的经营者，能够根据本规定第十条所列因素，证明其在相关市场内不具有控制商品价格、数量或者其他交易条件，或者不具有能够阻碍、影响其他经营者进入相关市场的能力，则不应当认定其具有市场支配地位。

第十三条　涉嫌滥用市场支配地位行为的经营者，在工商行政管理机关规定的期限内，可以陈述其行为合理性的理由并提供有关证据。

第十四条　经营者违反本规定第四条至第七条、第九条规定，滥用市场支配地位的，由工商行政管理机关责令停止违法行为，没收违法所得，并处上一年度销售额百分之一以上百分之十以下的罚款。

工商行政管理机关确定具体罚款数额时,应当考虑违法行为的性质、情节、程度、持续的时间等因素。

经营者主动停止滥用市场支配地位行为的,工商行政管理机关可以酌情减轻或者免除对该经营者的处罚。

第十五条 对工商行政管理机关依照本规定作出的行政处罚等决定不服的,可以依法申请行政复议或者提起行政诉讼。

第十六条 工商行政管理机关反垄断执法人员应当按照《工商行政管理机关查处垄断协议、滥用市场支配地位案件程序规定》的规定,严格依法办案。

工商行政管理机关反垄断执法人员滥用职权、玩忽职守、徇私舞弊或者泄露执法过程中知悉的商业秘密的,依照有关规定处理。

第十七条 本规定所称商品包括服务。

第十八条 本规定由国家工商行政管理总局负责解释。

第十九条 本规定自 2011 年 2 月 1 日起施行。

工商行政管理机关制止滥用行政权力排除、限制竞争行为的规定

（2010年12月31日　工商总局令第55号）

第一条　为了制止滥用行政权力排除、限制竞争行为，根据《中华人民共和国反垄断法》（以下简称《反垄断法》），制定本规定。

第二条　行政机关和法律、法规授权的具有管理公共事务职能的组织不得滥用行政权力，排除、限制竞争。

第三条　行政机关和法律、法规授权的具有管理公共事务职能的组织不得滥用行政权力，从事下列行为：

（一）以明确要求、暗示或者拒绝、拖延行政许可以及重复检查等方式限定或者变相限定单位或者个人经营、购买、使用其指定的经营者提供的商品或者限定他人正常的经营活动；

（二）对外地商品执行与本地同类商品不同的技术要求、检验标准，或者采取重复检验、重复认证等歧视性技术措施，阻碍、限制外地商品进入本地市场；

（三）采取专门针对外地商品的行政许可，或者对外地商品实施行政许可时采取不同的许可条件、程序、期限等，阻碍、限制外地商品进入本地市场；

（四）设置关卡或者采取其他手段，阻碍、限制外地商品进入本地市场或者本地商品运往外地市场；

（五）以设定歧视性资质要求、评审标准或者不依法发布信息等方式，排斥或者限制外地经营者参加本地的招标投标活动；

（六）采取不平等待遇等方式，排斥或者限制外地经营者在本地投资或者设立分支机构或者妨碍外地经营者在本地的正常经营活动；

（七）强制经营者之间达成、实施排除、限制竞争的垄断协议，强制具有市场支配地位的经营者从事滥用市场支配地位行为。

第四条　行政机关不得滥用行政权力，以决定、公告、通告、通知、意见、会议纪要等形式，制定、发布含有排除、限制竞争内容的规定。

前款规定适用于法律、法规授权的具有管理公共事务职能的组织。

第五条 经营者不得从事下列行为：

（一）以行政机关和法律、法规授权的具有管理公共事务职能的组织的行政限定为由，达成、实施垄断协议和滥用市场支配地位；

（二）以行政机关和法律、法规授权的具有管理公共事务职能的组织的行政授权为由，达成、实施垄断协议和滥用市场支配地位；

（三）以依据行政机关和法律、法规授权的具有管理公共事务职能的组织制定、发布的行政规定为由，达成、实施垄断协议和滥用市场支配地位。

第六条 行政机关和法律、法规授权的具有管理公共事务职能的组织违反本规定第三条、第四条规定的，国家工商行政管理总局和省、自治区、直辖市工商行政管理局依照《反垄断法》第五十一条的规定，可以就行政机关和法律、法规授权的具有管理公共事务职能的组织滥用行政权力排除、限制竞争的行为表现及其后果，向其有关上级机关提出依法处理的建议。

第七条 经营者违反本规定第五条规定从事垄断行为的，依照《工商行政管理机关禁止垄断协议行为的规定》、《工商行政管理机关禁止滥用市场支配地位行为的规定》处理。

第八条 经营者达成并实施垄断协议的，由工商行政管理机关责令停止违法行为，没收违法所得，并处上一年度销售额百分之一以上百分之十以下的罚款；尚未实施所达成的垄断协议的，可以处五十万元以下的罚款。经营者滥用市场支配地位的，由工商行政管理机关责令停止违法行为，没收违法所得，并处上一年度销售额百分之一以上百分之十以下的罚款。

第九条 法律、行政法规对行政机关和法律、法规授权的具有管理公共事务职能的组织滥用行政权力实施排除、限制竞争行为的处理另有规定的，依照其规定。

第十条 工商行政管理机关反垄断执法人员应当按照《工商行政管理机关制止滥用行政权力排除、限制竞争行为程序规定》的规定，严格依法办案。

工商行政管理机关反垄断执法人员滥用职权、玩忽职守、徇私舞弊或者泄露执法过程中知悉的商业秘密的，依照有关规定处理。

第十一条 本规定所称商品包括服务。

第十二条 本规定由国家工商行政管理总局负责解释。

第十三条 本规定自2011年2月1日起施行。

附录三

截至2010年12月31日现行有效证券期货规章目录

综　合　类

● 监管职责

1. 中国证券监督管理委员会证券监管专员办事处暂行办法(1998年2月28日　证监〔1998〕6号)
2. 关于授权证券交易所对面临退市的上市公司财务报告被出具非标准无保留审计意见进行调查处理的通知(2002年5月23日　证监公司字〔2002〕11号)
3. 关于赋予中国证券业协会部分职责的决定(2002年10月31日　证监发〔2002〕82号)
4. 关于印发《派出机构监管工作职责》的通知(2003年12月5日　证监发〔2003〕86号)
5. 关于转发《关于明确认定、查处、取缔非法集资部门职责分工的通知》的通知(2005年4月22日　证监办发〔2005〕15号)
6. 证券投资基金监管职责分工协作指引(2005年7月1日　证监基金字〔2005〕113号)
7. 关于印发《对证券公司自营、资产管理业务账户和投资行为加强监管的职责分工方案》的通知(2005年11月3日　证监办发〔2005〕76号)
8. 关于贯彻落实《证券法》全面履行证券公司监管职责有关问题的意见(2006年1月18日　证监机构字〔2006〕7号)
9. 金融机构客户身份识别和客户身份资料及交易记录保存管理办法(2007年6月21日　人民银行、银监会、证监会、保监会　人民银行令〔2007〕第2号)

10. 关于授权各派出机构审核证券公司相关人员任职资格的决定(2007年12月26日　证监机构字〔2007〕344号)
11. 关于授权各派出机构审核期货公司相关人员任职资格的决定(2008年8月19日　证监会公告〔2008〕34号)
12. 关于授权各派出机构审核基金管理公司设立分支机构的决定(2008年12月19日　证监会公告〔2008〕47号)
13. 关于发布《证券期货业与银行间业务数据交换消息体结构和设计规则》行业标准的通知(2009年3月11日　人民银行、证监会　银发〔2009〕89号)
14. 关于进一步做好金融服务支持重点产业调整振兴和抑制部分行业产能过剩的指导意见(2009年12月22日　中国人民银行、银监会、证监会、保监会　银发〔2009〕386号)
15. 证券期货业反洗钱工作实施办法(2010年9月1日　证监会令第68号)

• 统计

16. 证券期货市场统计管理办法(2009年1月8日　证监会令第60号)

• 立法

17. 证券期货规章制定程序规定(2008年10月21日　证监会令第59号)
18. 证券期货规章草案公开征求意见试行规则(2009年4月10日　证监会公告〔2009〕7号)
19. 关于废止部分证券部门规章的通知(1999年12月21日　证监法律字〔1999〕3号)
20. 关于废止部分证券期货规章的通知(第二批)(2000年4月10日　证监法律字〔2000〕1号)
21. 关于废止部分证券期货规章的通知(第三批)(2002年4月5日　证监法律字〔2002〕1号)
22. 关于废止部分证券期货规章的通知(第四批)(2003年11月20日　证监法律字〔2003〕15号)
23. 关于废止部分证券期货规章的通知(第五批)(2005年4月4日　证监法律字〔2005〕3号)
24. 关于废止部分证券期货规章的通知(第六批)(2007年3月6日　证

监法律字〔2007〕5 号）
25. 关于废止部分证券期货规章的通知（第七批）（2008 年 4 月 24 日　证监会公告〔2008〕16 号）
26. 关于废止部分证券期货规章的通知（第八批）（2009 年 4 月 10 日　证监会公告〔2009〕8 号）
27. 关于废止部分证券期货规章的决定（第九批）（2010 年 5 月 7 日　证监会公告〔2010〕16 号）
28. 关于废止部分证券期货规章的决定（第十批）（2010 年 12 月 16 日　证监会公告〔2010〕36 号）

• 行政许可

29. 中国证券监督管理委员会行政许可实施程序规定（2009 年 12 月 26 日　证监会令第 66 号）
30. 关于做好下放派出机构行政许可项目实施工作的通知（2004 年 7 月 15 日　证监法律〔2004〕8 号）
31. 中国证券监督管理委员会关于第一批取消行政审批项目（32 项）的通告（2002 年 12 月 21 日　证监会发布）
32. 中国证券监督管理委员会、司法部关于取消律师及律师事务所从事证券法律业务资格审批的通告（2002 年 12 月 23 日　证监会、司法部发布）
33. 关于贯彻落实《国务院关于取消第一批行政审批项目的决定》有关问题的通知（2002 年 12 月 23 日　证监发〔2002〕93 号）
34. 中国证券监督管理委员会关于取消第二批行政审批项目及改变部分行政审批项目管理方式的通告（2003 年 4 月 1 日　证监会发布）
35. 关于做好第二批行政审批项目取消及部分行政审批项目改变管理方式后的后续监管和衔接工作的通知（2003 年 4 月 1 日　证监发〔2003〕17 号）
36. 中国证券监督管理委员会关于取消第三批行政审批项目的通告（2004 年 6 月 22 日　证监会发布）
37. 关于做好第三批行政审批项目取消后的后续监管和衔接工作的通知（2004 年 6 月 22 日　证监发〔2004〕59 号）
38. 中国证券监督管理委员会关于取消第四批行政审批项目的通告（2007 年 12 月 18 日　证监会发布）
39. 关于做好第四批行政审批项目取消后的后续监管和衔接工作的通知（2007 年 12 月 18 日　证监发〔2007〕144 号）

• 打击非法证券活动

40. 关于整治非法证券活动有关问题的通知(2008 年 1 月 2 日　最高人民法院、最高人民检察院、公安部、证临会　证监发〔2008〕1 号)

• 监管措施

41. 证券市场禁入规定(2006 年 6 月 7 日　证监会令第 33 号)
42. 中国证券监督管理委员会限制证券买卖实施办法(2007 年 5 月 18 日　证监会令第 45 号)

• 调查和处罚

43. 中国证券监督管理委员会冻结、查封实施办法(2005 年 12 月 30 日　证监会令第 28 号)
44. 关于查询、冻结从事证券交易当事人和与被调查事件有关的单位和个人在金融机构账户的通知(2005 年 12 月 30 日　证监会、人民银行　证监发〔2005〕132 号)
45. 关于在打击证券期货违法犯罪中加强执法协作的通知(2006 年 3 月 2 日　证监发〔2006〕17 号)
46. 关于审计机关查询被审计单位在金融机构账户和存款有关问题的通知(2006 年 11 月 22 日　审计署、人民银行、银监会、证监会　审法发〔2006〕67 号)
47. 中国证券监督管理委员会行政处罚听证规则(2007 年 4 月 18 日　证监法律字〔2007〕8 号)
48. 行政处罚委员会组成办法(2008 年 2 月 29 日　证监会公告〔2008〕6 号)

• 复议和仲裁

49. 中国证券监督管理委员会行政复议办法(2010 年 5 月 4 日　证监会令第 67 号)
50. 关于依法做好证券、期货合同纠纷仲裁工作的通知(2004 年 1 月 18 日　法制办、证监会　国法〔2004〕5 号)

• 政务公开和信访

51. 中国证监会新闻发布暂行办法(2005 年 4 月 12 日　证监发〔2005〕28 号)
52. 中国证券监督管理委员会信访工作规则(试行)(2005 年 7 月 14 日

证监发〔2005〕70 号）

53. 证券期货监督管理信息公开办法（试行）（2008 年 4 月 25 日　证监会公告〔2008〕18 号）

• **网络与信息安全**

54. 证券期货业信息安全保障管理暂行办法（2005 年 4 月 8 日　证监信息字〔2005〕5 号）
55. 证券公司客户交易结算资金商业银行第三方存管技术指引（2007 年 10 月 8 日　证监信息字〔2007〕10 号）
56. 银行、证券跨行业信息系统突发事件应急处置工作指引（2008 年 7 月 9 日　银监发〔2008〕50 号）

• **其他**

57. 创业投资企业管理暂行办法（2005 年 11 月 15 日　国家发改委、科技部、财政部、商务部、人民银行、税务总局、工商总局、银监会、证监会、外管局　发改委令第 39 号）
58. 境外证券交易所驻华代表机构管理办法（2007 年 5 月 20 日　证监会令第 44 号）
59. 外国证券类机构驻华代表机构管理办法（1999 年 4 月 21 日　证监机构字〔1999〕26 号）
60. 关于报送《外资证券机构驻华代表机构年度工作报告表》的通知（1999 年 12 月 28 日　证监机构字〔1999〕160 号）
61. 关于发行境内上市外资股的公司审计有关问题的通知（2007 年 9 月 12 日　证监会计字〔2007〕30 号）
62. 关于汶川地震灾后重建金融支持和服务措施的意见（2008 年 8 月 6 日　人民银行、银监会、证监会、保监会　银发〔2008〕225 号）
63. 关于进一步做好汶川地震灾后重建金融支持与服务工作的指导意见（2010 年 9 月 21 日　人民银行、银监会、证监会、保监会　银发〔2010〕271 号）
64. 城市低收入家庭认定办法（2008 年 10 月 22 日　民政部、发改委、公安部、财政部、人力资源社会保障部、住房城乡建设部、人民银行、税务总局、工商总局、统计局、证监会　民发〔2008〕156 号）
65. 关于金融支持服务外包产业发展的若干意见（2009 年 4 月 7 日　人民银行、商务部、银监会、证监会、保监会、外汇局　银发〔2009〕284 号）

66. 金融业经营者集中申报营业额计算办法(2009 年 7 月 15 日　人民银行、银监会、证监会、保监会　商务部令 2009 年第 10 号)
67. 关于个人转让上市公司限售股所得征收个人所得税有关问题的通知(2009 年 12 月 31 日　财政部　国家税务总局　证监会　财税〔2009〕167 号)
68. 关于金融支持文化产业振兴和发展繁荣的指导意见(2010 年 3 月 19 日　中宣部、人民银行、财政部、文化部、广电总局、新闻出版总署、银监会、证监会、保监会　银发〔2010〕94 号)
69. 中国证券监督管理委员会公告[①](2010 年 6 月 4 日　证监会公告〔2010〕18 号)
70. 关于进一步做好中小企业金融服务工作的若干意见(2010 年 6 月 21 日　人民银行、银监会、证监会、保监会　银发〔2010〕193 号)
71. 关于全面推进农村金融产品和服务方式创新的指导意见(2010 年 5 月 19 日　人民银行、银监会、证监会、保监会　银发〔2010〕198 号)
72. 关于印发《关于建立和完善执行联动机制若干问题的意见》的通知(2010 年 7 月 7 日　纪检委、组织部、宣传部、中央社会治安综合治理委员会办公室、最高人民法院、最高人民检察院、发改委、公安部、监察部、民政部、司法部、国土资源部、住房和城乡建设部、人民银行、国家税务总局、国家工商总局、国务院法制办、银监会、证监会　法发〔2010〕15 号)
73. 关于促进黄金市场发展的若干意见(2010 年 7 月 22 日　人民银行、发改委、工业和信息化部、财政部、税务总局、证监会　银发〔2010〕211 号)
74. 关于个人转让上市公司限售股所得征收个人所得税有关问题的补充通知(2010 年 11 月 10 日　财政部、税务总局、证监会　财税〔2010〕70 号)
75. 关于印发《关于加强报刊传播证券期货信息管理工作的若干规定》的通知(2010 年 12 月 17 日　新闻出版总署　证监会　新出联〔2010〕17 号)

发　行　类

● 首发

1. 首次公开发行股票并上市管理办法(2006 年 5 月 17 日　证监会令第

① 该公告是关于中国证监会行政事业性收费标准和缴款方式的规定。

32 号)

2.《首次公开发行股票并上市管理办法》第十二条实际控制人没有发生变更的理解和适用——证券期货法律适用意见第 1 号(2007 年 11 月 25 日　证监法律字〔2007〕15 号)

3.《首次公开发行股票并上市管理办法》第十二条发行人最近 3 年内主营业务没有发生重大变化的适用意见——证券期货法律适用意见第 3 号(2008 年 5 月 19 日　证监会公告〔2008〕22 号)

4. 关于社会募集股份有限公司向职工配售股份的补充规定(1994 年 2 月 1 日　体改委、证券委　体改委〔1994〕15 号)

5. 关于历史遗留问题企业上市托管确认有关问题的通知(1997 年 7 月 28 日　证监交字〔1997〕14 号)

6. 关于停止发行内部职工股的通知(1998 年 11 月 25 日　证监发字〔1998〕297 号)

7. 关于转发西安证券监管办公室《关于制止在证券交易场所擅自进行募股活动的通知》的通知(1999 年 10 月 13 日　证监办发〔1999〕50 号)

8. 关于首次公开发行股票公司招股说明书网上披露有关事宜的通知(2001 年 1 月 20 日　证监发行字〔2001〕13 号)

9. 关于处理非法代理买卖未上市公司股票有关问题的紧急通知(2003 年 5 月 29 日　证监办发〔2003〕15 号)

10. 首次公开发行股票并在创业板上市管理暂行办法(2009 年 3 月 31 日　证监会令第 61 号)

• 再融资

11. 上市公司证券发行管理办法(2006 年 5 月 6 日　证监会令第 30 号)

12.《上市公司证券发行管理办法》第三十九条"违规对外提供担保且尚未解除"的理解和适用——证券期货法律适用意见第 5 号(2009 年 7 月 9 日　证监会公告〔2009〕16 号)

13. 上市公司非公开发行股票实施细则(2007 年 9 月 17 日　证监发行字〔2007〕302 号)

• 公司债券

14. 公司债券发行试点办法(2007 年 8 月 14 日　证监会令第 49 号)

15. 关于实施《公司债券发行试点办法》有关事项的通知(2007 年 8 月 14 日　证监发〔2007〕112 号)

16. 上市公司股东发行可交换公司债券试行规定(2008 年 10 月 17 日 证监会公告〔2008〕41 号)

• 保荐

17. 证券发行上市保荐业务管理办法(2008 年 10 月 17 日 证监会令第 58 号 2009 年 5 月 13 日《关于修改〈证券发行上市保荐业务管理办法〉的决定》 证监会令第 63 号修正)
18. 关于进一步做好《证券发行上市保荐制度暂行办法》实施工作的通知(2004 年 12 月 31 日 证监发行字〔2004〕167 号)
19. 保荐人尽职调查工作准则(2006 年 5 月 29 日 证监发行字〔2006〕15 号)
20. 证券发行上市保荐业务工作底稿指引(2009 年 3 月 27 日 证监会公告〔2009〕5 号)
21. 关于进一步做好创业板推荐工作的指引(2010 年 3 月 19 日 证监会公告〔2010〕8 号)

• 发审委

22. 中国证券监督管理委员会发行审核委员会办法(2006 年 5 月 9 日 证监会令第 31 号 2009 年 5 月 13 日《关于修改〈中国证券监督管理委员会发行审核委员会办法〉的决定》 证监会令第 62 号修正)
23. 关于加强对通过发审会的拟发行证券的公司会后事项临管的通知(2002 年 2 月 3 日 证监发行字〔2002〕15 号)
24. 中国证券监督管理委员会发行审核委员会工作细则(2006 年 5 月 18 日 证监发〔2006〕51 号)

• 发行与承销

25. 证券发行与承销管理办法(2006 年 9 月 17 日 证监会令第 37 号 2010 年 10 月 11 日《关于修改〈证券发行与承销管理办法〉的决定》 证监会令第 69 号修正)
26. 上市公司向社会公开募集股份操作指引(试行)(2000 年 4 月 30 日 证监公司字〔2000〕5 号)
27. 超额配售选择权试点意见(2001 年 9 月 3 日 证监发〔2001〕112 号)
28. 关于缩短新股发行结束到上市所需时间有关事宜的通知(2001 年 11 月 21 日 证监发〔2001〕144 号)
29. 关于证券公司参与申购关联方承销的证券有关事宜的答复意见

（2006年8月14日　证监机构字〔2006〕192号）

30. 关于进一步改革和完善新股发行体制的指导意见（2009年6月10日　证监会公告〔2009〕13号）

31. 中国证券监督管理委员会公告[①]（2009年7月20日　证监会公告〔2009〕19号）

32. 关于深化新股发行体制改革的指导意见（2010年10月11日　证监会公告〔2010〕26号）

• 证券公司发行证券

33. 证券公司债券管理暂行办法（2003年8月29日　证监会令第15号　2004年10月18日《关于修改〈证券公司债券管理暂行办法〉的决定》　证监会令第25号修正）

34. 证券公司定向发行债券信息披露准则（2003年8月29日　证监发行字〔2003〕106号）

35. 资信评级机构出具证券公司债券信用评级报告准则（2003年8月29日　证监发行字〔2003〕106号）

36. 关于证券公司申请首次公开发行股票并上市监管意见书有关问题的规定（2008年5月12日　证监会公告〔2008〕19号）

• 境外机构发行债券

37. 国际开发机构人民币债券发行管理暂行办法（2005年2月18日　人民银行、财政部、国家发改委、证监会　人民银行公告〔2005〕第5号　2010年9月16日　人民银行公告〔2010〕10号修订）

上市公司类

• 信息披露和财务会计

1. 上市公司信息披露管理办法（2007年1月30日　证监会令第40号）

2. 关于上市公司聘用、更换会计师事务所（审计事务所）有关问题的通知（1996年7月29日　证监会字〔1996〕1号）

① 该公告是关于创业板发行申请受理工作的规定。

3. 关于进一步提高上市公司财务信息披露质量的通知(2004 年 1 月 6 日　证监会计字〔2004〕1 号

4. 关于做好与新会计准则相关财务会计信息披露工作的通知(2006 年 11 月 27 日　证监发〔2006〕136 号)

5. 关于不再实施特定上市公司特殊审计要求的通知(2007 年 3 月 8 日　证监会计字〔2007〕12 号)

6. 关于上市公司立案稽查及信息披露有关事项的通知(2007 年 8 月 13 日　证监发〔2007〕111 号)

7. 关于规范上市公司信息披露及相关各方行为的通知(2007 年 8 月 15 日　证监公司字〔2007〕128 号)

- **并购重组**

8. 上市公司收购管理办法(2006 年 7 月 31 日　证监会令第 35 号　2008 年 8 月 27 日《关于修改〈上市公司收购管理办法〉第六十三条的决定》　证监会令第 56 号修正)

9. 上市公司重大资产重组管理办法(2008 年 4 月 16 日　证监会令第 53 号)

10. 上市公司并购重组财务顾问业务管理办法(2008 年 6 月 3 日　证监会令第 54 号)

11. 外国投资者对上市公司战略投资管理办法(2005 年 12 月 31 日　商务部、证监会、税务总局、工商总局、外管局　商务部令 2005 年第 28 号)

12. 关于外国投资者并购境内企业的规定(2006 年 8 月 8 日　商务部、国资委、税务总局、工商总局、证监会、外管局　商务部令 2006 年第 10 号　2009 年 6 月 22 日　商务部令 2009 年第 6 号修正)

13. 关于上市公司涉及外商投资有关问题的若干意见(2001 年 10 月 8 日　对外贸易经济合作部、证监会　外经贸资发〔2001〕538 号)

14. 上市公司回购社会公众股份管理办法(试行)(2005 年 6 月 16 日　证监发〔2005〕51 号)

15. 关于上市公司控股股东在股权分置改革后增持社会公众股份有关问题的通知(2005 年 6 月 16 日　证监发〔2005〕52 号)

16. 关于在发行审核委员会中设立上市公司并购重组审核委员会的决定(2007 年 7 月 17 日　证监发〔2007〕93 号)

17. 中国证券监督管理委员会上市公司并购重组审核委员会工作规程

(2007 年 7 月 17 日　证监发〔2007〕94 号)

18. 关于规范上市公司重大资产重组若干问题的规定(2008 年 4 月 16 日　证监会公告〔2008〕14 号)
19. 关于上市公司以集中竞价交易方式回购股份的补充规定(2008 年 10 月 9 日　证监会公告〔2008〕39 号)
20. 关于破产重整上市公司重大资产重组股份发行定价的补充规定(2008 年 11 月 11 日　证监会公告〔2008〕44 号)
21.《上市公司收购管理办法》第六十二条及《上市公司重大资产重组管理办法》第四十三条有关限制股份转让的适用意见——证券期货法律适用意见第 4 号(2009 年 5 月 19 日　证监会公告〔2009〕11 号)
22. 关于填报《上市公司并购重组财务顾问专业意见附表》的规定(2010 年 11 月 18 日　证监会公告〔2010〕31 号)

• 国有股转让

23. 国有股东转让所持上市公司股份管理暂行办法(2007 年 6 月 30 日　国资委、证监会　国资委令第 19 号)
24. 关于向外商转让上市公司国有股和法人股职能分工的公告(2003 年 8 月 5 日　商务部、财政部、国资委、证监会　商务部公告 2003 年第 25 号)
25. 上市公司国有股东标识管理暂行规定(2007 年 6 月 30 日　国资委、证监会　国资发产权〔2007〕108 号)
26. 关于印发《境内证券市场转持部分国有股权充实全国社会保障基金实施办法》的通知(2009 年 6 月 19 日　财政部、国资委、证临会、社保基金会　财企〔2009〕94 号)
27. 财政部、国资委、证监会、全国社保基金理事会 2009 年第 63 号公告(2009 年 6 月 19 日)
28. 关于豁免国有创业投资机构和国有创业投资引导基金国有股转持义务有关问题的通知(2010 年 10 月 13 日　财政部、国资委、证监会、社保基金会　财企〔2010〕278 号)

• 公司治理

29. 关于上市公司总经理及高层管理人员不得在控股股东单位兼职的通知(1999 年 5 月 6 日　证监公司字〔1999〕22 号)
30. 上市公司董事长谈话制度实施办法(2001 年 3 月 19 日　证监发

〔2001〕47 号）

31. 关于在上市公司建立独立董事制度的指导意见（2001 年 8 月 16 日　证监发〔2001〕102 号）
32. 上市公司治理准则（2002 年 1 月 7 日　证监会、经贸委　证监发〔2002〕1 号）
33. 关于加强社会公众股股东权益保护的若干规定（2004 年 12 月 7 日　证监发〔2004〕118 号）
34. 关于发布《上市公司高级管理人员培训工作指引》及相关实施细则的通知（2005 年 12 月 22 日　证监公司字〔2005〕147 号）
35. 上市公司与投资者关系工作指引（2005 年 7 月 11 日　证监公司字〔2005〕52 号）
36. 上市公司股权激励管理办法（试行）（2005 年 12 月 31 日　证监公司字〔2005〕151 号）
37. 上市公司股东大会规则（2006 年 3 月 16 日　证监发〔2006〕21 号）
38. 上市公司章程指引（2006 年 3 月 16 日　证监公司字〔2006〕38 号）
39. 上市公司董事、监事和高级管理人员所持本公司股份及其变动管理规则（2007 年 4 月 5 日　证监公司字〔2007〕56 号）
40. 关于印发《企业内部控制基本规范》的通知（2008 年 5 月 22 日　财政部、证监会、审计署、银监会、保监会　财会〔2008〕7 号）
41. 深入推进上市公司治理专项活动有关事项公告（2008 年 6 月 12 日　证监会公告〔2008〕27 号）
42. 关于修改上市公司现金分红若干规定的决定（2008 年 10 月 9 日　证监会令第 57 号）
43. 上市公司现场检查办法（2010 年 4 月 13 日　证监会公告〔2010〕12 号）
44. 企业内部控制配套指引（2010 年 4 月 15 日　财政部、证监会、审计署、银监会、保监会　财会〔2010〕11 号）

- **上市、退市**

45. 关于做好特别处理上市公司恢复正常交易有关事宜的通知（1999 年 3 月 9 日　证监公司字〔1999〕19 号）
46. 关于发布《亏损上市公司暂停上市和终止上市实施办法（修订）》的通知（2001 年 11 月 30 日　证监发〔2001〕147 号）
47. 关于执行《亏损上市公司暂停上市和终止上市实施办法（修订）》的

补充规定(2003 年 3 月 18 日　证监公司字〔2003〕6 号)

48. 关于发布《关于做好股份有限公司终止上市后续工作的指导意见》的通知(2004 年 2 月 5 日　证监公司字〔2004〕6 号)

• 关联交易和对外担保

49. 关于规范上市公司与关联方资金往来及上市公司对外担保若干问题的通知(2003 年 8 月 28 日　证监会、国资委　证监发〔2003〕56 号)
50. 关于规范上市公司对外担保行为的通知(2005 年 11 月 14 日　证监会、银监会　证监发〔2005〕120 号)
51. 关于进一步加快推进清欠工作的通知(2006 年 5 月 26 日　证监公司字〔2006〕92 号)
52. 关于进一步做好清理大股东占用上市公司资金工作的通知(2006 年 11 月 7 日　证监会、公安部、人民银行、国资委、海关总署、税务总局、工商总局、银监会　证监发〔2006〕128 号)

• 募集资金使用

53. 关于进一步规范上市公司募集资金使用的通知(2007 年 2 月 28 日　证监公司字〔2007〕25 号)

• 股权分置改革

54. 关于进一步做好股权分置改革工作的通知(2005 年 6 月 9 日　证监发〔2005〕46 号)
55. 关于上市公司股权分置改革的指导意见(2005 年 8 月 23 日　证监会、国资委、财政部、人民银行、商务部　证监发〔2005〕80 号)
56. 上市公司股权分置改革管理办法(2005 年 9 月 4 日　证监发〔2005〕86 号)
57. 关于上市公司股权分置改革涉及外资管理有关问题的通知(2005 年 10 月 26 日　商务部、证监会　商资发〔2005〕565 号)
58. 关于已完成股权分置改革的上市公司原非流通股股份转让有关问题的通知(2006 年 8 月 2 日　证监发〔2006〕87 号)
59. 关于改革方案未获相关股东会议通过重新启动股改程序时间间隔问题的通知(2006 年 9 月 26 日　证监发〔2006〕112 号)
60. 上市公司解除限售存量股份转让指导意见(2008 年 4 月 20 日　证监会公告〔2008〕15 号)

外 资 股 类

- 境外上市

1. 关于批转证监会《关于境内企业到境外公开发行股票和上市存在的问题的报告》的通知(1993 年 4 月 9 日　证券委　证委发〔1993〕18 号)
2. 关于境外上市企业外汇管理有关问题的通知(1994 年 1 月 13 日　证监会、外管局　证监发字〔1994〕8 号)
3. 关于执行《到境外上市公司章程必备条款》的通知(1994 年 8 月 27 日　证券委、体改委　证委发〔1994〕21 号)
4. 关于落实国务院《关于进一步加强在境外发行股票和上市管理的通知》若干问题的通知(1998 年 2 月 22 日　证监〔1998〕5 号)
5. 关于境外上市公司进一步做好信息披露工作的若干意见(1999 年 3 月 26 日　证监发〔1999〕18 号)
6. 关于进一步促进境外上市公司规范运作和深化改革的意见(1999 年 3 月 29 日　经贸委、证监会　国经贸企改〔1999〕230 号)
7. 境外上市公司董事会秘书工作指引(1999 年 4 月 8 日　证监发行字〔1999〕39 号)
8. 关于企业申请境外上市有关问题的通知(1999 年 7 月 14 日　证监发行字〔1999〕83 号)
9. 关于进一步完善境外上市外汇管理有关问题的通知(2002 年 8 月 5 日　外管局、证监会　汇发〔2002〕77 号)
10. 关于规范境内上市公司所属企业到境外上市有关问题的通知(2004 年 7 月 21 日　证监发〔2004〕67 号)
11. 关于境外上市公司非境外上市股份集中登记存管有关事宜的通知(2007 年 3 月 28 日　证监国合字〔2007〕10 号)
12. 关于加强在境外发行证券与上市相关保密和档案管理工作的规定(2009 年 10 月 20 日　证监会、国家保密局、国家档案局　证监会公告〔2009〕29 号)

- **B 股**

13. 股份有限公司境内上市外资股规定的实施细则(1996 年 5 月 3 日

证券委　证委发〔1996〕9 号）

14. 申请发行境内上市外资股（B 股）公司报送材料标准格式（1999 年 3 月 25 日　证监发〔1999〕17 号）
15. 关于企业发行 B 股有关问题的通知（1999 年 5 月 19 日　证监发行字〔1999〕52 号）
16. 关于境内居民个人投资境内上市外资股若干问题的通知（2001 年 2 月 21 日　证监发〔2001〕22 号）

信息披露规则

● **公开发行证券的公司信息披露内容与格式准则**

1. 第 1 号——招股说明书（2006 年 5 月 18 日　证监发行字〔2006〕5 号）
2. 第 2 号——年度报告的内容与格式（2007 年修订）（2007 年 12 月 17 日　证监公司字〔2007〕212 号）
3. 第 3 号——半年度报告的内容与格式（2007 年修订）（2007 年 6 月 29 日　证监公司字〔2007〕100 号）
4. 第 5 号——公司股份变动报告的内容与格式（2007 年修订）（2007 年 6 月 28 日　证监公司字〔2007〕98 号）
5. 第 9 号——首次公开发行股票并上市申请文件（2006 年 5 月 18 日　证监发行字〔2006〕6 号）
6. 第 10 号——上市公司公开发行证券申请文件（2006 年 5 月 8 日　证监发行字〔2006〕1 号）
7. 第 11 号——上市公司公开发行证券募集说明书（2006 年 5 月 8 日　证监发行字〔2006〕2 号）
8. 第 15 号——权益变动报告书（2006 年 8 月 4 日　证监公司字〔2006〕156 号）
9. 第 16 号——上市公司收购报告书（2006 年 8 月 4 日　证监公司字〔2006〕156 号）
10. 第 17 号——要约收购报告书（2006 年 8 月 4 日　证监公司字〔2006〕156 号）
11. 第 18 号——被收购公司董事会报告书（2006 年 8 月 4 日　证监公司字〔2006〕156 号）

12. 第19号——豁免要约收购申请文件(2006年8月4日　证监公司字〔2006〕156号)
13. 第20号——证券公司发行债券申请文件(2003年8月29日　证监发行字〔2003〕106号)
14. 第21号——证券公司公开发行债券募集说明书(2003年8月29日　证监发行字〔2003〕106号)
15. 第22号——证券公司债券上市公告书(2003年8月29日　证监发行字〔2003〕106号)
16. 第23号——公开发行公司债券募集说明书(2007年8月15日　证监发行字〔2007〕224号)
17. 第24号——公开发行公司债券申请文件(2007年8月15日　证监发行字〔2007〕225号)
18. 第25号——上市公司非公开发行股票预案和发行情况报告书(2007年9月17日　证监发行字〔2007〕303号)
19. 第26号——上市公司重大资产重组申请文件(2008年4月16日　证监会公告〔2008〕13号)
20. 第27号——发行保荐书和发行保荐工作报告(2009年3月27日　证监会公告〔2009〕4号)
21. 第28号——创业板公司招股说明书(2009年7月20日　证监会公告〔2009〕17号)
22. 第29号——首次公开发行股票并在创业板上市申请文件(2009年7月20日　证监会公告〔2009〕18号)
23. 第30号——创业板上市公司年度报告的内容与格式(2009年12月24日　证监会公告〔2009〕33号)
24. 第31号——创业板上市公司半年度报告的内容与格式(2010年6月29日　证监会公告〔2010〕19号)

- **公开发行证券的公司信息披露编报规则**

25. 第3号——保险公司招股说明书内容与格式特别规定(2006年12月8日　证监发行字〔2006〕151号)
26. 第4号——保险公司信息披露特别规定(2007年8月28日　证监公司字〔2007〕139号)
27. 第5号——证券公司招股说明书内容与格式特别规定(2000年11月2日　证监发〔2000〕76号)

28. 第6号——证券公司财务报表附注特别规定(2000年11月2日 证监发〔2000〕76号)
29. 第8号——证券公司年度报告内容与格式特别规定(2000年12月21日 证监发〔2000〕80号)
30. 第9号——净资产收益率和每股收益的计算及披露(2010年修订)(2010年1月11日 证监会公告〔2010〕2号)
31. 第10号——从事房地产开发业务的公司招股说明书内容与格式特别规定(2001年2月6日 证监发〔2001〕17号)
32. 第11号——从事房地产开发业务的公司财务报表附注特别规定(2001年2月6日 证监发〔2001〕17号)
33. 第12号——公开发行证券的法律意见书和律师工作报告(2001年3月1日 证监发〔2001〕37号)
34. 第13号——季度报告内容与格式特别规定(2007年修订)(2007年3月26日 证监公司字〔2007〕46号)
35. 第14号——非标准无保留审计意见及其涉及事项的处理(2001年12月22日 证监发〔2001〕157号)
36. 第15号——财务报告的一般规定(2010年修订)(2010年1月11日 证监会公告〔2010〕1号)
37. 第17号——外商投资股份有限公司招股说明书内容与格式特别规定(2002年3月19日 证监发〔2002〕17号)
38. 第19号——财务信息的更正及相关披露(2003年12月1日 证监会计字〔2003〕16号)
39. 第26号——商业银行信息披露特别规定(2008年7月25日 证监会公告〔2008〕33号)
40. 第20号——创业板上市公司季度报告的内容与格式(2010年3月29日 证监会公告〔2010〕10号)

• 公开发行证券的公司信息披露解释性公告/规范问答

41. 第1号解释性公告——非经常性损益(2008年修订)(2008年10月31日 证监会公告〔2008〕43号)
42. 第3号规范问答——弥补累计亏损的来源、程序及信息披露(2006年修订)(2006年4月10日 证监会计字〔2006〕8号)
43. 第6号规范问答——支付会计师事务所报酬及其披露(2001年12月24日 证监会计字〔2001〕67号)

44. 第 7 号规范问答——新旧会计准则过渡期间比较财务会计信息的编制和披露(2007 年 2 月 15 日　证监会计字〔2007〕10 号)

● 其他

45. 关于前次募集资金使用情况报告的规定(2007 年 12 月 26 日　证监发行字〔2007〕500 号)

市场交易类

● 证券交易所

1. 证券交易所管理办法(1997 年 11 月 30 日国务院批准　1997 年 12 月 10 日证券委发布　根据《国务院关于修订〈证券交易所管理办法〉的批复》 2001 年 12 月 12 日证监会令第 4 号重新公布)
2. 关于证券交易所报告制度的若干规定(试行)(1997 年 11 月 19 日　证监交字〔1997〕21 号)
3. 证券交易所风险基金管理暂行办法(2000 年 4 月 4 日　证监发〔2000〕22 号)
4. 关于开展上市商业银行在证券交易所参与债券交易试点有关问题的通知(2009 年 1 月 19 日　证监发〔2009〕12 号)
5. 关于上市商业银行在证券交易所参与债券交易试点有关问题的通知(2010 年 9 月 30 日　证监发〔2010〕91 号)

● 登记结算

6. 证券登记结算管理办法(2006 年 4 月 7 日　证监会令第 29 号　2009 年 11 月 20 日《关于修改〈证券登记结算管理办法〉的决定》　证监会令第 65 号修正)
7. 关于社会保障基金理事会委托投资涉及的证券账户、交易席位和结算资金账户有关问题的通知(2002 年 7 月 11 日　证监市场字〔2002〕3 号)
8. 关于信托投资公司开设信托专用证券账户和信托专用资金账户有关问题的通知(2004 年 9 月 10 日　银监会、证监会　银监发〔2004〕61 号)

9. 证券结算风险基金管理办法(2006 年 6 月 16 日　证监会、财政部　证监发〔2006〕65 号)

● **国债交易**

10. 关于开展国债买断式回购交易业务的通知(2004 年 4 月 8 日　财政部、人民银行、证监会　财库〔2004〕17 号)
11. 关于贴现国债实行净价交易的通知(2007 年 3 月 12 日　财政部、人民银行、证监会　财会〔2007〕21 号)

● **投资者适当性**

12. 创业板市场投资者适当性管理暂行规定(2009 年 6 月 30 日　证监会公告〔2009〕14 号)

● **其他**

13. 关于进一步做好清理整顿证券交易中心工作有关问题的通知(1998 年 12 月 7 日　证监〔1998〕57 号)
14. 关于清理整顿证券交易中心有关事项的通知(1999 年 5 月 4 日　证监市场字〔1999〕21 号)
15. 关于做好全国证券回购债务清欠收尾工作的意见(2000 年 7 月 11 日　人民银行、财政部、公安部、证监会　银发〔2000〕232 号)

证券公司类

● **公司及分支机构设立、变更**

1. 外资参股证券公司设立规则(2002 年 6 月 1 日　证监会令第 8 号　2007 年 12 月 28 日《关于修改〈外资参股证券公司设立规则〉的决定》　证监会令第 52 号修正)
2. 关于实施《外资参股证券公司设立规则》和《外资参股基金管理公司设立规则》有关问题的通知(2002 年 11 月 18 日　证监会、对外贸易经济合作部　证监发〔2002〕86 号)
3. 关于境外中资证券类机构监管工作有关问题的通知(1998 年 9 月 7 日　证监机字〔1998〕19 号)

4. 关于证券经营机构同城迁址审批工作的通知(1999年8月30日　证监机构字〔1999〕92号)
5. 关于证券公司变更持有5%以下股权的股东有关事项的通知(2006年6月22日　证监机构字〔2006〕117号)
6. 证券公司设立子公司试行规定(2007年12月28日　证监机构字〔2007〕345号)
7. 证券公司分公司监管规定(试行)(2008年5月13日　证监会公告〔2008〕20号)
8. 关于进一步规范证券营业网点的规定(2008年5月16日　证监会公告〔2008〕21号　2009年10月15日《关于修改〈关于进一步规范证券营业网点的规定〉的决定》　证监会公告〔2009〕27号修正)

- **公司治理与内部控制**

9. 证券公司检查办法(2000年12月12日　证监机构字〔2000〕281号)
10. 证券公司高级管理人员谈话提醒制度实施办法(2001年1月10日　证监发〔2001〕6号)
11. 关于做好证券公司内部控制评审工作的通知(2001年10月4日　证监机构字〔2001〕202号)
12. 证券公司治理准则(试行)(2003年12月15日　证监机构字〔2003〕259号)
13. 证券公司内部控制指引(2003年12月15日　证监机构字〔2003〕260号)
14. 证券公司合规管理试行规定(2008年7月14日　证监会公告〔2008〕30号)
15. 关于加强上市证券公司监管的规定(2009年4月3日　证监会公告〔2009〕6号　2010年6月30日关于修改《关于加强上市证券公司监管的规定》的决定　证监会公告〔2010〕20号修订)
16. 证券公司分类监管规定(2009年5月26日　证监会公告〔2009〕12号　2010年5月14日《关于修改〈证券公司分类监管规定〉的决定》　证监会公告〔2010〕17号修订)

- **证券从业人员**

17. 证券业从业人员资格管理办法(2002年12月16日　证监会令第14号)

18. 证券公司董事、监事和高级管理人员任职资格监管办法(2006 年 11 月 30 日　证监会令第 39 号)
19. 关于印发《证券公司高级管理人员诚信经营承诺书》的通知(2005 年 2 月 16 日　证监机构字〔2005〕22 号)
20. 关于实施《证券公司董事、监事和高级管理人员任职资格监管办法》有关问题的通知(2006 年 11 月 30 日　证监机构字〔2006〕300 号)
21. 中国证券监督管理委员会公告①(2008 年 1 月 29 日　证监会公告〔2008〕3 号)
22. 证券经纪人管理暂行规定(2009 年 3 月 13 日　证监会公告〔2009〕2 号)
23. 关于证券经纪人工商登记注册有关问题的通知(2009 年 8 月 21 日　国家工商总局、证监会　工商市字〔2009〕169 号)

● 业务

24. 证券公司客户资产管理业务试行办法(2003 年 12 月 18 日　证监会令第 17 号)
25. 境内及境外证券经营机构从事外资股业务资格管理暂行规定(1996 年 10 月 23 日　证监〔1996〕5 号)
26. 关于证券经营机构从事 B 股业务若干问题的补充通知(2001 年 2 月 23 日　证监会、外管局　证监发〔2001〕26 号)
27. 证券公司融资融券业务试点管理办法(2006 年 6 月 30 日　证监发〔2006〕69 号)
28. 证券公司融资融券业务试点内部控制指引(2006 年 6 月 30 日　证监机构字〔2006〕124 号)
29. 国债承销团成员资格审批办法(2006 年 7 月 4 日　财政部、人民银行、证监会　财政部令第 39 号)
30. 证券公司为期货公司提供中间介绍业务试行办法(2007 年 4 月 20 日　证监发〔2007〕56 号)
31. 证券公司定向资产管理业务实施细则(试行)(2008 年 5 月 31 日　证监会公告〔2008〕25 号)
32. 证券公司集合资产管理业务实施细则(试行)(2008 年 5 月 31 日

① 该公告是关于中国证监会对取得经理层人员任职资格但未在证券公司担任经理层人员职务的人员进行资格年检的规定。

证监会公告〔2008〕26号）

33. 证券公司业务范围审批暂行规定（2008年10月30日　证监会公告〔2008〕42号）
34. 客户交易结算资金管理办法（2001年5月16日　证监会令第3号）
35. 关于执行《客户交易结算资金管理办法》若干意见的通知（2001年10月8日　证监发〔2001〕121号）
36. 关于对证券公司结算备付金账户进行分户管理的通知（2004年8月30日　证监机构字〔2004〕105号）
37. 关于进一步加强证券公司客户交易结算资金监管的通知（2004年10月12日　证监机构字〔2004〕131号）
38. 关于进一步加强对客户交易结算资金划转过程监控的通知（2005年1月28日　证监会、人民银行　证监发〔2005〕15号）
39. 关于做好证券公司客户交易结算资金第三方存管有关账户规范工作的通知（2007年8月7日　证监发〔2007〕110号）
40. 关于调整证券交易佣金收取标准的通知（2002年4月4日　证监会、国家计委、税务总局　证监发〔2002〕21号）
41. 关于转发《证券公司证券自营业务指引》，加强证券公司自营业务监管的通知（2005年11月11日　证监机构字〔2005〕26号）
42. 关于开展证券公司融资融券业务试点工作的指导意见（2010年1月22日　证监会公告〔2010〕3号）
43. 关于加强证券经纪业务管理的规定（2010年4月1日　证监会公告〔2010〕11号）
44. 证券公司参与股指期货交易指引（2010年4月21日　证监会公告〔2010〕14号）
45. 证券投资顾问业务暂行规定（2010年10月12日　证监会公告〔2010〕27号）
46. 发布证券研究报告暂行规定（2010年10月12日　证监会公告〔2010〕28号）

● **财务**

47. 证券公司风险控制指标管理办法（2006年7月20日　证监会令第34号　2008年6月24日《关于修改〈证券公司风险控制指标管理办法〉的决定》　证监会令第55号修正）
48. 关于证券公司担保问题的通知（2001年4月24日　证监发〔2001〕69号）

49. 证券公司股票质押贷款管理办法(2004 年 11 月 2 日　人民银行、银监会、证监会　银发〔2004〕256 号)
50. 证券公司执行《企业会计准则》有关核算问题的通知(2007 年 12 月 18 日　证监会计字〔2007〕34 号)
51. 关于证券公司风险资本准备计算标准的规定(2008 年 6 月 24 日　证监会公告〔2008〕28 号)
52. 关于调整证券公司净资本计算标准的规定(2008 年 6 月 24 日　证监会公告〔2008〕29 号)
53. 证券公司借入次级债务规定(2009 年 9 月 1 日　证监会公告〔2010〕23 号)

• 信息披露和报告

54. 关于证券公司信息公示有关事项的通知(2006 年 4 月 20 日　证监机构字〔2006〕71 号)
55. 证券公司年度报告内容与格式准则(2008 年 1 月 14 日　证监会公告〔2008〕1 号)

• 投资者保护基金

56. 证券投资者保护基金管理办法(2005 年 6 月 30 日　证监会、财政部、人民银行　证监会令第 27 号)
57. 关于在股票、可转债等证券发行中申购冻结资金利息处理问题的通知(2005 年 1 月 28 日　证监会、财政部　证监发行字〔2005〕5 号)
58. 证券投资者保护基金申请使用管理办法(试行)(2006 年 3 月 7 日　证监发〔2006〕20 号)
59. 中国证券投资者保护基金有限责任公司受偿债权管理办法(试行)(2006 年 5 月 17 日　证监发〔2006〕48 号)
60. 关于缴纳证券投资者保护基金有关问题的通知(2006 年 7 月 12 日　证监发〔2006〕78 号)
61. 关于印发《证券公司缴纳证券投资者保护基金实施办法(试行)》的通知(2007 年 3 月 28 日　证监发〔2007〕50 号)
62. 关于证券公司缴纳证券投资者保护基金有关事项的补充规定(2009 年 9 月 9 日　证监会公告〔2009〕25 号)

• **风险处置**

63. 个人债权及客户证券交易结算资金收购意见（2004 年 11 月 9 日　人民银行、财政部、银监会、证监会　证监发〔2004〕110 号）
64. 个人债权及客户证券交易结算资金收购实施办法（2005 年 1 月 28 日　证监会、人民银行、财政部、银监会　证监发〔2005〕10 号）
65. 关于进一步协助做好个人债权甄别确认工作的通知（2005 年 5 月 23 日　证监办发〔2005〕28 号）
66. 关于证券公司个人债权及客户证券交易结算资金收购有关问题的通知（2005 年 6 月 30 日　证监会、人民银行、财政部　证监发〔2005〕59 号）
67. 进入风险处置程序证券公司信息系统交接技术指引（2006 年 4 月 21 日　证监信息字〔2006〕3 号）
68. 公布关于个人债权收购有关问题的补充通知的通知（2006 年 6 月 2 日　人民银行、财政部、银监会、证监会　银发〔2006〕189 号）

证券服务机构类

• **律师事务所**

1. 律师事务所从事证券法律业务管理办法（2007 年 3 月 9 日　证监会、司法部　证监会令第 41 号）
2. 《律师事务所从事证券法律业务管理办法》第十一条有关规定的适用意见——证券期货法律适用意见〔2007〕第 2 号（2007 年 11 月 20 日　证监法律字〔2007〕14 号）
3. 律师事务所证券法律业务执业规则（试行）（2010 年 10 月 20 日　证监会、司法部　证监会公告〔2010〕33 号）
4. 律师事务所证券投资基金法律业务执业细则（试行）（2010 年 10 月 20 日　证监会、司法部　证监会公告〔2010〕34 号）

• **证券投资咨询和证券信息传播**

5. 关于加强对地方报刊及其他媒体传播证券期货市场信息的监管的通知（1996 年 5 月 29 日　证监发字〔1996〕64 号）
6. 关于加强证券期货信息传播管理的若干规定（1997 年 12 月 12 日　证

监会、新闻出版署、邮电部、广电部、工商局、公安部　证监〔1997〕17号）

7. 关于证券投资咨询机构申请咨询从业资格及证券投资咨询人员申请咨询执业资格的通知（1999年7月27日　证监机构字〔1999〕68号）
8. 关于规范面向公众开展的证券投资咨询业务行为若干问题的通知（2001年10月11日　证监机构字〔2001〕207号）
9. 关于发布《会员制证券投资咨询业务管理暂行规定》的通知（2005年12月12日　证监机构字〔2005〕143号）
10. 关于规范证券投资咨询机构和广播电视证券节目的通知（2006年9月15日　证监会、广电总局　证监机构字〔2006〕104号）

- **会计师事务所与资产评估机构**

11. 关于不得限制中介机构跨地区执行证券相关业务的通知（1999年11月16日　证监会计字〔1999〕60号）
12. 注册会计师执行证券、期货相关业务许可证管理规定（2000年6月10日　财政部、证监会　财协字〔2000〕56号）
13. 《注册会计师执行证券期货相关业务许可证管理规定》的补充规定（2003年7月30日　财政部、证监会　财会〔2003〕22号）
14. 关于证券期货审计业务签字注册会计师定期轮换的规定（2003年10月8日　证监会、财政部　证监会计字〔2003〕13号）
15. 关于会计师事务所从事证券、期货相关业务有关问题的通知（2007年4月9日　财政部、证监会　财会〔2007〕6号）
16. 关于从事证券期货相关业务的资产评估机构有关管理问题的通知（2008年4月29日　财政部、证监会　财企〔2008〕81号）
17. 关于加强证券评估机构后续管理有关问题的通知（2009年11月6日　财政部、证监会　财企〔2009〕235号）

- **证券资信评级**

18. 证券市场资信评级业务管理暂行办法（2007年8月24日　证监会令第50号）

基 金 类

•基金管理公司

1. 证券投资基金管理公司管理办法(2004 年 9 月 16 日　证监会令第 22 号)
2. 关于实施《证券投资基金管理公司管理办法》若干问题的通知(2004 年 9 月 21 日　证监基金字〔2004〕147 号)
3. 商业银行设立基金管理公司试点管理办法(2005 年 2 月 20 日　人民银行、银监会、证监会　人民银行公告〔2005〕第 4 号)
4. 关于办理基金管理公司设立分支机构、变更名称及修改章程等行政许可事项有关问题的通知(2006 年 2 月 7 日　证监基金字〔2006〕14 号)
5. 关于基金管理公司设立分支机构、变更名称及修改章程等行政许可事项审核有关问题的通知(2006 年 2 月 7 日　证监基金字〔2006〕15 号)
6. 关于规范基金管理公司设立及股权处置有关问题的通知(2006 年 5 月 8 日　证监基金字〔2006〕84 号)
7. 关于证券投资基金管理公司在香港设立机构的规定(2008 年 4 月 8 日　证监会公告〔2008〕12 号)
8. 证券投资基金管理公司内部控制指导意见(2002 年 12 月 3 日　证监基金字〔2002〕93 号)
9. 证券投资基金管理公司治理准则(试行)(2006 年 6 月 15 日　证监基金字〔2006〕122 号)
10. 证券投资基金管理公司监察稽核报告内容与格式指引(试行)(2005 年 10 月 25 日　证监基金字〔2005〕175 号)
11. 关于基金管理公司运用固有资金进行基金投资有关事项的通知(2005 年 6 月 8 日　证监基金字〔2005〕96 号)
12. 证券投资基金管理公司公平交易制度指导意见(2008 年 3 月 20 日　证监会公告〔2008〕9 号)
13. 关于基金管理公司提取风险准备金有关问题的通知(2006 年 8 月 14 日　证监基金字〔2006〕154 号　2008 年 11 月 24 日　证监会公告〔2008〕46 号修改)
14. 基金管理公司提取风险准备有关事项的补充规定(2007 年 1 月 12 日

证监会计字〔2007〕1 号）

● **特定客户资产管理业务**

15. 基金管理公司特定客户资产管理业务试点办法（2007 年 11 月 29 日 证监会令 51 号）
16. 关于实施《基金管理公司特定客户资产管理业务试点办法》有关问题的通知（2007 年 11 月 29 日　证监基金字〔2007〕326 号）
17. 关于基金管理公司开展特定多个客户资产管理业务有关问题的规定（2009 年 5 月 5 日　证监会公告〔2009〕10 号）
18. 基金管理公司特定多个客户资产管理合同内容与格式准则（2009 年 8 月 4 日　证监会公告〔2009〕20 号）

● **基金从业人员**

19. 证券投资基金行业高级管理人员任职管理办法（2004 年 9 月 22 日 证监会令第 23 号）
20. 关于实施《证券投资基金行业高级管理人员任职管理办法》有关问题的通知（2004 年 9 月 23 日　证监基金字〔2004〕150 号）
21. 证券投资基金管理公司督察长管理规定（2006 年 5 月 8 日　证监基金字〔2006〕85 号）
22. 关于基金从业人员投资证券投资基金有关事宜的通知（2007 年 6 月 13 日　证监基金字〔2007〕171 号）
23. 基金管理公司投资管理人员管理指导意见（2009 年 3 月 17 日　证监会公告〔2009〕3 号）

● **基金销售**

24. 证券投资基金销售管理办法（2004 年 6 月 25 日　证监会令第 20 号）
25. 关于实施《证券投资基金销售管理办法》有关问题的通知（2004 年 7 月 15 日　证监基金字〔2004〕106 号）
26. 证券投资基金销售业务信息管理平台管理规定（2007 年 3 月 15 日 证监基金字〔2007〕76 号）
27. 证券投资基金销售机构内部控制指导意见（2007 年 10 月 12 日　证监基金字〔2007〕277 号）
28. 证券投资基金销售适用性指导意见（2007 年 10 月 12 日　证监基金字〔2007〕278 号）

29. 关于证券投资基金宣传推介材料监管事项的补充规定(2008 年 1 月 21 日　证监会公告〔2008〕2 号)
30. 开放式证券投资基金销售费用管理规定(2009 年 12 月 14 日　证监会公告〔2009〕32 号)

• 基金托管

31. 证券投资基金托管资格管理办法(2004 年 11 月 29 日　证监会、银监会　证监会令第 26 号)

• 基金运作

32. 证券投资基金运作管理办法(2004 年 6 月 29 日　证监会令第 21 号)
33. 关于实施《证券投资基金运作管理办法》有关问题的通知(2004 年 7 月 15 日　证监基金字〔2004〕104 号)
34. 关于证券投资基金交易、收费有关问题的通知(1998 年 4 月 3 日　证监基字〔1998〕15 号)
35. 关于加强证券投资基金监管有关问题的通知(1998 年 8 月 24 日　证监基字〔1998〕29 号)
36. 关于加强证券投资基金交易行为监控有关问题的通知(2001 年 2 月 5 日　证监基金字〔2001〕2 号)
37. 关于规范证券投资基金运作中证券交易行为的通知(2001 年 2 月 26 日　证监发〔2001〕29 号)
38. 关于保本基金的指导意见(2010 年 10 月 26 日　证监会公告〔2010〕30 号)
39. 货币市场基金管理暂行规定(2004 年 8 月 16 日　证监会、人民银行　证监发〔2004〕78 号)
40. 关于货币市场基金投资等相关问题的通知(2005 年 3 月 25 日　证监基金字〔2005〕41 号)
41. 关于货币市场基金投资短期融资券有关问题的通知(2005 年 9 月 22 日　证监基金字〔2005〕163 号)
42. 关于货币市场基金投资银行存款有关问题的通知(2005 年 11 月 21 日　证监基金字〔2005〕190 号)
43. 关于进一步完善证券投资基金募集申请审核程序有关问题的通知(2005 年 6 月 16 日　证监基金字〔2005〕101 号)
44. 关于股权分置改革中证券投资基金投资权证有关问题的通知(2005

年 8 月 15 日　证监基金字〔2005〕138 号）

45. 关于证券投资基金投资资产支持证券有关事项的通知（2006 年 5 月 14 日　证监基金字〔2006〕93 号）

46. 关于基金投资非公开发行股票等流通受限证券有关问题的通知（2006 年 7 月 20 日　证监基金字〔2006〕141 号）

47. 关于完善证券投资基金交易席位制度有关问题的通知（2007 年 2 月 16 日　证监基金字〔2007〕48 号）

48. 证券投资基金参与股指期货交易指引（2010 年 4 月 21 日　证监会公告〔2010〕13 号）

- **基金评价**

49. 证券投资基金评价业务管理暂行办法（2009 年 11 月 6 日　证监会令第 64 号）

- **基金信息披露**

50. 证券投资基金信息披露管理办法（2004 年 6 月 8 日　证监会令第 19 号）

51.《上市交易公告书的内容与格式》——证券投资基金信息披露内容与格式准则第 1 号（2004 年 6 月 8 日　证监基金字〔2004〕72 号）

52.《年度报告的内容与格式》——证券投资基金信息披露内容与格式准则第 2 号（2004 年 6 月 8 日　证监基金字〔2004〕72 号）

53.《半年度报告的内容与格式》——证券投资基金信息披露内容与格式准则第 3 号（2004 年 6 月 8 日　证监基金字〔2004〕72 号）

54.《季度报告的内容与格式》——证券投资基金信息披露内容与格式准则第 4 号（2004 年 6 月 8 日　证监基金字〔2004〕72 号）

55.《招募说明书的的内容与格式》——证券投资基金信息披露内容与格式准则第 5 号（2004 年 8 月 5 日　证监基金字〔2004〕119 号）

56.《基金合同的内容与格式》——证券投资基金信息披露内容与格式准则第 6 号（2004 年 9 月 15 日　证监基金字〔2004〕139 号）

57.《托管协议的内容与格式》——证券投资基金信息披露内容与格式准则第 7 号（2005 年 12 月 21 日　证监基金字〔2005〕203 号）

58.《主要财务指标的计算与披露》——证券投资基金信息披露编报规则第 1 号（2003 年 9 月 1 日　证监基金字〔2003〕104 号）

59.《基金净值表现的编制与披露》——证券投资基金信息披露编报规则

第 2 号(2003 年 9 月 1 日　证监基金字〔2003〕104 号)
60.《会计报表附注的编制及披露》——证券投资基金信息披露编报规则第 3 号(2004 年 6 月 8 日　证监基金字〔2004〕72 号)
61.《基金投资组合报告的编制及披露》——证券投资基金信息披露编报规则第 4 号(2004 年 6 月 8 日　证监基金字〔2004〕72 号)
62.《货币市场基金信息披露特别规定》——证券投资基金信息披露编报规则第 5 号(2005 年 3 月 25 日　证监基金字〔2005〕42 号)
63. 关于证券投资基金执行《企业会计准则》有关衔接事宜的通知(2007 年 5 月 17 日　证监会计字〔2007〕15 号)
64. 关于证券投资基金执行《企业会计准则》估值业务及份额净值计价有关事项的通知(2007 年 6 月 8 日　证监会计字〔2007〕21 号)
65. 关于进一步规范证券投资基金估值业务的指导意见(2008 年 9 月 12 日　证监会公告〔2008〕38 号)
66. 基金管理公司年度报告内容与格式准则(2008 年 2 月 18 日　证监会公告〔2008〕4 号)
67.《证券投资基金信息披露 XBRL 标引规范(Taxonomy)》简介(2008 年 8 月 26 日　证监会公告〔2008〕35 号)
68.《季度报告》——证券投资基金信息披露 XBRL 模板第 1 号(2008 年 8 月 26 日　证监会公告〔2008〕36 号)
69.《年度报告和半年度报告》——证券投资基金信息披露 XBRL 模板第 3 号(2010 年 2 月 8 日　证监会公告〔2010〕5 号)
70.《基金合同生效公告及十一类临时公告(试行)》——证券投资基金信息披露 XBRL 模板第 4 号(2010 年 11 月 18 日　证监会公告〔2010〕32 号)

• 企业年金

71. 企业年金基金管理试行办法(2004 年 2 月 23 日　劳动和社会保障部、银监会、证监会、保监会　劳动和社会保障部令第 23 号)
72. 关于企业年金基金证券投资有关问题的通知(2004 年 10 月 11 日　证监会、劳动和社会保障部　劳社部发〔2004〕25 号)

• 保险机构投资者

73. 保险机构投资者股票投资管理暂行办法(2004 年 10 月 24 日　保监会、证监会　保监会令 2004 年第 12 号)

74. 关于保险机构投资者股票投资交易有关问题的通知(2005 年 2 月 7 日　保监会、证监会　保监发〔2005〕13 号)

- **合格境内机构投资者**

75. 合格境内机构投资者境外证券投资管理试行办法(2007 年 6 月 18 日　证监会令第 46 号)
76. 关于实施《合格境内机构投资者境外证券投资管理试行办法》有关问题的通知(2007 年 6 月 18 日　证监发〔2007〕81 号)
77. 《〈合格境内机构投资者境外证券投资管理试行办法〉第四十六条境外证券投资定向资产管理业务的适用意见——证券期货法律适用意见第 6 号》(2010 年 8 月 16 日　证监会公告〔2010〕22 号)

- **合格境外机构投资者**

78. 合格境外机构投资者境内证券投资管理办法(2006 年 8 月 24 日　证监会、人民银行、外管局　证监会令第 36 号)
79. 关于实施《合格境外机构投资者境内证券投资管理办法》有关问题的通知(2006 年 8 月 24 日　证监基金字〔2006〕176 号)
80. 关于合资境外机构投资者境内证券交易登记结算业务有关问题的通知(2003 年 7 月 4 日　证监市场字〔2003〕3 号)
81. 合格境外机构投资者督察员指导意见(2008 年 10 月 17 日　证监会公告〔2008〕40 号)

期　货　类

- **期货公司**

1. 期货公司管理办法(2007 年 4 月 9 日　证监会令第 43 号)
2. 关于加强期货经纪公司内部控制的指导原则(2000 年 4 月 6 日　证监期货字〔2000〕12 号)
3. 期货经纪公司治理准则(试行)(2004 年 3 月 15 日　证监期货字〔2004〕13 号)
4. 期货经纪公司保证金封闭管理暂行办法(2004 年 7 月 20 日　证监期货字〔2004〕45 号)

5. 关于香港、澳门服务提供者参股期货经纪公司有关问题的通知(2005年8月19日　证监期货字〔2005〕138号)
6. 关于进一步加强期货公司内部管理制度建设,完善法人治理结构的通知(2005年10月8日　证监期货字〔2005〕160号)
7. 规范期货保证金存取业务有关问题的通知(2006年1月19日　证监期货字〔2006〕9号)
8. 关于加强期货公司客户风险控制有关工作的通知(2007年2月25日　证监期货字〔2007〕18号)
9. 期货公司金融期货结算业务试行办法(2007年4月19日　证监发〔2007〕54号)
10. 期货公司风险监管指标管理试行办法(2007年4月19日　证监发〔2007〕55号)
11. 关于印发《期货公司财务监管报备表》的通知(2007年6月4日　证监会计字〔2007〕17号)
12. 关于调整期货公司风险监管报表编报工作的通知(2007年7月19日　证监期货字〔2007〕93号)
13. 关于进一步加强期货公司境外分支机构监管工作的通知(2007年12月26日　证监期货字〔2007〕376号)
14. 期货公司年度报告内容与格式准则(2008年修订)(2008年3月18日　证监会公告〔2008〕8号)
15. 关于规范控股、参股期货公司有关问题的规定(2008年5月22日　证监会公告〔2008〕24号)
16. 关于进一步加强期货公司信息技术管理工作的指导意见(2009年7月3日　证监会公告〔2009〕15号)
17. 期货公司分类监管规定(试行)(2009年8月7日　证监会公告〔2009〕22号)
18. 期货公司信息公示管理规定(2009年10月22日　证监会公告〔2009〕28号)
19. 关于期货公司设立营业部与分类评价结果衔接工作有关问题的规定(2009年11月26日　证监会公告〔2009〕31号)

• 期货从业人员

20. 期货公司董事、监事和高级管理人员任职资格管理办法(2007年7月4日　证监会令第47号)

21. 期货从业人员管理办法(2007 年 7 月 4 日　证监会令第 48 号)

22. 期货公司首席风险官管理规定(试行)(2008 年 3 月 27 日　证监会公告〔2008〕10 号)

23.《期货公司董事、监事和高级管理人员任职资格管理办法》实施前后有关人员任职资格的衔接规定(2008 年 5 月 22 日　证监会公告〔2008〕23 号)

• 期货交易

24. 期货交易所管理办法(2007 年 4 月 9 日　证监会令第 42 号)

25. 期货交易所、期货经营机构信息技术管理规范(试行)(2000 年 12 月 26 日　证监期货字〔2000〕38 号)

26. 证券公司为期货公司提供中间介绍业务试行办法(2007 年 4 月 20 日　证监发〔2007〕56 号)

27. 关于进一步加强商品期货实物交割监管工作的通知(2008 年 7 月 25 日　证监发〔2008〕66 号)

28. 期货市场客户开户管理规定(2009 年 8 月 27 日　证监会公告〔2009〕24 号)

29. 关于建立股指期货投资者适当性制度的规定(试行)(2010 年 2 月 5 日　证监会公告〔2010〕4 号)

• 国有企业期货套期保值业务

30. 国有企业境外期货套期保值业务管理办法(2001 年 5 月 24 日　证监会、经贸委、对外贸易经济合作部、工商局、外管局　证监发〔2001〕81 号)

31. 国有企业境外期货套期保值业务管理制度指导意见(2001 年 10 月 11 日　证监期货字〔2001〕29 号)

32. 国有涉棉企业期货套期保值业务管理制度指引(2004 年 5 月 25 日　证监期货字〔2004〕32 号)

• 投资者保障基金

33. 期货投资者保障基金管理暂行办法(2007 年 4 月 19 日　证监会、财政部　证监会令第 38 号)

34. 关于期货交易所、期货公司缴纳期货投资者保障基金有关事项的规定(2010 年 3 月 15 日　证监会公告〔2010〕7 号)

● 查处非法期货

35. 关于严厉查处非法外汇期货和外汇按金交易活动的通知(1994 年 10 月 28 日　证监会、外管局、工商局、公安部　证监发字〔1994〕165 号)
36. 关于暂停大豆油期货交易和禁止借开展食糖中远期合同交易之名进行期货交易的通知(1995 年 1 月 11 日　证监会、国内贸易部　证监发字〔1995〕8 号)
37. 关于暂停中远期合同交易的通知(1995 年 3 月 28 日　国内贸易部、证监会　内贸市联字〔1995〕第 21 号)
38. 关于进一步明确在查处非法期货交易中职责分工的通知(1998 年 8 月 12 日　证监会、工商局　证监期字〔1998〕15 号)

图书在版编目(CIP)数据

中华人民共和国证券期货法规汇编.2010.下/中国证券监督管理委员会编.—北京:法律出版社,2011.3
ISBN 978-7-5118-1861-4

Ⅰ.①中… Ⅱ.①中… Ⅲ.①证券法—法规—汇编—中国—2010②期货交易—法规—汇编—中国—2010 Ⅳ.①D922.287.9

中国版本图书馆CIP数据核字(2011)第028090号

责任编辑/李 群 装帧设计/李 瞻

出版/法律出版社 编辑统筹/法规出版分社
总发行/中国法律图书有限公司 经销/新华书店
印刷/北京中科印刷有限公司 责任印制/吕亚莉

开本/787×1092毫米 1/16 印张/24.75 字数/380千
版本/2011年3月第1版 印次/2011年3月第1次印刷

法律出版社/北京市丰台区莲花池西里7号(100073)
电子邮件/info@lawpress.com.cn 销售热线/010-63939792/9779
网址/www.lawpress.com.cn 咨询电话/010-63939796

中国法律图书有限公司/北京市丰台区莲花池西里7号(100073)
全国各地中法图分、子公司电话:
第一法律书店/010-63939781/9782 西安分公司/029-85388843 重庆公司/023-65382816/2908
上海公司/021-62071010/1636 北京分公司/010-62534456 深圳公司/0755-83072995

书号:ISBN 978-7-5118-1861-4 定价:115.00元

(如有缺页或倒装,中国法律图书有限公司负责退换)